De kunst van goed leven

Rolf Dobelli

# De kunst van goed leven

52 simpele levenstechnieken voor geluk

Spectrum

Spectrum maakt deel uit van Uitgeverij Unieboek | Het Spectrum bv,
Postbus 97
3990 DB Houten

Oorspronkelijke titel: *Die Kunst des guten Lebens*
Vertaling: Sandra van Oudenaarden, Sylvia Wevers
Omslagontwerp: Scherpontwerp
Zetwerk: Elgraphic bv, Vlaardingen
Illustraties binnenwerk: El Bocho
Auteursfoto omslag: Luca Senoner

ISBN 978 90 00 35924 0
NUR 770


Eerste druk, 2018

Dit boek is ook leverbaar als e-book: ISBN 978 90 00 35962 2

www.unieboekspectrum.nl

# INHOUD

*Voor mijn vrouw Sabine en onze tweeling Numa en Avi*

# VOORWOORD

Sinds de klassieke oudheid, dus minstens sinds 2500 jaar geleden, maar waarschijnlijk nog veel langer, hebben mensen zichzelf telkens weer vragen gesteld over het goede leven. Hoe moet ik leven? Wat maakt het leven goed? Welke rol speelt het noodlot? Welke betekenis heeft geld? Is het goede leven een kwestie van instelling, van je persoonlijke houding? Of gaat het veel meer om het concreet bereiken van je levensdoelen? Kun je beter naar geluk streven of ongeluk omzeilen?

Elke generatie stelt deze vragen opnieuw. En eigenlijk zijn de antwoorden steeds teleurstellend. Waarom? Omdat mensen alsmaar op zoek zijn naar dat ene principe, dat ene grondbeginsel, die ene regel. Maar de heilige graal van het goede leven bestaat niet.

In de laatste jaren vond er op verschillende terreinen een stille revolutie plaats in het denken. In de wetenschap, de politiek, de economie, de geneeskunde en op vele andere gebieden hebben we ingezien dat de wereld veel te gecompliceerd is. Je kunt de wereld niet in één groot idee of een handvol principes vatten. We hebben een hele gereedschapskist aan uiteenlopende denkmethodes nodig om de wereld te begrijpen. En zo'n gereedschapskist hebben we ook nodig voor het praktische leven.

De afgelopen tweehonderd jaar hebben we een leven gecreëerd dat we intuïtief niet meer begrijpen. Als we niet kunnen terugvallen op een voorraad solide gedachteninstrumenten en -modellen, redden ondernemers, investeerders, managers, artsen, journalisten, kunstenaars, wetenschappers, politici en mensen zoals jij en ik het niet in het leven.

Je kunt deze verzameling aan denkmethodes en houdingen ook beschouwen als 'een besturingssysteem voor het leven'. Toch bevalt mij de ouderwetse vergelijking met de gereedschapskist het beste. Het punt is dat mentale gereedschapskisten belangrijker zijn dan feitenkennis. Ze zijn belangrijker dan geld, belangrijker dan relaties en belangrijker dan intelligentie.

Een paar jaar geleden ben ik begonnen mijn eigen verzameling mentale instrumenten voor een goed leven samen te stellen. Daarbij kon ik teruggrijpen op een rijke schat aan gedeeltelijk vergeten denkmodellen uit de klassieke oudheid – en op de nieuwste inzichten uit psychologisch wetenschappelijk onderzoek. In dit boek gaat het als het ware om de 'klassieke levensfilosofie voor de 21e eeuw'.

Ik heb deze instrumenten jarenlang dagelijks gebruikt om de kleine en grote uitdagingen die het leven me voorschotelde de baas te worden. Nadat mijn leven in die tijd in bijna elk opzicht beter is geworden (dat ik tegenwoordig minder dik haar en meer lachrimpeltjes heb heeft mijn geluk niet negatief beïnvloed), kan ik je naar eer en geweten 52 stukken denkgereedschap toevertrouwen die weliswaar geen garantie bieden voor een goed leven, maar de kans daarop wel aanzienlijk vergroten.

1

# MENTALE BOEKHOUDING

## Hoe je van verlies winst kunt maken

Ik had het moeten weten. Vlak voor de afrit van de autosnelweg in Bern stond een grijze flitspaal. Die staat daar al jaren. Geen idee wat er in mijn hoofd omging. De flits deed me uit mijn gedachten opschrikken en een vluchtige blik op mijn snelheidsmeter bevestigde dat ik minstens twintig kilometer te hard reed. En er was in geen velden of wegen een andere auto te bekennen die als zondebok in aanmerking kwam.

De volgende dag in Zürich zag ik vanuit de verte dat een politieman een briefje onder de ruitenwisser van mijn auto klemde. Ja hoor, ik stond fout geparkeerd. Omdat de parkeergarage vol was en ik haast had, omdat in de binnenstad van Zürich legale parkeerplekken zo talrijk zijn als ligstoelen op Antarctica. Een moment lang overwoog ik of ik ernaartoe zou rennen. Ik stelde me voor dat ik hijgend en puffend en met verwarde haren voor de politieman zou staan en hem mijn dilemma uitlegde. Ik deed het maar niet, want door de jaren heen heb ik geleerd dat je je daarmee alleen maar belachelijk maakt. Je voelt je klein en daarna slaap je slecht.

Vroeger maakte ik me boos om bekeuringen, tegenwoordig neem ik ze lachend in ontvangst. Ik boek het bedrag gewoon van mijn rekening voor donaties af. Op die rekening heb ik een jaarbedrag van tienduizend Zwitserse franken gereserveerd voor goede doelen – inclusief bekeuringen. Deze eenvoudige truc wordt in de psychologie *mental accounting* (mentale boekhouding) genoemd. Eigenlijk gaat het daarbij om een klassieke denkfout: mensen behandelen geld anders al naargelang uit welke bron het komt. Als je bijvoorbeeld honderd euro op straat vindt, ga je er nonchalanter mee om dan met geld waarvoor je gewerkt hebt; je geeft het sneller en frivoler uit. Het voorbeeld van de bekeuring laat zien hoe je een dergelijke denkfout in je voordeel kunt gebruiken. Je bent jezelf als het ware opzettelijk te slim af – ter wille van je eigen gemoedsrust.

Stel je voor dat je in een arm land op reis bent en je portemonnee wordt gestolen. Niet veel later vind je hem terug met alles er nog in behalve het geld. Interpreteer je dit voorval als diefstal of als een donatie aan mensen die het waarschijnlijk slechter hebben dan jij? Het feit dat je geld gestolen is, kun je door je gedachten niet veranderen. Maar de betekenis van de gebeurtenis, de interpretatie van het voorval, daar heb je macht over.

Het goede leven heeft veel te maken met de constructieve interpretatie van feiten. Ik verhoog in mijn hoofd de prijzen in winkels of restaurants altijd met vijftig procent. Dat is het bedrag dat een paar schoenen of zeetong à la meunière mij echt kost – voor aftrek van de inkomstenbelasting op mijn inkomen. Stel dat een glas wijn tien euro kost, dan moet ik vijftien euro bruto verdienen om me dit te kunnen veroorloven.

Deze vom van mentale boekhouding helpt me om mijn uitgaven in de hand te houden.

Hotels betaal ik bij voorkeur vooraf. Zo wordt mijn romantische weekendje Parijs op het laatst niet bedorven door de rekening. Volgens de *peak-end*-regel van Nobelprijswinnaar Daniel Kahneman herinner je je bij vakanties het hoogtepunt en het einde, de rest vergeet je. Dit effect zullen we in hoofdstuk 20 nader bekijken. Als het einde van de reis dus bestaat uit een exorbitante rekening die je door een verwaande Franse receptionist gepresenteerd wordt, met inbegrip van raadselachtige toeslagen die de administratie er waarschijnlijk expres bij gezet heeft omdat je geen accentloos Frans spreekt, lijd je levenslang onder de herinnering. Psychologen kennen daarom de tactiek van *precommitment*: betaal eerst en consumeer later – een variant van mentaal boekhouden waardoor je je uitgaven beter kunt verkroppen.

Belastingen betaal ik met eenzelfde nonchalance. Ik kan het belastingsysteem niet eigenhandig radicaal veranderen. Dus vergelijk ik de prestaties van mijn mooie geboortestad Bern met die van Koeweit, Riyad, de opeengepakte betonblokken van Monaco of de oppervlakte van de maan – allemaal plaatsen zonder inkomstenbelasting. Conclusie: ik blijf liever hier in Bern. Daar komt nog bij dat mensen die om belastingredenen naar onaantrekkelijke plekken verhuizen, een bekrompen en verbeten indruk maken – een slechte basis voor het goede leven. Interessant is dat ik met zulke mensen tot dusverre alleen maar onaangename ervaringen heb.

Dat geld niet gelukkig maakt is algemeen bekend. Maar ik raad je daadwerkelijk aan om vanwege een paar euro meer of minder niet te gaan lopen piekeren. Of een biertje nu twee euro duurder of goedkoper is dan normaal laat me tegenwoordig aangenaam koud. In plaats van geld bespaar ik me de opwinding. Elke afzonderlijke minuut schommelt de waarde van mijn aandelenportfolio veel meer dan twee euro. Als de beursindex een duizendste procentpunt daalt wind ik me toch ook niet op. Doe net als ik. Leg een vast bedrag apart, een bescheiden bedrag dat je volkomen onverschillig laat – geld dat je niet als geld ziet maar als witte ruis. Met een dergelijke houding verlies je niets, en al helemaal niet je innerlijke evenwicht.

Er was een tijd – ik was toen rond de veertig – dat ik na een lange fase van atheïsme nog een laatste keer verbeten naar God zocht. Een paar weken lang namen de benedictijner monniken van de abdij van Einsiedeln in Zwitserland me op als gast. Ik denk graag terug aan deze tijd ver weg van de wereldse bedrijvigheid. Zonder televisie, zonder internet en met nauwelijks een mobiel signaal dat door de dikke kloostermuren heen kwam. Het meest genoot ik van het silentium tijdens de maaltijden. Er geldt een absoluut spreekverbod. Oké, God heb ik er niet mee gevonden, maar daarvoor in de plaats wel een mentale boekhoudtruc, deze keer niet met betrekking tot geld, maar tot tijd. In het refectorium (zo noem je de eetzaal van een abdij) ligt het bestek in een kleine zwarte doodskist van ongeveer twintig centimeter lang. Aan het begin van de maaltijd klap je het deksel van je doodskist open en pak je er de keurig neergelegde vork, lepel en het mes uit. De boodschap: je bent eigenlijk al dood; alles wat nu volgt wordt je geschonken. *Mental accounting at its best.* Zo leerde ik mijn tijd waarderen – en mijn tijd niet te verspillen met me op te winden.

Heb je een hekel aan in de rij staan voor de kassa, wachten bij de tandarts, de file op de snelweg? In een mum van tijd is je bloeddruk gestegen tot honderdvijftig en maak je stresshormonen aan. In plaats van je op te winden zou je het volgende kunnen overwegen: zonder deze onnodige opwinding die je mettertijd lichamelijk en geestelijk verteert, zul je een heel jaar langer leven. Dit geschonken jaar is langer dan al die momenten van wachten bij elkaar. Conclusie: je kunt het verlies van geld en tijd niet terugdraaien, maar wel anders interpreteren. Schaf een kistje met mentale boekhoudtrucjes aan voor alle verschillende levensomstandigheden en je zult zien dat hoe bekwamer je erin wordt denkfouten te vermijden, hoe meer plezier je erin hebt er af en toe bewust eentje te maken – voor je eigen welzijn.

2

# DE GROTE VAARDIGHEID VAN HET CORRIGEREN

## Waarom er geen perfecte set-up bestaat

Je zit in het vliegtuig van Amsterdam naar New York. Hoe vaak zou het toestel op koers liggen? Negentig procent van de tijd? Tachtig procent? Zeventig procent? Het juiste antwoord is: nooit. Als je bij het raam zit en je blik over de vleugelrand laat gaan, kun je zien hoe onrustig de rolroeren bewegen. Deze dienen om de koers onophoudelijk te corrigeren. Duizend keer per seconde berekent de autopiloot de afwijkingen van de toestand zoals het 'is' en de toestand zoals het 'zou moeten zijn' en stuurt hij correctiebevelen naar de staartvlakken.

Ik heb vaak het genoegen in kleine vliegtuigen zonder autopiloot te vliegen. Het komt dan op mij neer deze minuscule correcties uit te voeren. Laat ik de stuurknuppel ook maar een seconde rusten, dan raak ik uit koers. Dat is bij het autorijden net zo: zelfs op een kaarsrechte snelweg kun je je handen niet van het stuur nemen zonder dat je van de rijbaan af raakt en een ongeluk riskeert.

Ons leven reageert net als een vliegtuig of een auto, hoewel we liever hadden dat het anders was; dat het leven te plannen en te voorzien was zonder allerlei storingen. Dan hoefde je je alleen op de beginopstelling te concentreren, op de optimale aanvangstoestand, op de 'set-up'. Aan het begin zou je alles perfect inrichten – je opleiding, je carrière, je liefdes- en gezinsleven – om vervolgens zoals gepland je einddoel te bereiken. We weten dat het helaas niet zo gaat. Ons leven is voortdurend onderhevig aan turbulentie, we hebben te maken met tegenwind en onvoorziene weersomstandigheden. Toch handelen we als naïeve mooiweerpiloten: we overschatten de rol van de set-up en onderschatten systematisch de rol van het corrigeren.

Als hobbypiloot heb ik één ding wel geleerd: het gaat niet om de start, maar om de kunst van het corrigeren bij het opstijgen. De natuur weet dit al miljarden jaren. Bij de celdeling treden er steeds weer kopieerfouten van het genenmateriaal op. In alle cellen bevinden zich moleculen die deze kopieerfout achteraf corrigeren. Zonder deze zogenaamde DNA-reparatie zouden we al een paar uur na de verwekking aan kanker sterven. Ons immuunsysteem volgt hetzelfde principe. Het kent geen masterplan, omdat de bedreigingen niet te voorspellen zijn. De kwaadaardige virussen en bacteriën muteren onophoudelijk en de afweer kan dus alleen werken door voortdurend te corrigeren.

De volgende keer dat je hoort dat een perfect huwelijk van twee partners die perfect bij elkaar passen is stukgelopen, zou je dus niet al te verbaasd moeten zijn. Als het je wel verbaast, heb je duidelijk de set-up overschat. Iedereen die meer dan vijf minuten heeft samengewoond zou eigenlijk moeten weten dat het niet werkt zonder constant te finetunen en te repareren. Elke relatie moet je onderhouden. Het veelvoorkomende misverstand dat ik steeds tegenkom, is dat het goede leven een statische toestand is. Fout. Het goede leven bereik je alleen door voortdurend te finetunen.

Waarom corrigeren en herzien we niet graag? Omdat we elke kleine reparatie als een planningsfout interpreteren. Blijkbaar ging ons plan niet op. We zijn pijnlijk getroffen en voelen ons een mislukkeling. De waarheid is echter dat een plan vrijwel nooit helemaal opgaat en als het bij wijze van uitzondering wel werkelijkheid wordt, is dat puur toevallig. De Amerikaanse generaal en latere president Dwight Eisenhower zei: ‘Plannen zijn niets, plannen is alles.’ Het komt niet aan op een vast plan, maar op het herhaaldelijk verder plannen. En daar komt nooit een einde aan. Op het moment dat de eigen troepen op de tegenstander stuiten, wist Eisenhower, is elk plan verouderd.

Grondwetten zijn basiswetten waar alle andere wetten van een staat op gebaseerd zijn. Ze zouden dus tijdloos moeten zijn. Maar zelfs grondwetten moeten zo nu en dan gecorrigeerd worden. De grondwet van de Verenigde Staten van 1787 is tot nu toe 27 keer gerevideerd. De federale grondwet van de republiek Zwitserland is sinds het eerste ontwerp van 1848 twee keer compleet herzien en nog tientallen keren gedeeltelijk herzien. De Duitse grondwet van 1949 is tot nu toe zestig keer aangepast. Dat is geen schande, maar juist zeer verstandig. In alle opzichten is de vaardigheid van corrigeren het fundament van elke functionerende democratie. Het gaat er niet om dat je de juiste vrouw of de juiste man kiest (met andere woorden: om de ‘juiste setup’), maar dat je de verkeerde man of vrouw zonder bloedvergieten weer ‘dumpt’. In de democratie zit, als enige van alle staatsvormen, het correctiemechanisme ingebouwd.

Op andere gebieden zijn we minder bereid om te corrigeren. Het grootste deel van het schoolsysteem oriënteert zich op de 'set-up': feitenkennis en diploma's suggereren dat het in het leven hoofdzakelijk draait om het optimale schooldiploma en om de ideale startomstandigheden in het beroepsleven. Maar de samenhang tussen diploma's en succes in het beroep wordt steeds zwakker. Tegelijk wordt de vaardigheid van koerscorrectie steeds belangrijker. Maar die wordt op school nauwelijks bijgebracht.

In de persoonlijkheidsontwikkeling zie je hetzelfde. Je kent vast wel iemand die je als rijpe, wijze persoon zou typeren. Wat denk je: was het de 'set-up' – de perfecte afkomst, het voorbeeldige ouderlijk huis, de eersteklas opvoeding – die ervoor gezorgd heeft dat deze persoon zo wijs is geworden? Of kwam het doordat hij constant is blijven corrigeren – en aan zijn eigen moeilijkheden en onvolmaaktheden heeft gewerkt en die in de loop van zijn leven heeft opgelost?

Conclusie: we moeten af van het stigma dat kleeft aan corrigeren. Als je vroegtijdig corrigeert heb je een streepje voor op degenen die lang aan de perfecte beginopstelling knutselen en er tevergeefs op hopen dat hun plan opgaat. De ideale opleiding bestaat niet. Er bestaat geen uniek levensdoel. De perfecte ondernemingsstrategie, het optimale aandelenportfolio, de enige juiste baan... dat bestaat allemaal niet. Dat zijn allemaal mythes. Wat wel juist is, is dat je begint met een set-up en die voortdurend aanpast. Hoe gecompliceerder de wereld is, hoe onbelangrijker het uitgangpunt wordt. Steek je energie daarom noch wat betreft je werk, noch je privéomstandigheden in de perfecte set-up. Oefen in plaats daarvan de kunst van het corrigeren. Pas voortdurend de dingen aan die niet aan je verwachtingen voldoen, snel en zonder je schuldig te voelen. Het is geen toeval dat ik deze zinnen schrijf in Word 14.7.1. Versie 1.0 kun je al lang niet meer kopen.

3

# DE GELOFTE

## Inflexibiliteit als strategie

In het jaar 1519 bereikte de Spaanse veroveraar Hernán Cortés vanaf Cuba de kust van Mexico. Zonder dralen riep hij Mexico uit tot Spaanse kolonie en zichzelf tot gouverneur. Vervolgens liet hij zijn schepen zinken. Zo ontnam hij zichzelf en zijn troepen de mogelijkheid terug te keren.

Uit economisch oogpunt lijkt de beslissing van Cortés zinloos. Waarom zou je van meet af aan een terugkeer uitsluiten? Waarom zou je alternatieven uitsluiten? Een van de belangrijkste grondbeginselen van de economie luidt immers: hoe meer opties je tot je beschikking hebt, hoe beter het is. Waarom gaf Cortés zijn keuzevrijheid dan op?

Twee tot drie keer per jaar ontmoet ik de CEO van een wereldconcern voor het obligate economische zakendiner. Het valt me al jaren op dat hij nooit een toetje neemt. Tot voor kort vond ik zijn gedrag onlogisch en genot-ontzeggend. Waarom zou je de zoete optie uit principe uitsluiten? Waarom zou je niet per situatie besluiten? Waarom zou je de beslissing niet laten afhangen van je lichaamsgewicht, van de overvloedigheid van het hoofdgerecht of van de verleidelijke geur van het dessert? Principieel afzien van het nagerecht is misschien een minder dramatische beslissing dan voor jezelf de terugkeer naar je vaderland onmogelijk maken. Maar op het eerste gezicht lijken beide beslissingen onnodig.

Een van de belangrijkste managementdenkers ter wereld is Clayton Christensen. Hij is hoogleraar aan de universiteit van Harvard en schreef de bestseller *The Innovator's Dilemma*. Deze overtuigde mormoon leidt zijn leven aan de hand van *geloftes* – een oud begrip voor niet te verbreken beloftes. Als je het woord 'gelofte' te ouderwets vindt klinken, kun je het ook 'absoluut commitment' noemen. Zelf ben ik fan van het oude begrip omdat 'commitment' inflatoir is en vaak schijnheilig wordt gebruikt (*We are commited to improving the state of the world*). Bovendien kan alleen een individu en niet een organisatie een gelofte afleggen.

In zijn jonge jaren sloeg Clayton Christensen veel managers gade die het eerste deel van hun leven uitsluitend opofferden voor hun carrière om zich vervolgens in de tweede helft van hun leven – inmiddels financieel onafhankelijk – geheel te kunnen wijden aan het gezinsleven. Het jammere was echter dat het gezin dan vaak uiteengevallen was of dat de kinderen allang uitgevlogen waren. Christensen legde daarom een gelofte af en beloofde God dat hij in het weekend niet zou werken en elke avond voor het gezamenlijke avondeten thuis zou zijn. Dat betekende dat hij soms om drie uur 's nachts naar zijn werk ging.

Toen ik dit voor het eerst hoorde vond ik de handelwijze van Clayton Christensen irrationeel, halsstarrig en oneconomisch. Waarom zou je zo inflexibel zijn? Waarom zou je niet per afzonderlijke situatie beslissen? Soms moet je nu eenmaal in het weekend werken, maar dat kun je dan met een vrije maandag of dinsdag compenseren. Het is toch juist goed om flexibel te zijn, vooral in een tijd waarin alles zich voortdurend verder ontwikkelt?

Tegenwoordig kijk ik er anders tegenaan. Bij belangrijke thema's is flexibiliteit geen voordeel maar een valstrik. Cortés, de geen toetjes etende CEO en Clayton Christensen hebben alle drie gemeen dat ze door radicale inflexibiliteit langetermijndoelen behalen die ze niet zouden bereiken wanneer ze zich flexibel opstelden. Waarom is dat zo? Hiervoor zijn twee redenen. Ten eerste: als je bij elke situatie steeds opnieuw moet beslissen boet je in aan wilskracht. *Decision fatigue* (beslissingsmoeheid) is het wetenschappelijke begrip hiervoor. Een brein dat moe is van de vele beslissingen zal voor de gemakkelijkste variant kiezen, wat niet zelden de slechtste is. Daarom zijn geloftes zo zinvol. Heb je een gelofte afgelegd, dan hoef je niet elke keer de voor- en nadelen tegen elkaar af te wegen. Je beslissing staat klaar en kost geen denkenergie.

De tweede reden waarom inflexibiliteit zo waardevol is, heeft te maken met reputatie. Door op bepaalde gebieden consistent onbuigzaam te zijn, maak je duidelijk waar je staat en waarover er niet met je te onderhandelen valt. Je komt zelfverzekerd over en dit maakt je tot op zekere hoogte onaantastbaar. De wederzijdse intimidatie in de Koude Oorlog berustte op dit principe. De VS en de Sovjet-Unie wisten dat de tegenstander een eerste nucleaire, vernietigende klap direct zou vergelden. Daar hoefde niet over nagedacht te worden, de situatie hoefde niet afgewogen te worden. De beslissing om de rode knop wel of niet in te drukken was vooraf al genomen.

Er als eerste op drukken was gewoonweg geen optie.

Wat voor staten geldt, geldt ook voor jou. Als je constant naar je geloftes leeft – hoe die er ook mogen uitzien – zullen anderen je op den duur met rust laten. De legendarische investeerder Warren Buffett bijvoorbeeld ziet principieel af van de optie van achteraf onderhandelen. Ondernemers die hun bedrijf aan Warren willen verkopen hebben slechts één kans. Zij kunnen één aanbod doen. Ofwel Warren koopt het bedrijf tegen de voorgestelde prijs, ofwel hij slaat het aanbod af. Als het bedrijf te duur is voor Warren, hoeft een ondernemer het niet nog een keer te proberen, zelfs niet met een lagere prijs. Nee blijft nee, dat weet iedereen. Buffett heeft zo de reputatie gekregen dat hij inflexibel is – en heeft daarmee gewaarborgd dat hij van begin af aan de beste deal krijgt aangeboden en geen tijd verspilt met loven en bieden.

Commitments, geloftes, onvoorwaardelijke principes... het klinkt allemaal eenvoudig, maar dat is het niet. Stel dat je met een vrachtwagen vol dynamiet op een kaarsrechte eenbaansweg rijdt en dat jou op die weg een vrachtwagen tegemoetkomt die eveneens is volgeladen met dynamiet. Wie wijkt als eerste uit? Als je de andere chauffeur ervan kunt overtuigen dat jij het sterkere commitment bent aangegaan om nooit uit te wijken, zul jij winnen. Dat betekent dat de ander als eerste zal uitwijken (als hij rationeel handelt). Als je de andere chauffeur bijvoorbeeld kunt bewijzen dat je je stuur met een slot hebt geblokkeerd en de sleutel uit het raam hebt gegooid, maak je je extreem sterke commitment duidelijk. Net zo sterk, geloofwaardig en radicaal moeten je geloftes zijn. Dan zijn ze richtinggevend.

Conclusie: stop met het vereren van flexibiliteit. Flexibiliteit maakt ongelukkig, je wordt er moe van en het leidt je onmerkbaar af van je doelen. Keten je vast aan je geloftes. Zonder compromissen. Het is gemakkelijker om je voor 100 procent aan je geloftes te houden dan voor 99 procent.

4

# BLACK-BOX-DENKEN

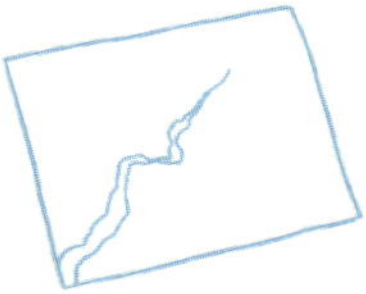

## De realiteit houdt geen rekening met je gevoelens, of waarom elke crash je leven beter maakt

De Britse De Havilland Comet 1 was het eerste in serie geproduceerde straalvliegtuig in de burgerluchtvaart ter wereld. In 1953 en 1954 gebeurden er een aantal mysterieuze ongelukken met de Comet 1. De toestellen braken in de lucht doormidden. Eén vliegtuig stortte kort na de start vanaf vliegveld Calcutta neer. Daarna brak een toestel bij een vlucht over het eiland Elba in tweeën. Een paar weken later stortte een Comet 1 voor Napels in zee. In alle drie de gevallen waren er geen overlevenden. De vloot kreeg een vliegverbod opgelegd. Maar niemand vond de oorzaak en het vliegverbod werd weer opgeheven. Slechts twee weken later stortte er weer een vliegtuig voor Napels neer. Dat betekende het definitieve einde van de Comet 1.

Uiteindelijk ontdekten de onderzoekers dat de vierkante ramen van de Comet 1 de oorzaak van het probleem waren. Vanuit de hoeken ontstonden minuscule haarscheurtjes, die over de romp trokken en ten slotte leidden tot het neerstorten van het vliegtuig. Daarom kijken passagiers tegenwoordig uitsluitend door raampjes met afgeronde hoeken. Nog belangrijker was echter een andere gevolgtrekking: de onderzoeker van de ongevallen, David Warren, stelde voor om in ieder lijnvliegtuig een nauwelijks te verwoesten vluchtrecorder (later black box genoemd) te installeren – een idee dat uiteindelijk verwezenlijkt werd. De black box legt per seconde duizenden gegevens vast, evenals de gesprekken van de piloten in de cockpit. Daarmee wordt het mogelijk om in geval van een crash een precieze analyse van de oorzaak te maken.

Er is bijna geen andere branche die fouten zo serieus neemt als de luchtvaartindustrie. Piloot Sullenberger schreef na zijn spectaculaire landing in de Hudsonrivier: 'Alle kennis in de luchtvaart, elke regel, elke procedure bestaat omdat er ergens iemand is neergestort.' Elke crash maakt elke toekomstige vlucht veiliger. Dit principe – je zou van *black-box-denken* kunnen spreken – is een bijzonder mentaal gereedschap dat je kunt toepassen op andere gebieden in je leven. Het begrip black-box-denken is afkomstig van Matthew Syed, die hier een heel boek aan gewijd heeft.

Mensen zijn precies het tegendeel van de luchtvaartindustrie. Stel je bijvoorbeeld voor dat je enkele jaren geleden voor honderd euro per stuk aandelen hebt gekocht. Nu staat de koers op een miserabele tien euro. Wat gaat er door je hoofd? Natuurlijk hoop je, bid je zelfs dat de koers weer snel stijgt. Of je vervloekt het management van de naamloze vennootschap. Of je grijpt naar de fles om je woede te sussen. Er zijn slechts weinig mensen die de realiteit accepteren en hun eigen vluchtrecorder analyseren. Terwijl juist deze twee dingen nodig zouden zijn: a) totale acceptatie en b) black-box-denken.

‘Een aandeel weet niet dat je het bezit,’ schrijft Warren Buffett. ‘Je hebt allerlei gevoelens over de aandelen. Je herinnert je hoeveel je ervoor hebt betaald, wie je de aandelentip heeft gegeven, al dat soort kleine dingen. En dat interesseert de aandelen geen zier.’ Wat Buffett over aandelen zegt, geldt voor bijna alles. Als je rood staat is dat gewoon een feit, hoe je je daarover ook voelt. Je boze mailtje aan je baas – dat is verzonden, om het even met hoeveel glazen wijn je deze kleine woede-uitbarsting wilt rechtvaardigen. En ook de kanker die in je woekert laat je wishful thinking totaal onverschillig.

Psycholoog Paul Dolan van de London School of Economics beschrijft hoe mensen die in gewicht toenemen gaandeweg hun focus verschuiven naar dingen waarbij het gewicht een minder belangrijke rol speelt, zoals hun baan. Waarom? Omdat je focus verleggen gemakkelijker is dan afvallen. Maar het maakt de feiten niet uit waarop jij je focust of wat jou interesseert en motiveert. Het maakt de wereld niet uit hoe je over haar denkt en welke gevoelens je daarbij ontwikkelt. Verhinder zulke versluiertactieken van je hersenen.

‘Zelfbedrog wegnemen is een noodzakelijke voorwaarde voor zeker en aanhoudend geluk,’ schrijft Bertrand Russell. Dat is wat overdreven, want zeker en aanhoudend geluk bestaat niet. Maar waar Russell wel gelijk in had, is dat zelfbedrog niet past bij het goede leven. Het is makkelijk een realiteit te accepteren die je fijn vindt. Maar een realiteit die je niet fijn vindt, moet je ook accepteren – juist die moet je aanvaarden. Hiervan geeft Russell meteen een voorbeeld: ‘Een toneelschrijver die nooit succes heeft zou gelaten moeten beseffen dat de kans bestaat dat zijn stukken niet deugen.’ Misschien schrijf je geen theaterstukken, maar er schieten je vast en zeker voorbeelden uit je eigen leven te binnen. Kan het zijn dat je gewoon geen talenknobbel hebt? Dat je niet deugt als manager of van nature niet atletisch gebouwd bent? Je zou deze mogelijkheden moeten overwegen en vervolgens de juiste conclusies moeten trekken.

Totale acceptatie van tekorten, nederlagen en crashes, hoe werkt dat? Als we op onszelf aangewezen zijn, hebben we daar vaak moeite mee. Andere mensen zien we veel duidelijker dan onszelf. Daarom voelen we ons vaak teleurgesteld door anderen, maar zeer zelden door onszelf. Het is goed als je op een partner of een vriend kunt rekenen die je ongezouten de waarheid zegt. Maar zelfs dan zullen je hersenen nog proberen ongewenste feiten rooskleuriger voor te stellen. Mettertijd leer je echter het oordeel van de ander serieus te nemen.

Naast deze totale acceptatie heb je, zoals gezegd, een black box nodig. Bouw je eigen zwarte doos. Op het moment dat je een belangrijke beslissing neemt, schrijf je op wat er in je hoofd omgaat: de aannames, de gedachtegangen, de conclusies. Mocht je levensbeslissing een verkeerde gevolgtrekking blijken te zijn, kijk dan in je vluchtrecorder (die hoeft niet beveiligd te zijn tegen een crash, een notitieboekje volstaat) en analyseer nauwkeurig welke overwegingen tot de fout hebben geleid. Zo eenvoudig is het. Met elke flater waarvan je de oorzaak begrijpt wordt je leven beter. Als je niet kunt verklaren hoe de fout ontstond, heb je de wereld of jezelf niet begrepen. Anders uitgedrukt: als je je crash niet kunt verklaren, zul je weer neerstorten. Een hardnekkige analyse loont de moeite.

Tussen twee haakjes: black-box-denken werkt niet alleen privé, maar ook in het bedrijfsleven. Het zou binnen alle bedrijven tot het standaardrepertoire moeten behoren.

Totale acceptatie en black-box-denken alleen zijn echter niet voldoende. Je moet ook zorgen dat je de gevonden fouten in de toekomst vermijdt. De zakenpartner van Warren Buffett zegt hierover: 'Als je een probleem niet aanpakt en in plaats daarvan wacht tot het niet meer op te lossen is, ben je zo verdomd idioot dat je het probleem in zekere zin ook hebt verdiend.' Wacht niet tot de gevolgen niet meer te overzien zijn. 'Als je de realiteit niet aanpakt, pakt de realiteit jou aan,' waarschuwt auteur Alex Haley.

Conclusie: accepteer de realiteit. Accepteer die met alles erop en eraan. Juist met elk aspect dat je niet fijn vindt. Doe het, hoe moeilijk het op dat moment misschien ook is. Later word je ervoor beloond. Het leven is niet eenvoudig. Zelfs binnen het goede leven zul je opgewassen moeten zijn tegen een hele hoop fiasco's. Het is oké dat je af en toe crasht. Belangrijk is dat je de oorzaken van de crash in kaart brengt en deze vervolgens uitroeit. Problemen zijn niet als grootse Bordeauxwijnen. Ze worden er niet beter op als je ze langer laat liggen.

5

# ANTIPRODUCTIVITEIT

## Waarom tijdbespaarders vaak tijdrovers zijn

De automobiel. Natuurlijk was die ten opzichte van de voetmars of de paardenkoets een kwantumsprong op het gebied van efficiëntie. In plaats van dat je met zes kilometer per uur door de buurt wandelt of met vijftien kilometer per uur overal doorheen hobbelt, haal je op de snelweg tegenwoordig makkelijk een snelheid van 130 kilometer per uur. En dat zonder enige moeite. Zelfs als je niet steeds kunt doorrijden: hoe hoog denk je dat de effectief behaalde gemiddelde snelheid van je auto is? Schrijf je schatting in de kantlijn van dit boek voor je verder leest.

Hoe ben je bij je berekening te werk gegaan? Je hebt het aantal kilometers dat je per jaar gereden hebt gedeeld door het geschatte aantal gebruiksuren van je auto. Dat is overigens de berekening die elke boordcomputer levert. Bij mijn Rover Discovery is dat rond de vijftig kilometer per uur. Die berekening klopt echter niet. Je moet namelijk ook het volgende meerekenen: a) De werktijd die je besteedt om de auto te betalen. b) De arbeidstijd die je besteedt om de verzekering, het onderhoud, de benzine en de bekeuringen te financieren. c) De reistijd om a) en b) in arbeid te voldoen, inclusief files. De katholieke priester Ivan Illich heeft dit berekend voor auto's in de VS. De uitkomst? Een Amerikaanse auto bereikt een gemiddelde snelheid van krap zes kilometer per uur. De snelheid van een voetganger dus. En dit was in de jaren zeventig, toen de VS nog veertig procent minder inwoners telde dan nu, maar wel al een net zo uitgebreid wegennet had. Tegenwoordig zou de gemiddelde snelheid beslist onder de zes kilometer per uur liggen.

Illich noemde dit effect *counterproductivity* (in het Nederlands zoiets als antiproductiviteit of tegengestelde productiviteit). Het begrip omschrijft het feit dat veel technologieën op het eerste gezicht tijd en geld lijken te besparen, maar dat deze besparingen in het niets oplossen zodra je een volledige kostenberekening maakt. Hoe je persoonlijk ook het liefst onderweg bent: antiproductiviteit is een keuzevalstrik waar je maar beter met een grote boog omheen kunt rijden.

Neem bijvoorbeeld e-mail. Op zich lijkt dat een geniale zaak. Hoe snel is een mailtje getypt en verzonden, en dat nog gratis ook! Maar schijn bedriegt. Elk e-mailadres trekt spam aan, die eruit gefilterd moet worden. Nog erger: je krijgt een hoop berichten die grotendeels irrelevant zijn, maar die je toch moet bekijken zodat je kunt beslissen of je er iets mee moet. Dat kost ontzettend veel tijd. Bovendien moet je een deel van de kosten voor de computer en de smartphone meerekenen, en ook de tijd voor de software-updates. Bij een globale schatting blijkt dat de kosten per relevant mailtje een euro bedragen, wat ongeveer net zo veel is als de kosten voor een ouderwetse brief.

En laten we eens kijken naar presentaties. Een voordracht voor de bijeengekomen directie of voor klanten bestond vroeger uit een reeks overtuigend naar voren gebrachte argumenten. Handmatige aantekeningen waren voldoende, hoogstens verrijkt met een paar zinnen op een overheadprojector. In 1990 kwam PowerPoint op de markt. Ineens staken miljoenen managers en/of hun assistenten uren in deze presentaties. Ze voegden felle kleuren, bizarre lettertekens en o zo grappige ombladereffecten toe. Netto winst: nul. Omdat plotseling iedereen PowerPoint gebruikte, was het verrassingseffect snel verdwenen. Een typisch geval van het *wapenwedloopeffect* (zie hoofdstuk 46). Daar komen nog de kosten van de counterproductivity bij, dus de miljoenen verspilde uren werk voor het leren kennen van de software, het installeren van de onophoudelijke updates en uiteindelijk het vormgeven en opleuken van de dia's. PowerPoint geldt doorgaans als productiviteitssoftware. Juister zou zijn: antiproductiviteitssoftware.

Voor ons mag het negatieve effect van de antiproductiviteit vaak onverwacht zijn, biologen zijn er niet door verrast. De natuur kent dit effect al miljoenen jaren. De mannelijke pauw, die door een soort esthetische wapenwedloop met de concurrentie van steeds mooiere en langere veren is voorzien, merkt de antiproductiviteit op als hij een vos tegenkomt. Hoe langer en mooier zijn verenkleed is, hoe meer kans hij weliswaar bij de vrouwtjes maakt, maar hoe zichtbaarder hij ook is voor zijn vijanden. In de loop van miljoenen jaren is er daarom een evenwicht ontstaan tussen seksuele aantrekkingskracht en onopvallendheid om te kunnen overleven. Elke extra centimeter aan gevederte werkt contraproductief. Dat geldt overigens ook voor het gewei van een hert of de zangcapaciteiten van vogels.

Wees dus op je hoede voor antiproductiviteit. Die is pas op het tweede gezicht zichtbaar. Ik heb me aangewend om slechts één laptop te gebruiken (ik heb thuis geen netwerk). De apps op mijn smartphone beperk ik tot een absoluut minimum en als een gadget nog werkt, ruil ik het zelden in voor een nieuwe. Alle andere technologie laat ik uit staan. Geen televisie, geen radio, geen spelcomputer, geen smartwatch, geen Alexa. Ik griezel van een *smart home*. Ik doe liever zelf handmatig het licht aan en uit dan via een app die ik moet installeren, koppelen en voortdurend moet updaten. Bovendien kan mijn oude lichtschakelaar niet gehackt worden, nog zo'n antiproductiviteitsfactor die je kunt elimineren.

Kun je je nog de tijd herinneren dat de digitale camera's op de markt kwamen? Wat een bevrijding was dat! Zo voelde dat toen. Weg met die dure filmrolletjes. Nooit meer wachten op het ontwikkelen. Nooit meer foto's waar je niet goed op staat, je kunt gewoon net zo veel foto's maken als je wilt. Het zag ernaar uit dat het alles vereenvoudigde, maar ontpopte zich als je terugkijkt tot een duidelijk geval van antiproductiviteit. Tegenwoordig heb je een hele berg foto's en video's die voor 99 procent overbodig zijn. Maar je hebt geen tijd om ze uit te zoeken. Je sleept ze overal mee naartoe in lokale back-ups en in de cloud, zichtbaar en exploiteerbaar voor de grote internetbedrijven. Daar komt nog de tijd bij die je moet investeren voor de fotobewerking, want dat is wel nodig. Plus de tijd voor de gecompliceerde software die periodiek roept om een update. En het omslachtige overzetten als je een nieuwe computer koopt.

Conclusie: techniek – meestal veelbelovend aangekondigd – heeft vaak een antiproductieve uitwerking op de levenskwaliteit. Een basisregel van het goede leven luidt: laat achterwege wat je niet werkelijk iets oplevert. Dat geldt in het bijzonder voor technologie. Zet liever eerst je hersenen aan voordat je naar het volgende gadget grijpt.

6

# DE NEGATIEVE KUNST VAN HET GOEDE LEVEN

## Doe niets verkeerd, dan gebeurt het juiste

'Er zijn oude piloten en er zijn waaghalzige piloten, maar er zijn geen oude waaghalzige piloten.' Deze spreuk haal ik me als hobbypiloot telkens weer voor de geest. Ik stel me graag voor dat ik ooit tot de oude piloten zal behoren. Dat is duidelijk beter dan het alternatief.

Als ik in de cockpit van mijn oude eenmotorige vliegtuig (bouwjaar 1975) stap, ben ik niet van plan een spectaculaire vlucht te maken. Ik probeer enkel en alleen niet neer te storten. Welke oorzaken tot een crash kunnen leiden zijn exact bekend: vliegen bij noodweer, vliegen zonder checklijsten, vliegen in oververmoeide toestand, vliegen zonder voldoende brandstofreserves.

Bij investeren gaat het niet zozeer om overleven, maar wel om veel geld. Investeerders hebben het vaak over *upside* en *downside*. Onder upside verstaat men bijna alle mogelijke positieve resultaten van een investering samen (bijvoorbeeld een bovengemiddeld rendement). Onder downside verstaat men alle denkbare negatieve resultaten (bijvoorbeeld een faillissement). Deze begrippen laten zich wederom vertalen naar het vliegen. Voor en tijdens een vlucht besteed ik buitensporig veel aandacht aan de downside. Ik probeer die onder alle omstandigheden te vermijden. Daarentegen houd ik me nauwelijks bezig met de upside. Hoe majestueus de sneeuw op de Alpen ligt, welke soort wolkenformaties er te bewonderen zijn, hoe mijn boterham hoog in de lucht zal smaken – dat zie ik dan wel. Zolang de downside uitgeschakeld is, zal de upside geheel vanzelf optreden.

Datzelfde principe adviseert investeerder Charles Ellis aan alle recreatietennissers. In tegenstelling tot professionele tennissers, die bijna elke bal kunnen richten zoals zij dat wensen, maken hobbyspelers constant fouten. Ze slaan de bal in het net, te ver, te hoog, in het verkeerde vak. Professioneel tennis is een ander spel dan hobbytennis. Professionals *winnen* punten, amateurs *verliezen* punten. Als je dus tegen een amateur speelt, concentreer je er dan gewoon op dat je geen fouten maakt. Speel conservatief en houd de bal zo lang mogelijk in het spel. Omdat je tegenstander niet ook opzettelijk conservatief speelt, zal hij meer fouten maken dan jij. Bij amateurtennis worden matches niet *gewonnen* maar *verloren*.

Het is een waardevol gedachtenwerktuig als je je op de downside concentreert in plaats van op de upside. De Grieken, Romeinen en middeleeuwse filosofen hadden een naam voor deze handelwijze: negatieve theologie – de negatieve weg, de weg van het afzien van, van het weglaten, van het reduceren. Concreet: je kunt niet zeggen wat god is; je kunt alleen zeggen wat god niet is. Toegepast op ons thema: je kunt niet zeggen wat een garantie is voor een goed leven. Je kunt alleen zeggen wat een goed leven verhindert. En dat met zekerheid.

Inderdaad proberen filosofen, theologen, artsen, sociologen, economen, psychologen, hersenonderzoekers en reclameprofessionals al 2500 jaar uit te vogelen wat mensen gelukkig maakt. De opbrengst aan verworven inzichten is armetierig. Sociale contacten zijn belangrijk, zo wordt er gezegd. Zingeving helpt. Seks kan niet schaden. Deugdzaam handelen ook niet. Nou ja, dat hadden we zelf ook wel kunnen bedenken, toch? De resultaten zijn nogal vaag. Wat betreft de concrete geluksfactoren – oftewel de upside van geluk – tasten we nog steeds in het duister.

Als we daarentegen de vraag stellen wat ons geluk enorm beïnvloedt of wat een goed leven in gevaar brengt, kennen we die factoren haarfijn. Alcoholisme, drugs, chronische stress, geluidsoverlast, lange reistijden naar het werk, een baan waar je een hekel aan hebt, werkeloosheid, een ontwricht huwelijk, idioot hoge verwachtingen, armoede, schulden en financiële afhankelijkheid, eenzaamheid, contact met klagende mensen, afhankelijkheid van waardering van buitenaf, jezelf constant vergelijken met anderen, slachtofferhouding, zelfhaat, chronisch slaaptekort, depressie, nervositeit, haat en afgunst. Daar heb je de wetenschap niet voor nodig. Deze factoren kunnen we zelf constateren. Bij onszelf, bij vrienden en buren. De downside is altijd concreter dan de upside. De downside is net als graniet: hard, tastbaar, concreet. De upside daarentegen is net lucht.

Probeer daarom de downside in je leven systematisch uit te schakelen, dan heb je een reële kans dat een goed leven je gaat lukken. Natuurlijk kan het noodlot altijd toeslaan. Een meteoriet vernielt je huis. Er breekt oorlog uit. Je kind wordt ziek. Je bedrijf gaat failliet. Maar het noodlot is een categorie die je per definitie niet kunt beïnvloeden. Denk er dus niet aan.

In de bovenstaande opsomming missen enige categorieen: ziekte, psychische gebreken, scheiding. Ontelbare onderzoeken hebben aangetoond dat het effect van deze klappen sneller verdwijnt dan we denken. Mensen met een dwarslaesie concentreren zich de eerste maanden na hun ongeluk voornamelijk op hun gebreken. Dat is te begrijpen. Zij voelen zich dan ook ongelukkig. Maar al na enkele maanden normaliseert hun stemming zich. Al snel treden de normale thema's van alledag op de voorgrond van hun gedachten en de handicap verschuift naar de achtergrond. Bij scheidingen is dat net zo. Na een paar jaar is het tranendal overwonnen. Maar aan alcoholisme, drugs, chronische stress, geluidsoverlast, lange reistijden naar het werk, enzovoort – dus al die dingen van de eerste lijst – daar went een mens niet aan. Deze factoren kunnen we nooit zomaar afvinken. Ze zijn altijd aanwezig en maken een goed leven onmogelijk.

Langdurig succesvolle beleggers zoals Warren Buffett en Charlie Munger werken met denkhoudingen: mentale trucjes en instrumenten die je voortreffelijk kunt toepassen op het leven. Op de allereerste plaats: het vermijden van de downside. Bij hun investeringen letten Buffett en Munger er vooral op wat ze moeten vermijden – dus wat ze níét doen – voordat ze naar de upside kijken. Buffett: 'We hebben niet geleerd hoe we moeilijke problemen in het zakenleven kunnen oplossen, maar hoe we ze kunnen vermijden.' Daar hoef je echt niet bijzonder intelligent voor te zijn. Buffetts zakenpartner Charlie Munger: 'Het is verbazingwekkend welk langdurig succes mensen zoals wij behalen door te proberen *niet dom* te zijn in plaats van *briljant* te zijn.'

Conclusie: een groot deel van het goede leven bestaat uit het uit de weg gaan van stommiteiten, dwaasheden en modestromingen in plaats van uit het streven naar ultieme gelukzaligheid. Niet het toevoegen, maar het weglaten maakt het leven rijk. Of, in de woorden van de zowel grappige als briljante Charlie Munger: ‘Ik wil vooral weten waar ik zal sterven zodat ik die plek nooit bezoek.’

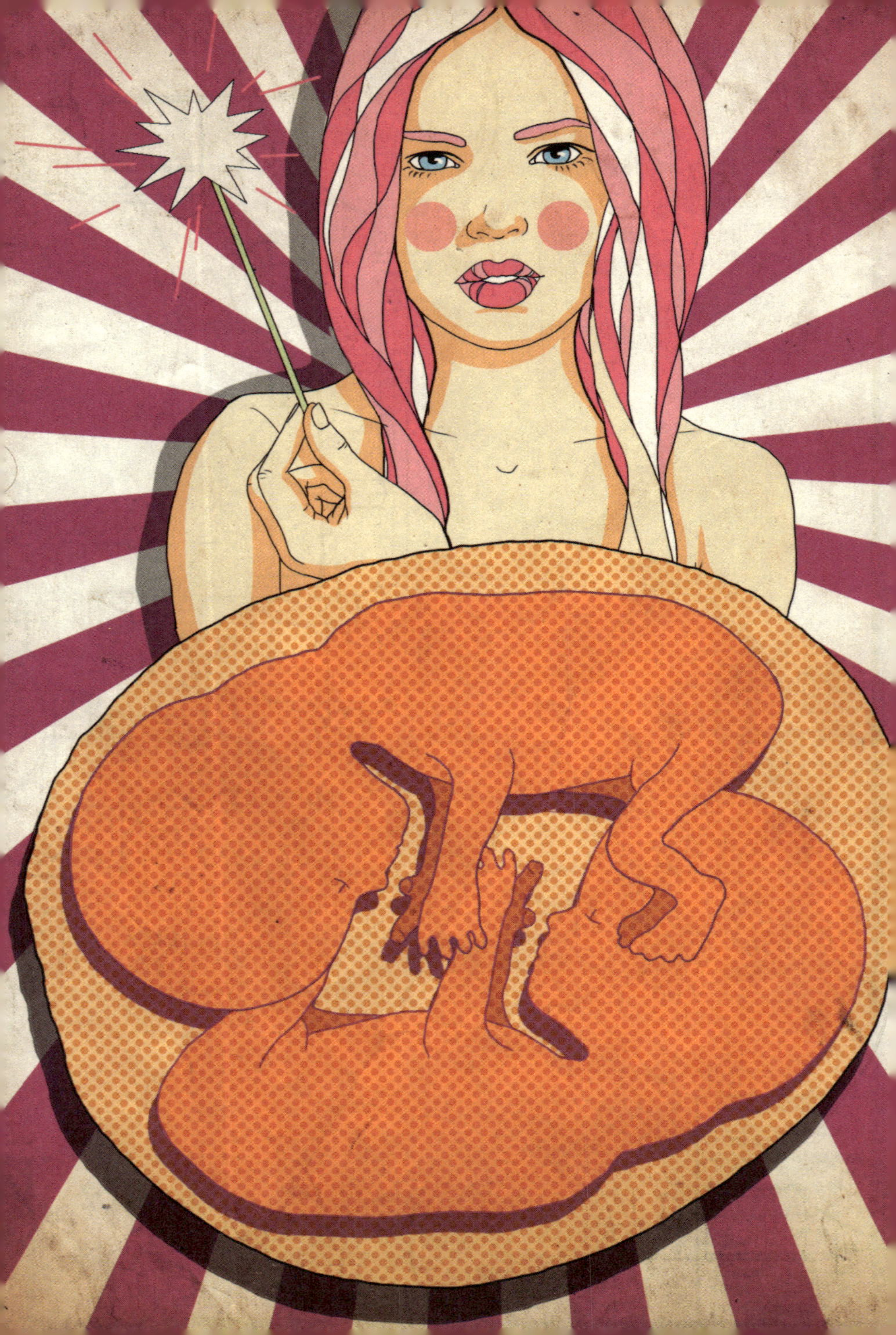

7

# DE EICELLENLOTERIJ

## Waarom je je succes niet hebt verdiend

Geluk heb je, succes moet je verdienen door te werken, zo is de gevestigde mening. Maak maar eens de balans op en vraag jezelf af: hoe succesvol was mijn leven tot nu toe? Geef een cijfer tussen de +10 (superster) en de -10 (totale mislukkeling). Schrijf het antwoord in de kantlijn van dit boek. De volgende vraag is: welk aandeel in je succes kun je aan jezelf toeschrijven, aan je prestaties, je arbeid, je inzet, kortom: aan je eigen verdienste? En welk aandeel berust op toeval, op factoren waar je zelf geen invloed op hebt? Noteer beide percentages. Ik schat dat je ongeveer zestig procent eigen aandeel en veertig procent toeval hebt aangegeven. Dat is in ieder geval het antwoord dat ik van de meeste mensen krijg.

Doe nu een klein gedachtenexperiment dat ik bij Warren Buffett heb gevonden. Stel je een eeneiige tweeling voor in de buik van de moeder, beiden even intelligent en even vitaal. Plotseling komt er een fee aangevlogen die zegt: 'Een van jullie zal in de VS opgroeien en de ander in Bangladesh. Degene die opgroeit in Bangladesh hoeft geen belasting te betalen.' Welk deel van je toekomstige inkomen zou je weggeven zodat je de tweelinghelft bent die in de vs ter wereld komt? Buffett heeft het in deze samenhang over de *ovarian lottery*, de *eicellenloterij*. Je kunt de vs uiteraard vervangen door Nederland, Duitsland of elk ander ontwikkeld land. Wat zou je antwoorden?

De meeste mensen die ik deze vraag stelde geven rond de tachtig procent aan. Dat is bij mij niet anders. We zijn dus bereid een groot deel van ons inkomen 'weg te geven' om in het land van onze wensen op te mogen groeien. Als een dergelijke eersteklas afkomst ons zo veel geld waard is, dan verduidelijkt dit welke invloed dit heeft op ons succes.

De eicellenloterij eindigt niet bij je land van herkomst. Je bent niet alleen in een bepaald land geboren, maar in een bepaald gebied en in een bepaald gezin. Daar kun je niets aan doen. Je hebt normen en waarden meegekregen en gedrag aangeleerd dat je nu helpt of in de weg staat. En ook daar kun je niets aan doen. Je bent in een schoolsysteem verzeild geraakt met leraren die je niet kon uitzoeken. Je hebt ziektes doorstaan, bent door het noodlot getroffen (of bent ervan verschoond gebleven), zonder dat je er zelf voor verantwoordelijk was. Je bent in een reeks rollen gestapt en hebt keuzes gemaakt – volgens welke criteria? Misschien heb je een boek gelezen dat je leven heeft veranderd. Maar hoe heb je dat boek in handen gekregen? Je hebt iemand ontmoet die deuren voor je heeft geopend en zonder wie je niet zou zijn waar je nu bent. Aan wie dank je deze kennismaking?

Zelfs als je met je noodlot overhoop ligt, moet je toegeven dat je enorm veel geluk hebt gehad. Zes procent van alle mensen die ooit de aarde bevolkt hebben, leven op dit moment.

Anders uitgedrukt: zes procent van alle mensen die in de loop van de laatste 300.000 jaar geboren zijn, sinds homo sapiens de wereld bevolkt, leeft in de huidige tijd. Je had net zo goed in een andere tijd geboren kunnen worden. De kans daarop is 94 procent. Stel jezelf voor als slaaf in het Romeinse Rijk, als geisha in het oude Japan of als waterdrager in het oude Egypte. Hoeveel van je aangeboren vaardigheden waren in die milieus werkelijk wat waard? 'Als ik duizenden jaren geleden ter wereld was gekomen, zou ik de perfecte snack zijn geweest voor een of ander dier, want ik kan niet rennen en ook niet in bomen klimmen,' geeft Warren Buffett, nog altijd een van de rijkste mensen ter wereld, toe.

Mijn vrouw en ik hebben een tweeling, een twee-eiige. De oudste, die veertig seconden eerder is geboren dan zijn broer, heeft blond haar en blauwe ogen, de jongste zwart haar en donkere ogen. Hoewel we er alles aan doen om de beide jongens op dezelfde manier op te voeden, hebben ze totaal verschillende karakters. De een is altijd goedgehumeurd en gaat met open vizier op anderen af. De ander is knorrig en kan niet veel met mensen beginnen, maar is wel heel handig met zijn kleine handen. En dat vanaf zijn geboorte. Het toeval heeft de genen van mijn vrouw met de mijne gemixt en twee nieuwe mensen geschapen. Precies zo zijn jouw genen een toevalsmix van de genen van je ouders, die wederom een toevalsmix zijn uit de genen van je grootouders, enzovoort. In de tijd van Lodewijk XIV, de zonnekoning, leefden er ongeveer vierduizend mensen van wie jij een biologische afstammeling bent, een toevalstreffer. Denk daaraan als je de volgende keer Versailles bezoekt.

Wat je bent, heb je aan je genen te danken. En aan het milieu waarin je genetische bouwplan wordt uitgewerkt. Ook je intelligentie is overwegend genetisch verankerd. Net zo goed als het feit of je introvert of extravert bent, openhartig of angstig, betrouwbaar of nonchalant. Als je gelooft dat je je succes te danken hebt aan je harde werken, je lange nachtdiensten en je enorme ambitie, dan klopt dat wel, maar die wilskracht waar je zo trots op bent heb je eveneens te danken aan je genen en je milieu.

Maar nogmaals, met het oog op dit feit: hoeveel procent van je succes schrijf je toe aan je eigen prestaties? Juist, het logische antwoord luidt: nul procent. Je succes berust feitelijk op dingen waar je geen invloed op hebt. Je hebt je succes echt niet 'verdiend'.

Twee conclusies. Ten eerste: blijf bescheiden, juist wanneer je succesvol bent. Hoe groter je succes, hoe minder je dit aan de grote klok zou moet hangen. Bescheidenheid is uit de mode geraakt. Hoe graag lopen we niet te koop met onze geweldige prestaties en posten we ze op internet? Hou je in. Ik heb het niet over valse, maar over echte bescheidenheid. Want wie zich op de borst klopt – ook in stilte – laat zich beetnemen door een illusie. Trots brengt je niet alleen niets. Trots is ook feitelijk verkeerd. Het uitbannen van trots is een fundamentele bouwsteen van het goede leven. Meer daarover in hoofdstuk 51. Herinner je dagelijks dat alles wat je bent, wat je hebt en wat je kunt het resultaat is van puur toeval. Dankbaarheid is voor de met geluk uitverkorenen – dus voor jou en mij – het enige passende levensgevoel. Een mooi bijkomend voordeel is het feit dat dankbare mensen gelukkiger mensen zijn.

Ten tweede: sta vrijwillig en grootmoedig een deel van je (niet verdiende) succes af aan mensen die met de verkeerde genen in het verkeerde gezin en op de verkeerde plek in het verkeerde gebied geboren zijn. Dat is niet alleen nobel, maar ook een kwestie van gezond verstand. Donaties en belastingen zijn geen financiële aangelegenheid. Ze zijn in de eerste plaats een morele aangelegenheid.

8

# DE INTROSPECTIE-ILLUSIE

## Neem gevoelens serieus, maar niet die van jezelf

Wat zie je op dit moment? Welke objecten kun je waarnemen? Probeer ze zo precies mogelijk te beschrijven. Neem een minuut de tijd voordat je verder leest.

Hoe voel je je op dit moment? Welke emoties neem je waar? Probeer deze zo precies mogelijk te beschrijven. Neem een minuut de tijd voordat je verder leest.

In het eerste geval zullen je antwoorden vast zeer precies zijn. Je ziet een bladzijde van een boek voor je, zwarte letters op een witte ondergrond. Misschien heb je opgekeken en je blik door de kamer laten gaan. Meubels, kamerplanten, schilderijen aan de muur. Wat je ook gezien hebt, het was makkelijk te beschrijven.

Bekijk nu je antwoorden op de tweede vraag, die gericht is op je gevoelens. Ik vermoed dat ze een nogal vaag beeld opleveren. Misschien ben je juist op dit moment slechtgehumeurd, maar wat voel je precies? Ben je boos, teleurgesteld, chagrijnig, ontstemd, verbitterd? En zo ja, waarom? Of voel je je juist opgewekt? Waardoor komt dat? Ervaar je momenteel geen bepaalde emotie of kwam je er pas op nadat je ernaar gevraagd werd?

Maak je niet druk als het je moeite kost om je gevoelens te beschrijven. Het ligt niet aan je taalvaardigheden. In de Duitse taal zijn er rond de 150 bijvoeglijke naamwoorden die verschillende emoties beschrijven. In het Engels zijn het er zelfs dubbel zoveel. We hebben meer woorden voor emoties dan voor kleuren. En toch lukt het ons niet ze duidelijk te omschrijven. 'De zelfwaarneming van onze momentane gevoelens [...] is foutief, onbetrouwbaar en misleidend. Niet slechts toevallig fout, maar altijd en heel erg fout. Ik geloof niet dat het alleen binnen in mij donker is, maar in alle mensen,' zegt professor Eric Schwitzgebel van de Stanford-universiteit over dit onvermogen.

Nu zouden we heel goed met dit onvermogen kunnen leven, ware het niet dat de hele wereld eist: volg je gevoel! Volg je hart! Volg het diepste van je ziel! Mijn raad: probeer het niet eens. Maak van je gevoelens geen kompas. Het diepste van je ziel, als je het dan met een kompas wilt vergelijken, bestaat uit duizenden magneetnaalden die allemaal in verschillende richtingen wijzen en onophoudelijk schommelen en draaien. Zou je met een dergelijk kompas de oceaan bevaren? Nou nee. Gebruik het dan ook niet voor het navigeren door je leven.

Het goede leven vind je niet door zelfonderzoek. *Introspection illusion* (introspectie-illusie) wordt deze dwaalleer in de psychologie genoemd, dat we door puur in gedachten naar binnen te gaan onze ware neigingen kunnen doorgronden, onze levensdoelen, de zin in ons leven, de gouden kern van onze gelukzaligheid. Feit is dat als je in het diepe bos je gevoel volgt, zoals veel dichters onze gevoelswereld beschreven, je gegarandeerd verdwaalt en in een moeras van stemmingen, gedachtenflarden en emoties belandt.

Als je wel eens een sollicitatiegesprek hebt gevoerd, ken je dit probleem. Je praat een half uur lang met een kandidaat en op basis daarvan vel je een oordeel. Onderzoek wijst uit dat zulke sollicitatiegesprekken niets waard zijn, dat je beter het cv van de kandidaat kunt analyseren. Dat is ook logisch, want wat is veelzeggender: dertig vluchtige minuten of de balans over dertig jaar? Introspectie is niets anders dan een sollicitatiegesprek met jezelf – uiterst onbetrouwbaar. Waar je daarentegen naar moet kijken is je verleden. Welke thema's lopen er als een rode draad door je leven? Kijk naar het bewijs en niet naar wat je er achteraf in meent te zien.

Waarom is introspectie nu zo onbetrouwbaar? Twee redenen. Ten eerste transporteer je niet méér kopieën van je genen naar de volgende generatie doordat je vaker en diepgaander naar een stem in je binnenste luistert. Uit evolutionair oogpunt is het veel belangrijker dat je de gevoelens van ánderen kunt lezen dan die van jezelf. Dat is geruststellend om te weten, want hierin zijn we beter, dat is bewezen. Concreet betekent dit: vraag een vriend of je levenspartner wat er in je omgaat. Hij of zij zal je objectiever kunnen beoordelen dan jijzelf.

De tweede reden waarom introspectie zo onbetrouwbaar is: iedereen houdt ervan om de enige autoriteit in de ruimte te zijn. Wat we ook geloven in ons binnenste te voelen, er is niemand die ons tegenspreekt. Dat is wel aangenaam maar niet erg nuttig, want het corrigeermechanisme ontbreekt.

Omdat onze gevoelens zo onbetrouwbaar zijn, zouden we ze in het algemeen niet zo serieus moeten nemen, vooral de negatieve niet. De Griekse filosofen noemden deze vaardigheid om negatieve gevoelens uit te schakelen *ataraxie*. Dit begrip omschrijft gemoedsrust, innerlijke rust, onverstoorbaarheid, gelijkmoedigheid, kalmte. Wie ataraxie beheerst, behoudt zijn kalmte als het noodlot toeslaat. Nog een treetje hoger staat *apathie*, dat wil zeggen het compleet uitschakelen van gevoelens (wat de Grieken uit de oudheid ook geprobeerd hebben). Beide, ataraxie en apathie, zijn zeer moeilijk te bereiken idealen. Maar wees niet bang, daar gaat het hier helemaal niet om. Ik geloof veel meer dat we een nieuwe, afstandelijke, sceptische, speelse verhouding tot ons binnenste moeten hebben.

Ikzelf behandel mijn gevoelens bijvoorbeeld alsof ze niet van mij zijn. Ze komen ergens vandaan, bezoeken me en trekken weer weg. Als je een plaatje wilt: ik zie mezelf vaak als een open, luchtige markthal waar allerlei soorten vogels doorheen vliegen. Soms fladderen ze alleen door de hal, af en toe blijven ze een beetje langer en soms laten ze zelfs wat 'vallen'. Maar uiteindelijk trekken ze allemaal weer verder. Er zijn vogels die ik graag zie en andere die ik niet leuk vind. Sinds ik het beeld van de markthal bedacht heb, 'bezitten' de gevoelens me niet meer. Ik voel me zelfs niet eens hun bezitter. Sommige bezoekers zijn weliswaar niet echt welkom maar storen ook weer niet al te erg, net als de vogels in de markthal. Ik negeer ze of bekijk ze vanaf een afstandje. De vergelijking met de vogels gaat zelfs nog verder. Als je je emoties naar vogelsoorten indeelt kun je er nog speelser mee omgaan. Afgunsts is in mijn verbeelding een kleine groene tjilpende mus. Nervositeit is een hamerende specht. Woede een razende valk. Angst een fladderende lijster. Enzovoort. Je begrijpt wat ik bedoel.

Je kent het vast uit eigen ervaring: als je negatieve gevoelens met wilskracht wilt wegdrukken, versterk je ze alleen maar. Als het je echter lukt om er op een ontspannen, niet-serieuze manier mee om te gaan, bereik je weliswaar niet direct complete innerlijke rust (die bereikt niemand), maar toch wel een zekere kalmte.

Ik geef toe, sommige emoties – vooral zelfmedelijden, verdriet en afgunst – zijn zo giftig dat je ze alleen met een speelse omgang niet de baas wordt. Ze vragen om aanvullende inhoudelijke tegenstrategieën. In de hoofdstukken 24, 29 en 32 gaan we daar nader op in. Maar in principe geldt: vertrouw je gevoelens niet. Je kunt preciezer zeggen wat er in een Big Mac zit dan wat je voelt als je een Big Mac eet. Neem de gevoelens van anderen in ieder geval serieus, maar niet die van jezelf. Laat ze fladderen, ze komen en gaan toch zoals ze willen.

9

# DE AUTHENTICITEITS-VALKUIL

## Waarom je een minister van Buitenlandse Zaken nodig hebt

Hou je ook van mensen die authentiek zijn? Ja toch zeker? Bij authentieke mensen weet je altijd waar je aan toe bent, wat ze denken, wat ze voelen, wat ze bezighoudt en wat ze in hun schild voeren. Deze ongekunstelde mensen maken geen geheim van hun binnenste. Dat maakt het persoonlijke contact zo nauw, zo aangenaam en zo efficiënt. Geen wonder dat 'jezelf zijn' in de mode is. Er is bijna geen coachingsseminar zonder een trainingssessie over dit thema. Haast geen boek over leiderschap zonder een hoofdstuk over authentieke leiding. Bijna geen succesvolle blog zonder tips over hoe je zo puur en authentiek mogelijk bent. Net zomin als het zich loont je geld in een Picasso-vervalsing te investeren, loont het niet om in onechte mensen te investeren – noch tijd, noch geld.

Maar hoe authentiek wil je het hebben? Hiertoe een gedachtenexperiment. Nemen we aan dat je met de hyperauthentieke Lisa hebt afgesproken voor de lunch. Ze komt twintig minuten te laat aanzetten met haar haar helemaal in de war alsof er een kat in heeft lopen wroeten. Ze mompelt een verontschuldiging en verkondigt dan luid, hoorbaar voor iedereen in het restaurant, dat ze helemaal niet in de stemming is voor een lunch en al helemaal niet hier in dit hopeloos ouderwetse café. De mensen aan de tafeltjes naast je laten hun vork zakken. Na een moment stilte bewondert Lisa je outfit maar zegt ze er gelijk achteraan dat het horloge echt niet kan, in ieder geval niet in deze uitvoering. Ondertussen buigt ze zich over de tafel heen, pakt het glas wijn dat jij alvast voor jezelf had besteld en drinkt het in een teug leeg. 'Sorry ik had zoooo'n dorst!' Na het voorgerecht laat ze haar hoofd op tafel rusten en valt ze in slaap terwijl jij de blikken van andere mensen moet ondergaan. Als vijf minuten later de spaghetti wordt geserveerd, wordt ze wakker. Ze rekt zich met een dierlijke gaap uit en zegt grijnzend: 'Weet je, zonder mijn powernap ben ik gewoon niet mezelf.' Met haar vingers trekt ze de ene na de andere spaghettisliert door de saus en laat die in haar mond glijden want dat is 'zo grappig'. Dan beschrijft ze, omdat ze het gewoon kwijt moet, wat ze vannacht allemaal gedroomd heeft, complete onzin. En jij vraagt alvast de rekening. Dat is zo ongeveer, beste lezer, pure authenticiteit.

In zijn boek *Mirror, mirror* vertelt de Britse filosoof Simon Blackburn het verhaal van de begrafenis van Charles Darwin in de Westminster Abbey. William, de oudste zoon van de grootse bioloog (en belangrijkste gast bij de begrafenis) zat op de eerste rij in de kathedraal toen hij een plotselinge luchtstroom over zijn kale hoofd voelde. Hij trok zijn zwarte handschoen uit en legde die op zijn kale schedel – waar die onder de ogen van de hele wereld gedurende de hele ceremonie bleef liggen.

William Darwin was dan wel niet zo erg als de fictieve lunchgenoot Lisa, maar één ding wordt wel duidelijk: al te veel authenticiteit hoeft ook weer niet. Nog steeds verwachten we een bepaalde mate van fatsoen, van manieren, van zelfcontrole, dus van beschaafdheid. Althans bij face-to-facecontact. Online zijn we inmiddels op het Lisa-niveau aangekomen. Als je voor het slapengaan niet je innerlijke gevoelens per selfievideo met anderen deelt word je algauw gezien als verstokt en onoprecht. Maar eigenlijk is zelfs die authentieke tentoonspreiding op het web een pure schijnvertoning – en dat weten de gebruikers ook.

Mijn advies is: doe niet mee aan de authenticiteitshype. Om verschillende redenen. Ten eerste alleen al vanwege het feit dat we in werkelijkheid helemaal niet weten wie we zijn. Zoals we in het vorige hoofdstuk hebben gezien, is ons binnenste allesbehalve een betrouwbaar kompas maar veel meer een wirwar aan tegenstrijdige gevoelens. We begrijpen onszelf niet. Wat precies zou er door authenticiteit onthuld worden? Authenticiteit heeft zijn gerechtvaardigde plaats binnen een relatie of een zeer nauwe vriendschap, maar niet tegenover vluchtige kennissen en al helemaal niet tegenover de buitenwereld.

En ten tweede zet je jezelf voor gek. Noem een persoon – een staatsman, generaal, filosoof, econoom, wetenschapper – iemand die je in hoge mate respecteert en die van tijd tot tijd publiekelijk zijn hart lucht. Zo iemand zul je niet vinden. Mensen worden gerespecteerd omdat ze zich aan hun beloften houden en niet omdat ze ons deelgenoot maken van hun innerlijke monoloog.

Ten derde zijn cellen de bouwstenen van het leven. Elke cel is omgeven door een celmembraan. De functie daarvan is het afweren van schadelijke indringers en het exact reguleren welke moleculen deze grenzen mogen passeren. Op het niveau van het organisme kun je om dezelfde redenen eenzelfde organisatie waarnemen. Dieren hebben een huid. Planten hebben een schors. Een organisme zonder buitengrenzen zou direct doodgaan. Authenticiteit is niets anders dan het op psychologisch niveau opgeven van deze barrière. Daarmee nodig je anderen uit om jou te gebruiken voor het bereiken van hun eigen doelen. Je maakt jezelf niet alleen belachelijk, maar ook tot een makkelijk doelwit.

De ster van de Tweede Wereldoorlog en latere president van de VS generaal Eisenhower schiep bewust een persoonlijkheid voor de buitenwereld. David Brooks, columnist van de *New York Times*, spreekt van een 'tweede zelf' dat Eisenhower voor zichzelf geschapen had. Dit is in tegenspraak met de huidige gangbare mening dat je alleen maar een 'ware' zelf hebt. Deze tweede persoonlijkheid is geen gekunstelde pose, maar een professionele, consistente, betrouwbare houding naar buiten toe. Twijfel, frustraties en teleurstellingen worden weggelaten. Die zijn voor een dagboek, de partner of het kussen gereserveerd. Ik raad je aan om er net als Eisenhower een tweede persoonlijkheid bij te nemen. Beperk je authenticiteit tot het houden van je beloftes, zeggen wat je meent en handelen volgens je principes. Al het andere gaat niemand iets aan.

Als het denkmodel van een tweede persoonlijkheid je niet aanstaat, probeer het dan zo: iedere staat heeft een buitenlandse politiek en een minister van Buitenlandse Zaken. Zie jezelf als een staat. Schrijf de grondbeginselen van je buitenlandse politiek expliciet op. De rol van minister van Buitenlandse Zaken moet je zelf op je nemen, als het ware als in een personele unie. Van de minister van Buitenlandse Zaken wordt niet verwacht dat hij zijn hart uitstort, zijn zwaktes tentoonspreidt of door zelftwijfel verscheurd wordt. Nee, van hem wordt verwacht dat hij doet wat hij belooft, zich aan zijn afspraken houdt, professioneel optreedt, geen roddels verspreidt, niet klaagt en een minimum aan maniertjes aan de dag legt.

Onderzoek van tijd tot tijd hoe goed jij je werk als je eigen minister van Buitenlandse Zaken doet en of je jezelf zou herkiezen. Of je nu gaat voor een 'tweede persoonlijkheid' of een 'minister van Buitenlandse Zaken', je zult vaststellen dat deze barrière, deze bast, je niet alleen afschermt tegen hatelijke invloeden. Hij maakt je ook innerlijk stabieler. Net als elke begrenzing schept deze buitenstructuur een grote mate aan duidelijkheid. Zelfs als de buitenwereld, je medewerkers of zogenaamde vrienden zo nu en dan 'meer authenticiteit' van je verlangen: trap niet in die valkuil. Een hond is authentiek. Jij bent echter een mens.

10

# HET VIJF-SECONDEN-NEE

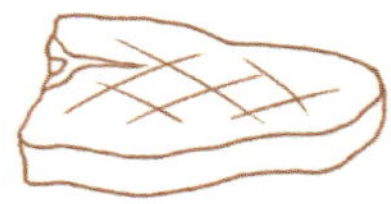

## Kleine pleziertjes zijn grote valstrikken

Je krijgt de vraag of je iemand een plezier wilt doen. Hoe vaak komt het voor dat je spontaan ja zegt? Hoe vaak weiger je? Hoe vaak baalde je er achteraf van dat je ja had gezegd? En hoe vaak heb je geweigerd?

Toen ik een aantal jaar geleden eens naging hoe dit bij mezelf zat, merkte ik dat ik veel te vaak op kleine verzoeken inging. Een verzoek om een voordracht, een tekstbijdrage, een kort interview. Dikwijls kostte het dan toch meer tijd en was het nut voor alle belanghebbenden beduidend geringer dan ik me in eerste instantie had voorgesteld. Maar ik wilde de ander een plezier doen, wat er echter toe leidde dat ik mezelf geen plezier deed. Waar komt deze *disease to please*, deze 'epidemie om het iedereen naar de zin te maken' vandaan? In de jaren vijftig van de vorige eeuw probeerden biologen uit te vinden waarom dieren die niet met elkaar verwant zijn met elkaar samenwerken. Waarom delen bijvoorbeeld chimpansees vlees met anderen? Waarom neemt een baviaan de moeite de vacht van een soortgenoot te verzorgen? Bij dieren die familie van elkaar zijn is het antwoord duidelijk: ze bezitten een grote hoeveelheid gemeenschappelijke genen. Coöperatie dient ertoe dat deze gemeenschappelijke genenpoel tegen elke prijs behouden blijft. Ook wanneer het afzonderlijke individu verliezen moet incasseren of zelfs sterft. Maar waarom nemen niet-familieleden dit risico? Anders gevraagd: waarom gedragen niet-verwante dieren zich soms ook altruïstisch? Waarom eet de chimpansee het vlees niet zelf op in plaats van het met een vreemde te delen? Waarom gaat een baviaan niet gewoon lekker luieren in plaats van dat hij waardevolle calorieën verbruikt met het urenlang vlooien van een niet-familielid? Geen triviale vraag.

Het antwoord komt uit de wiskunde, om preciezer te zijn: de speltheorie. De Amerikaan Robert Axelrod liet verschillende computerprogramma's het tegen elkaar opnemen. Elk computerprogramma volgde een bepaalde strategie om met een tegenstander om te gaan. Bijvoorbeeld door met hem samen te werken, hem te bedriegen, zich egoïstisch te gedragen of altijd toe te geven, enzovoort. Op de lange termijn had de strategie die *tit for tat* wordt genoemd het meeste succes. In het Nederlands: voor wat hoort wat. Het is heel eenvoudig. De eerste stap is: wees coöperatief. Kopieer bij alle volgende stappen het gedrag van je tegenstander. Concreet betekent dit bijvoorbeeld dat als – na mijn eerste verrichting – mijn tegenstander eveneens meewerkt, ik me bij de volgende stap weer coöperatief opstel. Maar als mijn tegenstander niet meewerkt en mij dus gebruikt, dan werk ik ook niet meer mee. Als de tegenpartij later wel weer meewerkt, zal ik me bij de volgende stap ook weer coöperatief gedragen.

In de dierenwereld tref je precies dit gedrag aan. Daar wordt het *reciprocal altruism* of *wederkerigheid* genoemd. De chimpansee deelt zijn buit met een ander omdat hij kan aannemen dat deze de volgende keer zijn buit met hem zal delen. Dat is goed om te weten voor het geval de chimpansee zelf een keer met lege handen van de jacht terugkeert. Wederkerigheid werkt alleen bij dieren met een goed geheugen. Alleen als de chimpansee zich herinnert of iemand anders de vorige keer vlees met hem gedeeld heeft, kan hij deze succesvolle strategie nastreven. Dit geheugenvermogen hebben slechts weinig hoogontwikkelde diersoorten, hoofdzakelijk apen beschikken erover. Natuurlijk 'denken' chimpansees niet bewust strategisch. Het is veel meer dat dit gedrag in de loop van de evolutie aan terrein gewonnen heeft. Apengroepen die een andere strategie nastreefden, zijn uit de genenpoel verdwenen. Omdat wij mensen een hoogontwikkelde diersoort zijn, is deze impuls van wederkerigheid ook bij ons aanwezig.

De tit-for-tatstrategie houdt de wereldeconomie draaiende. We werken elke dag samen met duizenden niet-familieleden, voor een deel zelfs met mensen aan de andere kant van de aardbol. Met doorslaand succes voor onze welvaart.

Maar pas op. In wederkerigheid schuilt ook gevaar. Als iemand iets voor jou doet, voel je je verplicht iets terug te doen door bijvoorbeeld aan een verzoek te voldoen. Zo word je manipuleerbaar. Veel groter is echter een tweede gevaar. Elke tit-for-tatstrategie begint met een voorschot aan verrichtingen en vertrouwen. Met een eerste, spontane ja. En juist die eerste, spontane ja is hetgeen waar we later van balen. Is het spontane ja er eenmaal uitgeflapt, neigen we ertoe het te rationaliseren. We denken aan alle goede argumenten die genoemd werden toen het verzoek gedaan werd. Maar we denken niet aan de tijd die het kost om het verzoek na te komen.

We kennen een hogere waarde toe aan de argumenten dan aan de tijd. Een denkfout, want er zijn oneindig veel argumenten, maar met tijd is het precies andersom.

Sinds het me duidelijk is geworden dat dit spontane ja een diepliggende biologische reflex is, heb ik me als tegentactiek het *vijf-seconden-nee* van Charlie Mungers eigen gemaakt. 'Het is moeilijk iets voortreffelijks te vinden. Als je dus in negentig procent van de gevallen nee zegt, zul je nauwelijks iets missen in de wereld.' Als iemand me vraagt of ik hem een plezier wil doen, schenk ik de eis precies vijf seconden, daarna beslis ik. En meestal zeg ik dan nee. Ik sla liever systematisch te veel verzoeken af en neem het risico op de koop toe dat ik niet bij iedereen geliefd ben dan omgekeerd. Doe dat ook. Maar heel weinig vragers zullen je daarom meteen een onmens vinden. Integendeel, in het geheim zullen ze je bewonderen omdat je zo consequent bent.

Tweeduizend jaar geleden schreef de Romeinse filosoof Seneca: 'Al diegenen die jou naar zich toe roepen, rukken je weg van jezelf.' En daarmee liep hij vooruit op wat Warren Buffett zo uitdrukt: 'Het verschil tussen succesvolle mensen en zeer succesvolle mensen is dat zeer succesvolle mensen tegen bijna alles nee zeggen.' Maak je daarom het vijf-seconden-nee eigen. Het is een van de beste vuistregels voor een goed leven.

11

# DE FOCUSSERINGS-ILLUSIE

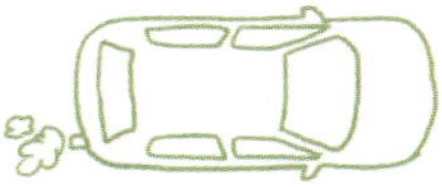

## Waarom je in de Caraïben niet gelukkiger zou zijn

Stel: je woont in Nederland en het is winter. Er ligt vieze sneeuw op straat. Je bent je voorruit aan het krabben. De wind blaast de weggekrabde ijsdeeltjes in je gezicht. Je schoenen zitten vol smurrie van gesmolten sneeuw. Je vingertoppen voelen aan alsof er duizend spelden in prikken. Met een ruk krijg je de autodeur open. Je gaat zitten op de leren zitting die als een ijsklomp aanvoelt en legt je handen op het ijskoude stuur. Je ademt witte stoomwolkjes uit. Vraag: hoeveel gelukkiger zou je zijn als je in Miami Beach woonde, met zon, 26 graden en een zacht zeebriesje? Geef een cijfer van 0 (geen sprankje gelukkiger) tot 10 (oneindig veel gelukkiger).

De meeste mensen die ik deze vraag stel noemen een getal tussen de 4 en 6.

Je hebt nu de parkeerplaats verlaten en je rijdt naar je werk. Er staat een file op de snelweg en je komt een half uur te laat. Vervolgens moet je een stroom aan mailtjes beantwoorden en heb je het gebruikelijke gedoe met je baas. Na het werk doe je de boodschappen voor de week. Thuis kook je je lievelingsgerecht (het smaakt heerlijk), je maakt het je gemakkelijk op de bank, kijkt een spannende film en gaat dan slapen.

Dito in Florida. Je rijdt weg, file op de snelweg, dan de mailtjes en het gebruikelijke gedoe met je baas, boodschappen voor de week, lekker eten, spannende film. Nu nogmaals de vraag: hoeveel gelukkiger zou je zijn als je in Miami Beach zou wonen? De meeste mensen noemen nu nog maar een cijfer tussen de 0 en 2.

Ik heb tien jaar lang in Miami Beach gewoond. Daarvoor en daarna woonde ik in Zwitserland. Met sneeuw, dooitroep en af en toe bevroren autoruiten. Hoeveel gelukkiger was ik in Miami Beach? Het cijfer: nul.

Dat is de *focusing illusion* (*focusseringsillusie*). 'Niets in het leven is zo belangrijk als je denkt op het moment dat je erover nadenkt,' beschrijft Nobelprijswinnaar Daniel Kahneman dit effect. Hoe sterker we ons op een bepaald aspect van ons leven concentreren, hoe beduidender we de invloed van dit aspect op ons hele leven schatten. Aan het begin concentreerden we ons bij de beschrijving uitsluitend op het weer. IJs in Nederland, zon in Miami Beach. Dit ene aspect overheerste toen we de levenstevredenheid in Nederland beoordeelden in vergelijking met die in Miami. Daarna schetsten we het verloop van een hele dag, van de ochtendrit naar het werk tot de gezellige avond op de bank. Het weer was toen nog slechts een deelaspect van die dag. Kijken we naar een nog langere periode – een week, een maand, een jaar, een heel leven –, dan is het klimaat plotseling een te verwaarlozen aspect van de levenstevredenheid.

Het beheersen van de focusseringsillusie hoort in de gereedschapskist voor een goed leven. Daarmee kunnen we vele domme beslissingen uitschakelen. Als je dingen met elkaar vergelijkt (bijvoorbeeld auto's, carrières, vakantiebestemmingen), heb je de neiging om één aspect intensief te vergelijken en de honderd andere aspecten te verwaarlozen. Door de focusseringsillusie ken je dit ene aspect een veel te hoge mate van belang toe. Je gelooft dat dit aspect doorslaggevender is dan het werkelijk is.

Wat kun je daartegen doen? Je kunt natuurlijk alle honderd aspecten met elkaar vergelijken, maar dat is zeer omslachtig. Efficiënter is om de beide dingen die je met elkaar wilt vergelijken als twee gehelen te zien. Bekijk de situatie vanaf een grote afstand zodat je geen enkel aspect overschat. Dat is gemakkelijker gezegd dan gedaan. Ter illustratie: een klein kind denkt alleen aan wat voor zijn neus ligt. Als ik van een van mijn driejarige zoontjes speelgoed wegpak, krijst hij alsof de wereld vergaat, hoewel hij nog duizend andere speeltjes heeft en hij net daarvoor sowieso niet naar dat ene speeltje omkeek. In de loop van ons leven leren we echter hoe we ons van de huidige situatie kunnen bevrijden. Als ik op een warme zomeravond zin in een biertje heb, de koelkast opendoe en zie dat er geen biertje meer is, ga ik niet krijsen. Ik kan zorgen dat ik me niet meer op het bier focus, en zo kan de troosteloze leegte van mijn koelkast mijn gelukzaligheid slechts in beperkte mate verstoren. De avond is daarmee niet bedorven.

Maar jammer genoeg is onze ontwikkeling wat dit betreft ergens halverwege blijven steken. We vinden het heel moeilijk om situaties vanuit een ultrabreed perspectief te bekijken. Anders zouden we ons niet zo over futiliteiten opwinden.

Hoe vaak vraag je je af hoeveel beter je leven wel niet zou zijn als je een andere carrière had, in een andere plaats woonde, in een ander huis, een ander kapsel had. Nou, een beetje anders zou het zeker zijn. Maar je weet nu dat het effect van een verandering beduidend geringer is dan je zou denken. Bekijk je leven vanaf een zo groot mogelijke afstand. Je zult zien hoe de dingen die op het moment belangrijk voor je lijken inkrimpen tot kleine puntjes, puntjes die het totaalplaatje nauwelijks beïnvloeden.

Een goed leven leiden lukt alleen maar als je af en toe door een groothoeklens kijkt.

Toen ik bij mijn laatste bezoek aan Parijs in het Shangri-La Hotel direct naast de Jardins de Trocadéro incheckte, stond er een man naast me die de dame aan de receptie afblafte omdat ze hem kennelijk geen kamer met uitzicht op de Eiffeltoren kon aanbieden. 'U verpest mijn hele verblijf in Parijs!' tierde hij (in het Engels). Ik schudde mijn hoofd. Of je nu vanuit je bed de Eiffeltoren kunt zien of niet, speelt toch werkelijk geen belangrijke rol. Het is toch veel belangrijker hoe goed en diep je slaapt. Uitzicht op de Eiffeltoren is een veel te klein aspect van een geslaagd verblijf in Parijs. Bovendien zie je de toren vaak genoeg zodra je je hotel uit loopt. Maar de vuurrood aangelopen Amerikaan leek van woede bijna uit elkaar te ploffen. Door zijn focusseringsillusie maakte hij van een mug een olifant.

Als het om geld gaat zijn we bijzonder gevoelig voor de focusseringsillusie. Hoeveel gelukkiger zou je zijn als multimiljonair? Warren Buffett, een van de rijkste mensen ter wereld, heeft zijn leven eens vergeleken met dat van een gemiddelde burger. Zo verschillend voelt het helemaal niet. Buffett brengt een derde van zijn leven slapend op een normaal matras door.

Net als jij en ik. Buffett koopt confectiekleding die niet duurder is dan de kleren die jij en ik dragen. Hij eet niet beter of gezonder dan een student. Hij zit tijdens zijn werk op een normale stoel. Zijn werkkamer bevindt zich sinds 1962 in dezelfde plaats, in een saai kantoorgebouw in Omaha, Nebraska. Als je het leven van Buffett van minuut tot minuut met je eigen leven vergelijkt, is het effect van zijn rijkdom te verwaarlozen.

Het enige echte verschil is dat Buffett een privévliegtuig bezit en wij ons in de economyclass moeten persen. Maar we weten nu, na dit hoofdstuk: veel erger dan een krappe vliegtuigstoel – waar je hoogstens 0,1 procent van je gehele leven op doorbrengt – is een strak gedachtenkorset. Met het focussen op trivialiteiten vergooi je slechts je goede leven.

12

# HOE AANKOPEN IN ROOK OPGAAN

## Waarom je minder moet kopen en meer moet leven

Hoeveel plezier heb je van je auto? Geef een cijfer tussen de 0 en 10. Als je geen auto bezit, bepaal je de waarde van je huis, je laptop, of wat dan ook. De psychologen Norbert Schwarz, Daniel Kahneman en Jing Xu stelden deze vraag aan autobezitters en vergeleken vervolgens de antwoorden met de waarde van de auto's. De uitkomst: hoe luxueuzer de wagen, hoe meer plezier de bezitter ervan had. Een auto uit de BMW 7-serie geeft ongeveer vijftig procent meer vreugde dan een Ford Escort. Dus als iemand een hoop geld in zijn auto investeert, krijgt hij tenminste een mooie *return on investment* in de vorm van vreugde.

Nu een andere makkelijke vraag: hoe gelukkig was je tijdens je laatste autorit? Deze vraag hebben wetenschappers ook gesteld. Opnieuw vergeleken ze de antwoorden van de autobezitters met de waarde van hun auto. De uitkomst: er was geen samenhang. Ongeacht hoe luxueus of hoe sjofel de auto is, de *happiness*-waarden zijn allemaal even laag.

De eerste enquête liet een samenhang zien tussen de waarde van de auto en de ervaren vreugde. Hoe luxer, hoe gelukkiger. De tweede enquête leverde geen samenhang op. Een luxe auto maakt de automobilist niet gelukkiger. Hoe kan dat? Heel eenvoudig. Bij de eerste vraag dacht je aan de auto. Bij de tweede was je in gedachten met heel andere dingen bezig. Een telefoongesprek tijdens de autorit, een situatie op het werk, de file of de idiote automobilist voor je. Kortom: een auto schenkt vreugde als je aan de auto dénkt, maar niet als je erin rijdt. Dat is het effect van de focusseringsillusie die we in het vorige hoofdstuk hebben besproken.

En natuurlijk geldt dit niet alleen voor auto's. De focusseringsillusie vermindert je vreugde over alle dingen die je aanschaft. Terwijl je aan x denkt, neig je ertoe het effect dat x op je leven heeft mateloos te overschatten. Het maakt niet uit of het gaat om een vakantiehuis, een gigantisch plasma-tv-beeldscherm of een nieuw paar Louboutin-schoenen. Het gefocuste denken maakt je gelukkig, maar tijdens het dagelijks gebruik verdwijnen deze dingen in de zee van je gedachten en daarmee gaat ook het happiness-effect ten onder. Daar komt de antiproductiviteit (zie hoofdstuk 5) nog bij. Dat zijn de heimelijke bijwerkingen en de verborgen kosten in de vorm van tijd en geld die je voor het onderhouden van mooie dingen besteedt. In combinatie leiden deze effecten ertoe dat je er bij aankopen niet zelden op toelegt. Je nettoresultaat is een happiness-verlies.

Moeilijk te geloven? Neem dit voorbeeld: je hebt een prachtige villa buiten de stad gekocht. De eerste drie maanden geniet je van elk van je vijftien kamers, je geniet van elk klein detail. Maar al na een half jaar neem je je prachtige omgeving nauwelijks nog waar. Het dagelijks leven heeft je allang weer opgeslokt. Je bent met andere, dringender zaken bezig. Bovendien is er het een en ander veranderd. Vijftien kamers en een tuin is heel wat anders dan je vroegere huurwoning midden in de stad. Je hebt nu een schoonmaker nodig, en een tuinman. Je kunt niet meer lopend boodschappen doen en de rit naar je werk kost je nu twee uur per dag in plaats van twintig minuten op de fiets. Kortom, je mooie villa heeft je een nettoverlies aan happiness opgeleverd. Je geluksbalans is negatief.

Dit voorbeeld is verzonnen, maar ik ken ook concrete gevallen. Een vriend van mij heeft een jacht. Bezat er een, moet ik zeggen, want hij heeft het net weer verkocht. In elk geval is hij door het jacht wijzer geworden. De twee gelukkigste dagen van een jachtbezitter, zo meende hij laconiek, zijn de dag dat hij het jacht koopt en dat hij het weer verkoopt.

Je ziet: wie een goed leven nastreeft, doet er goed aan zich in te houden bij zijn aankopen. Er is echter wel een klasse 'goederen' waarvan het genot niet door de focusseringsillusie verkleind wordt: belevenissen. Als je iets moois beleeft, ben je er met al je gedachten en heel je hart bij. Probeer daarom in plaats van fysieke dingen meer in belevenissen te investeren. Wat daarbij goed van pas komt, is dat de meeste belevenissen weinig kosten en nauwelijks antiproductiviteitseffecten aantrekken: het lezen van een goed boek, een gezinsuitje, een kaartspelletje met vrienden. Natuurlijk heb je ook belevenissen waarvoor je diep in de buidel moet tasten, zoals een wereldreis of een privéruimtereis. Maar als je het geld daarvoor hebt is ook dat gegarandeerd een betere investering dan een Porscheverzameling.

Bovendien, heel belangrijk: ook je baan is een belevenis. Je werk is er niet gewoon terwijl je het doet – zoals een Porsche er gewoon is en in je gedachten naar de achtergrond verdwijnt terwijl je erin rijdt. Je baan neemt je gedachten in beslag. Je werk vraagt constant om intensieve bemoeienis. Wat fijn is als je van je werk houdt. Heb je echter een hekel aan je werk, dan heb je een ernstig probleem. Je kunt er niet op hopen dat andere gedachten je afleiden van je rotbaan.

Dat was niet in de laatste plaats de overweging voor mij om schrijver te worden. Ik hou van schrijven. Dat is voor mij veel belangrijker dan het boek dat daarbij verschijnt. Natuurlijk verheug ik me iedere keer als ik het eerste exemplaar van een nieuw boek in mijn handen houd. Ik streel teder de cover, blader erin, adem diep de geur van vers papier in. Maar al snel verdwijnt het boek in de boekenkast en denk ik er nog nauwelijks aan, omdat er al gedachten aan het volgende boek in me opkomen.

Er is niets stompzinnigers dan een bezigheid verrichten die je weliswaar geld oplevert maar je geen vreugde brengt. Vooral als je het vele geld in dingen investeert in plaats van belevenissen. Warren Buffett drukt het als volgt uit: 'Voor mensen werken van wie je buikpijn krijgt is hetzelfde als trouwen om geld. Onder alle omstandigheden is dit een slecht idee, maar een absolute dwaasheid als je al rijk bent.'

À propos trouwen: ook hierbij gaat het per slot van rekening om een belevenis. Het is zinloos als je uit pure loyaliteit of uit gebrek aan een beter alternatief een relatie in stand houdt die je geen vreugde brengt. De focusseringsillusie zal je niet te hulp schieten. Natuurlijk, niet elke relatie bestaat uitsluitend uit zonnige dagen. Maar de schaduwdagen zouden niet moeten overheersen. Komen er wolken opzetten, probeer dan een turnaround (hoofdstuk 2). Als het je definitief niet lukt, trek dan aan de noodrem. Een relatie, vooral een partnerschap voor het leven – zal in je gedachten nooit naar de achtergrond verdwijnen.

Conclusie: we overschatten het happiness-effect van dingen en onderschatten het happiness-effect van belevenissen. De gedachte aan je huis – zelfs als je er verblijft – verdwijnt in de kakofonie van je andere dagelijkse gedachten. Bij belevenissen is dat niet het geval. En wat als je nu je Louboutins al gekocht hebt? Dan moet je er op z'n minst voor zorgen dat je er zeer bewust van kunt genieten. Het beste is als je ze elke ochtend borstelt en poetst en bij het slapengaan aan niets anders denkt dan aan die vuurrode zolen. Zo kan de focusseringsillusie bij wijze van uitzondering toch je geluk aanwakkeren.

13

# FUCK-YOU-GELD

## De geconserveerde vrijheid

De zon brandt op je rug en boven het zand spiegelt de lucht als de zon dat in glas zou doen. Je gehemelte voelt aan als schuurpapier. Twee dagen geleden heb je de laatste druppels water opgedronken. Sindsdien kruip je op handen en voeten in de richting van een oase die je aan de horizon ziet. Hoeveel zou je nu voor een liter water willen betalen?

Nu nemen we aan dat je voor het water hebt betaald en het hebt gekregen. Hoeveel zou je, nadat je je ergste dorst hebt gelest, voor de volgende liter betalen? En daarna voor de derde liter?

Als je niet toevallig een met een bovenmenselijk prestatievermogen uitgeruste fakir bent, zou je voor de eerste liter wel al je spaargeld inclusief je pensioenfonds en je vakantiehuis willen weggeven. Voor de tweede liter misschien je Rolex. Voor de derde je koptelefoon. Voor de vierde nog je schoenzolen. Economen noemen dit *afnemend grensnut*. Elke volgende liter brengt je minder nut en vanaf een bepaald punt zelfs helemaal geen nut meer. Zo gaat dat met bijna alle goederen – water, kleding, televisiekanalen en vooral ook met geld. Daarmee zijn we bij de duizend jaar oude vraag gekomen: maakt geld gelukkig? Laten we eens kijken naar deze testvraag: vanaf welk jaarinkomen denk je dat een extra euro geen invloed meer heeft op je effectief ondervonden geluk? Schrijf je schatting op in de kantlijn van dit boek voordat je verder leest.

Wetenschappelijk onderzoek levert een duidelijk antwoord. Als je in armoede leeft, speelt geld een grote rol. Geldnood is doffe ellende. Verdien je vijftigduizend euro per jaar, dan speelt geld een matige rol. Bij een jaarinkomen van boven de honderdduizend euro per huishouden slinkt het effect van extra inkomen tot nul en dat blijft bij nul, zelfs als je dat miljoen bereikt. Al te verrassend is dat niet. Stel je het leven van een miljardair voor, van zonsopgang tot zonsondergang, van moment tot moment. Ook hij moet zijn tanden poetsen. Ook hij heeft wel eens slecht geslapen of voelt zich miserabel. Ook hij krijgt te maken met de normale familieruzietjes. Ook hij is bang voor het ouder worden en de dood. Daar komt nog bij dat hij zijn hele team persoonlijke medewerkers moet leiden, de media moet afwimpelen, de stroom aan bedelbrieven moet afwerken. Maakt het gigantische zwembad voor het huis dat werkelijk allemaal goed? In een bekende studie uit 1978 hebben onderzoekers de levenstevredenheid van lottowinnaars onderzocht. De uitkomst: al enkele maanden nadat ze miljoenen hadden gewonnen waren ze niet significant gelukkiger dan daarvoor.

Econoom Richard Easterlin vergeleek de levenstevredenheid van Amerikanen in 1946 met die in 1970. Hoewel de levensstandaard zich in dat tijdsbestek bijna heeft verdubbeld (bijna iedereen had nu een auto, een koelkast, een wasmachine en warm water), was de levenstevredenheid tamelijk stabiel gebleven. Datzelfde gold in andere landen waar Easterlin de gegevens van had vergeleken. Dat betekent dat de mensen vlak na de oorlog niet minder gelukkig waren dan in 1970. De hele materiële vooruitgang komt niet tot uitdrukking in een hogere tevredenheid. Dit wordt de *Easterlin paradox* genoemd. Als de basisbehoeften bevredigd zijn, leidt additionele welstand niet tot extra geluk.

Waarom streven we dan toch onophoudelijk naar die miljoenen, tegen alle wetenschappelijke inzichten in? De hoofdreden: rijkdom is niet absoluut maar relatief.

Stel dat jij en je collega een vette opdracht in de wacht hebben gesleept. Wat heb je liever? Dat je a) alleen een bonus van tienduizend euro krijgt of b) jij een bonus van vijftienduizend krijgt en je collega een bonus van twintigduizend euro? Als je bent als de meeste mensen, zul je de bonus van tienduizend euro verkiezen, hoewel je met de andere optie rijker zou worden.

Stel dat je een mooi stuk land hebt gekocht en een huis hebt gebouwd. Het huis mag er wezen en heeft minstens drie kamers meer dan je nodig hebt. Een jaar later koopt iemand het stuk grond naast je en plant er een villa op die jouw huis eruit laat zien als het huis van een dienstbode. Het gevolg is dat je bloeddruk stijgt en je levenstevredenheid daalt, hoewel je nog steeds uitstekend woont.

Geld is relatief. Niet alleen in vergelijking met anderen, maar ook in vergelijking met je verleden. Als je in de eerste helft van je carrière vijftigduizend euro per jaar verdiende en tegenwoordig honderdduizend euro, dan ben je gelukkiger dan wanneer je in de eerste helft honderdduizend euro verdiende en nu nog maar zestigduizend euro. Hoewel je het er per saldo in het tweede geval beter van afbrengt.

Kortom, geld boven de armoedegrens is vooral een geval van interpretatie. Dat is op zich een goede boodschap, want daarmee heb je in de hand of geld je gelukkig maakt of niet.

Hier zijn enkele vuistregels voor de omgang met geld. Ten eerste: in het Engels heeft zich onder verbaal vrije mensen het begrip *fuck-you-money* een plaats veroverd. Het is afgeleid van de laatste twee woorden die je je baas naar zijn hoofd slingert voordat je zijn kantoor verlaat. Waarschijnlijk zijn het ook de laatste woorden die je ooit met hem zult wisselen. Concreet: fuck-you-money is het spaargeld dat je in staat stelt om je baan elk moment aan de wilgen te hangen zonder dat je in een financiële noodsituatie belandt. Dat kan bijvoorbeeld spaargeld van een jaarsalaris zijn. Fuck-you-money is vrijheid. En nog belangrijker dan de materiële onafhankelijkheid: fuck-you-money stelt je in staat objectief te kijken en te denken. Als je je fuck-you-money nog niet bijeen gespaard hebt, zorg er dan voor dat je je vaste lasten laag houdt. Hoe lager je kosten, hoe sneller je het bij elkaar hebt. Sowieso is het het mooiste als je geld hebt en er nauwelijks iets van nodig hebt.

Ten tweede: reageer niet op kleine schommelingen in je inkomen of vermogen. Of je aandelenpakket vandaag een procent gestegen of gedaald is, zou je niet mogen raken. Denk überhaupt niet zo veel aan geld. Geld vermeerdert zich niet sneller als je er vaker aan denkt.

Ten derde: vergelijk jezelf niet met rijke mensen. Dat maakt je ongelukkig. Als je jezelf al wilt vergelijken, doe dat dan liever met iemand die minder heeft dan jij. Het beste is als je je met niemand vergelijkt.

Ten vierde: leef bescheiden, zelfs als je steenrijk bent.

Rijkdom roept jaloezie op. Neem een voorbeeld aan Warren Buffett, die nog steeds in het bescheiden huis woont dat hij in 1950 gekocht. Iedereen kan een luxe jacht kopen als hij er het geld voor heeft. Dat is geen kunst. Het is indrukwekkender om als miljardair géén luxe jacht te kopen en bescheiden te leven.

Conclusie: zodra je de armoedegrens bent gepasseerd en een financiële buffer hebt opgebouwd bepalen andere factoren dan geld of het je lukt een goed leven te leiden. Werk aan die factoren in plaats van aan geld vergaren. Echt succes is, zoals je in het allerlaatste hoofdstuk zult zien, iets heel anders dan financieel succes.

14

# DE COMPETENTIECIRKEL

## Waarom je je grenzen moet kennen

Niemand begrijpt de wereld helemaal. Die is voor een individueel menselijk brein veel te gecompliceerd. Zelfs als hoogopgeleid persoon begrijp je slechts een fractie. En dat is al heel wat, want dit kleine vlekje is de startbaan voor je hoogtevlucht, voor je succes in het leven. Zonder deze startbaan zal het nooit tot een take-off komen.

Investeerder Warren Buffett gebruikt het prachtige begrip *circle of competence.* In het Nederlands: *competentiecirkel.* Wat binnen de cirkel ligt beheers je meesterlijk. Wat erbuiten ligt begrijp je niet of slechts gedeeltelijk. Buffetts levensmotto is: ‘Ken je eigen competentiecirkel en blijf daarbinnen. Het is niet zo vreselijk belangrijk hoe groot de cirkel is. Maar het is wel enorm belangrijk dat je weet waar de randen zich precies bevinden.’ Charlie Munger, Buffetts zakenpartner, voegt eraan toe: ‘Je moet uitvinden waar je talenten liggen. Als je je geluk buiten je competentiecirkel beproeft, zul je een beroerde carrière hebben. Dat kan ik je bijna garanderen.’ Tom

Watson, de oprichter van IBM, is het levende bewijs voor deze stelling. Hij zegt van zichzelf: 'Ik ben geen genie. Ik ben slechts op een enkel punt intelligent, maar ik begeef me consequent rond dit punt.'

Organiseer je professionele leven rigoureus om dit idee heen. Als je je radicaal focust op je eigen competentiecirkel werpt dat niet alleen monetaire vruchten af. Net zo belangrijk zijn de emotionele vruchten, met andere woorden: het onbetaalbare gevoel van meesterschap. Bovendien bespaar je tijd omdat je niet iedere keer opnieuw hoeft te beslissen of je iets wilt aannemen of afwijzen. Met een scherp afgebakende competentiecirkel kun je plotseling ongeschikte maar onweerstaanbare verzoeken weerstaan.

Belangrijk: overschrijd nooit je competentiecirkel. Vele jaren geleden bood een steenrijke ondernemer me een miljoen euro om een biografie over hem te schrijven. Een uiterst verlokkelijk aanbod. Ik bedankte. Biografieën liggen buiten mijn competentiecirkel. Om een eersteklas biografie te kunnen schrijven moet je eindeloze gesprekken voeren en moet je uiterst nauwkeurig onderzoek doen. Je hebt er andere vaardigheden voor nodig dan voor romans en wetenschappelijke boeken. Vaardigheden die ik niet bezit. Ik zou me bezig hebben gehouden met te veel dingen, gefrustreerd zijn geraakt en nog belangrijker: ik had in het beste geval slechts een middelmatig boek geschreven.

In zijn beslist niet middelmatige boek *RQ: Hoe risicointelligentie zorgt voor betere beslissingen in onzekere situaties* beschrijft Dylan Evans een beroepsbackgammonspeler genaamd JC. 'JC maakte een aantal bewuste fouten om te zien hoe goed zijn tegenstander de situatie zou benutten. Als de ander daar behendigheid in bewees, brak JC het spel af. Zo voorkwam hij dat hij geld inzette, wat verlies zou opleveren. Met andere woorden, JC begreep wat veel andere spelers niet begrijpen. Hij wist wanneer hij níét moest spelen.’ Hij wist welke tegenstander hem uit zijn competentiecirkel zou dringen en ging hem daarom uit de weg.

Naast de verleiding je competentiecirkel te overschrijden is er nog een tweede, net zo sterke verlokking: de competentiecirkel uit te breiden. Deze verleiding is vooral groot als je binnen je huidige cirkel succesvol bent en je je daar kiplekker in voelt. Doe het toch niet. Vaardigheden laten zich niet van het ene gebied op het volgende gebied overbrengen. Anders uitgedrukt: vaardigheden zijn specifiek voor een domein. Een meesterlijke schaakspeler is niet automatisch een goede strateeg in het zakenleven. Een hartchirurg is niet automatisch een goede ziekenhuisdirecteur. Een speculant in onroerend goed is niet automatisch een goede president.

Hoe creëer je een competentiecirkel? Niet met een paar keer klikken op Wikipedia. Zelfs een klassieke studie is niet eens genoeg. Wat ervoor nodig is, is tijd, veel tijd. ‘Reken erop dat alles wat waardevol is tijd nodig heeft,’ luidt een regel waar de Amerikaanse ontwerpster Debbie Millman zich (met succes) aan houdt.

Wat ook nodig is, is obsessie. Obsessie is een soort verslaving. Daarom wordt er vaak afkeurend over gesproken. We lezen over jonge mensen die verslaafd zijn aan videospelletjes, aan tv-series, aan radiografisch bestuurbare modelvliegtuigjes. Het wordt tijd dat we obsessie positief inzetten. Het spoort mensen aan vele duizenden uren in iets te investeren. Bill Gates had als jonge man een obsessie voor programmeren. Steve Jobs voor kalligrafie en design. Warren Buffett belegde als twaalfjarige zijn eerste zakgeld in aandelen en is sindsdien verslaafd aan beleggen. Er is niemand die tegenwoordig zou zeggen dat Gates, Jobs of Buffett hun jonge jaren vergooid hebben. Integendeel: alleen omdat ze geobsedeerd waren, investeerden ze de duizenden uren die nodig waren om groot vakmanschap te verwerven. Obsessie is een motor, geen motordefect.

Het tegendeel van obsessie is overigens niet afkeer, maar ‘interesse’ – een beleefde manier om te zeggen: ‘Het interesseert me niet werkelijk.’

Waarom is de competentiecirkel zo’n indrukwekkend concept? Waarin zit ’m het geheim? Heel eenvoudig: een meesterlijke programmeur is niet twee keer zo goed als een goede programmeur. Niet drie keer zo goed en ook niet tien keer zo goed. Een meesterlijke programmeur lost hetzelfde probleem in een duizendste van de tijd op die een ‘goede’ programmeur ervoor nodig heeft. Hetzelfde geldt voor advocaten, chirurgen, ontwerpers, wetenschappelijk onderzoekers, verkopers. ‘Binnen’ versus ‘buiten’ de competentiecirkel – hierbij gaat het om factor duizend.

Nog iets: het idee dat je het leven kunt plannen is een illusie. Overal woedt het toeval, soms als een orkaan. Alleen op één plek waait een mild briesje – deze plek is je competentiecirkel. Je treft er geen gladde zee aan, maar je kunt er wel veilig navigeren in de deining. Binnen je competentiecirkel blijf je enigszins gevrijwaard van illusies en denkfouten. Hier kun je zelfs het risico nemen met conventies te breken, want je hebt de daarvoor noodzakelijke vooruitziende blik en je kunt inschatten wat er gebeurt.

Conclusie: stop met je ergeren aan je gebreken. Laat die salsalessen zitten als je twee linkervoeten hebt. Stop met dromen over een carrière als kunstenaar als je kind niet kan onderscheiden of je een paard of een koe hebt getekend. En zet het idee van een restaurant uit je hoofd als je het bezoek van je tante al niet aankunt. Feit is dat het volkomen onbelangrijk is op hoeveel gebieden je gemiddeld bent of onder het gemiddelde zit. Het belangrijkste is dat je op ten minste één gebied veruit bovengemiddeld – en liefst wereldwijd de beste – bent. Als je dat bent, heb je een goede basis voor een goed leven. Meesterlijk zijn in één ding weegt op tegen duizenden tekortkomingen. Elk uur dat je binnen je competentiecirkel investeert is duizend keer zoveel waard als een uur erbuiten.

15

# HET GEHEIM VAN BESTENDIGHEID

## Waarom saaie pieten meer succes hebben dan avonturiers

Beurshandelaren met open overhemdkraag en opgerolde mouwen schreeuwen tegelijkertijd in meerdere telefoonhoorns en gebaren druk alsof het om een zaak van leven en dood gaat. De spanning is duidelijk voelbaar. Af en toe knalt iemand de hoorn op tafel alsof hij hem doormidden wil breken. Dan weer schreeuwen de handelaren tegen elkaar over de Bloomberg-beeldschermen heen waarop de beurskoersen knipperen als lichtjes op de kermis. Dat zijn de beelden die de media ons leveren van de financiële markten, van de effectenhoek of van een vertrek van een bank waar gehandeld wordt.

Andere scène. Een saai kantoor op de veertiende verdieping in een onopvallend flatgebouw in het slaperige Omaha, Nebraska, de onbeduidendste deelstaat van de VS. Geen Bloomberg-beeldscherm, geen computerterminal, geen e-mailtjes. Alleen een ouderwets bureau met een telefoon. Daar zit hij dag in, dag uit, al bijna vijftig jaar: Warren Buffett, de succesvolste investeerder aller tijden.

Het contrast kan niet groter zijn. Aan de ene kant de hyperactieve, bezwete beurshandelaren vol testosteron. Aan de andere kant de stille, zilverharige oom Warren. Als je eenmaal het verschil tussen speculeren en investeren hebt begrepen, zul je overal in het leven overeenkomsten ontdekken en daarmee goed mentaal gereedschap in handen hebben.

Dus, wat zijn de verschillen? De beurshandelaar probeert als een bezetene waardepapieren te kopen en te verkopen en door die slim te beheren, winst te behalen. Wat er achter de waardepapieren zit, of het nu gaat om een softwarebedrijf in Californië of een kopermijn in Peru, is van ondergeschikt belang. Als de prijs van de waardepapieren zich op korte termijn maar in de gewenste richting begeeft.

Klassieke investeerders daarentegen kopen waardepapieren van slechts een handjevol bedrijven die ze kennen als hun eigen broekzak. Wat de markt denkt kan ze niet schelen. Ze zijn langdurig betrokken. Om transactiekosten te vermijden kopen en verkopen ze zo min mogelijk. Buffett en zijn zakenpartner Charlie Munger sturen niet eens actief investeringsmogelijkheden aan. Ze wachten tot ze die aangeboden krijgen. Ik citeer Buffett letterlijk: 'Charlie en ik zitten te wachten tot de telefoon rinkelt.'

Wie zijn er nu succesvoller? Speculanten of investeerders? Aan beide kanten vind je winnaars en verliezers. Maar de giganten onder de winnaars tref je alleen aan de kant van de investeerders aan. Hoe komt dat? Het komt door een belangrijk onderscheid: investeerders benutten ten volle lange tijdsperiodes, beurshandelaren niet.

Ons brein houdt van de korte termijn, van sprongsgewijze ontwikkelingen. We reageren overdreven op hoogte- en dieptepunten, op snelle veranderingen en op rap nieuws. Continue ontwikkelingen nemen we nauwelijks waar. Daarmee overschatten we systematisch het doen tegenover het niets doen, vlijt tegenover nadenken en activisme tegenover afwachten.

Wat zijn de meest verkochte boeken aller tijden? Niet de titels die op de bestsellerlijsten staan of de boeken met de hoogste stapels op de tafels in de boekhandels. Maar de boeken die al decennialang, soms zelfs eeuwenlang, voortdurend gedrukt worden. De Bijbel, het 'rode boekje' van Mao, de Koran, *Het communistisch manifest*, *In de ban van de ring*, *De kleine prins*. Ze worden 'longseller' genoemd en geen uitgeverij kan zonder ze leven. Hetzelfde geldt voor Broadwayshows, toeristenattracties, songs en vele andere producten. De succesvolste auto aller tijden? De Toyota Corolla. Sinds 1966 is deze permanent als nieuwe auto verkrijgbaar, ondertussen al de elfde generatie. Het was niet de omzet in het eerste jaar die van de Corolla een superseller maakte, maar de lange tijdsduur waarin hij verkocht werd.

In dergelijke langetermijnsuccessen zit vaak nog een onopvallend ingrediënt dat als bakpoeder functioneert: kleine vooruitgangen die zich opstapelen over een langer tijdsbestek. Neem bijvoorbeeld investeren. Als je tienduizend euro met vijf procent rendement belegt, ben je na een jaar vijfhonderd euro rijker. Een peulenschilletje. Maar als je deze bescheiden winst steeds weer investeert, maak je na tien jaar een winst van zestienduizend euro. Na twintig jaar maar liefst 26.000 euro. En na vijftig jaar een ongelooflijk bedrag van 115.000 euro. Het kapitaal ontwikkelt zich niet lineair maar exponentieel. Omdat ons brein geen sensorieel centrum voor duurzaamheid heeft, heeft het ook geen gevoel voor exponentiële ontwikkelingen.

Dat is dus het geheim van bestendigheid. Langetermijnsuccessen ontwikkelen zich als taart met bakpoeder. Langzame, saaie, langdurige processen leiden tot de beste resultaten. Dat geldt ook voor je leven.

In geen enkele eeuw werden activiteit, bedrijvigheid en vlijt zo opgehemeld als in de onze. De moderne religie van *disruption* eist dat we onze carrière, onze bedrijven, ja zelfs ons leven constant verwoesten en opnieuw uitvinden. Alleen zo, zo luidt de consensus, kunnen we blijven concurreren. Veel mensen geloven bovendien dat een goed leven moet bestaan uit alleen maar avonturen, reizen, verhuizen en hoogtepunten. Ik geloof dat het tegendeel waar is. Hoe rustiger je leven, hoe productiever. Wiskundige en Nobelprijswinnaar Bertrand Russell zag dat, in een wezenlijk rustiger tijd, net zo. 'Het leven van belangrijke mannen, afgezien van enkele grootse momenten, was geen opwindende zaak. Socrates had zo nu en dan plezier bij een feestmaal... maar de meeste tijd bracht hij door met zijn Xanthippe. 's Middags maakte hij een wandelingetje om het eten te laten zakken en ontmoette hij misschien een vriend. Kant zou niet veel verder dan vijf kilometer van Königsberg zijn weggegaan. Darwin woonde nadat hij van zijn wereldreis teruggekeerd was tot aan zijn dood rustig thuis... Kortom, je ziet dat voor alle grote mannen een rustig leven karakteristiek is en dat hun pleziertjes in het leven van buitenaf gezien niets opwindends hadden.' Dit geldt natuurlijk ook voor de grote vrouwen uit de geschiedenis. Er is geen positieve correlatie tussen alleen maar gebaren en goede ideeën, tussen rusteloosheid en bezinning, tussen activiteit en resultaat.

Wat betekent dit voor je goede leven? Minder bedrijvigheid en meer bestendigheid. Als je eenmaal je competentiecirkel hebt gevormd, blijf daar dan in en wel zo lang mogelijk. Datzelfde geldt voor een goede huwelijkspartner, een passende woonplaats of een hobby die je volledig in beslag neemt. Uithoudingsvermogen, langetermijndenken en bestendigheid zijn uiterst waardevolle maar onderschatte deugden. Die deugden zouden we steeds weer moeten koesteren. 'Je hoeft niet briljant te zijn,' meent Charlie Munger, 'alleen gemiddeld een beetje slimmer dan de anderen en dat gedurende een lang, heel lang tijdsbestek.'

16

# DE TIRANNIE VAN DE ROEPING

## Doe wat je kan, niet wat je graag wilt kunnen

Antonius werd in het jaar 251 geboren als zoon van een rijke landbezitter in Egypte. Toen hij achttien was stierven zijn ouders. In de kerk hoorde hij de zin uit het evangelie van Mattheüs: 'Als je volmaakt wilt zijn, ga dan naar huis, verkoop alles wat je bezit en geef de opbrengst aan de armen; dan zul je een schat in de hemel bezitten. Kom daarna terug en volg mij!' Onverstoorbaar gaf hij zijn gehele bezit weg en maakte een voettocht naar de rand van de woestijn, waar hij vele jaren als kluizenaar woonde. Mettertijd volgden anderen hem. Het werden er steeds meer. Jongemannen die eveneens de roep van God volgden. Zo ontstond het christelijke monnikenwezen, uit kluizenaars die gescheiden van elkaar woonden maar zich wel verenigden. Antonius noemt men daarom tegenwoordig ook wel de 'vader van de monniken'.

Duizend jaar later gebeurde ongeveer hetzelfde met de zoon van een rijke Italiaanse lakenkoopman. Franciscus van Assisi leidde een losbandig leven toen hij in een droom de roep van God hoorde. Hij gaf zijn have en goed weg, ruilde zijn kleding met een bedelaar, leefde als kluizenaar en restaureerde kerken. Geleidelijk aan sloten anderen zich bij hem aan en zo ontstond de franciscaner orde.

Als we tegenwoordig het woord 'roeping' horen, denken we aan mensen als Antonius of Franciscus van Assisi. Zij konden niet anders dan de roep van God volgen. Soortgelijke roepingen kennen we van Paulus, Augustinus, Blaise Pascal en andere bekeerden binnen en buiten het christendom.

Tegelijk heeft roeping ook een zeer hedendaagse klank. 'Hoe vind ik mijn roeping?' luidt een van de meest voorkomende vragen die jonge mensen mij stellen. Ik moet iedere keer weer slikken, want roeping is een overblijfsel uit het christendom. Voor iemand die niet in God gelooft, klinkt het begrip een beetje als een waanvoorstelling.

Natuurlijk denken mensen die tegenwoordig naar hun roeping zoeken er niet meer aan zich van het wereldse leven af te keren. Integendeel, ze willen zich juist sterker naar het leven toe wenden. Ze hebben de romantische voorstelling dat er in het binnenste van elk mens een knop is aangelegd die eens tot bloei komt. Daarom luisteren ze geconcentreerd naar de stem in hun binnenste in de hoop dat ze daar een bezigheid vinden die ze totale voldoening geeft. Dat is gevaarlijk, want het idee van roeping is een van de grootste illusies van onze tijd.

De Amerikaan John Kennedy Toole zag zichzelf als geboren schrijver. Toen hij op zijn 26e een manuscript naar de uitgeverij Simon & Schuster stuurde, was hij er heilig van overtuigd dat hij de roman van de eeuw geschreven had. Maar de uitgeverij wees hem af. Ook andere uitgeverijen wilden de roman niet uitgeven. Toole was diep geschokt en raakte aan de drank. Zes jaar later, in 1969, stak hij in Biloxi in Mississippi een tuinslang in de uitlaat van zijn auto, leidde de uitlaatgassen naar binnen en overleed. Na zijn zelfmoord vond zijn moeder toch nog een uitgeverij voor zijn manuscript. In 1980 kwam *Een samenzwering van idioten* uit die door recensenten als meesterstuk van de Amerikaanse literatuur uit de Zuidelijke Staten werd geprezen. Toole kreeg postuum de Pulitzerprijs voor de beste roman van het jaar. Van het boek zijn meer dan anderhalf miljoen exemplaren verkocht.

'Een van de symptomen voor een naderende zenuwinzinking is het geloof dat je eigen werk ontzettend belangrijk is,' schreef wiskundige en filosoof Bertrand Russell. En daarin schuilt precies het gevaar: dat je jezelf en je werk te serieus neemt. Als je je ervan afhankelijk maakt dat je zogenaamde roeping in vervulling moet komen, zul je geen goed leven hebben. Als Toole het schrijven niet als enige roeping had gezien, maar gewoon als een beroep dat hij bijzonder goed beheerste, was het zeker niet zo dramatisch afgelopen. Je kunt je beroep met veel passie en graag ook met een scheutje obsessie uitvoeren. Maar de focus moet steeds liggen op de bezigheid, het werk en de input, en niet op het welslagen, het resultaat, de output. Dus liever: 'Vandaag wil ik minstens drie bladzijdes halen', dan: 'Morgen moet ik eigenlijk de Nobelprijs voor de Literatuur krijgen'.

De romantische voorstelling dat je roeping je gelukkig maakt is fout. Als je verbeten je roeping volgt ben je niet gelukkig maar gewoon verbeten. En raak je binnen de kortste keren gefrustreerd. Simpelweg omdat aan de meeste roepingen onrealistische verwachtingen kleven. Als je je opmaakt om de roman van de eeuw te schrijven, een wereldrecord neer te zetten, een nieuwe godsdienst te stichten of eindelijk een einde te maken aan de armoede, heb je misschien een kans van een op een biljoen dat je je doel bereikt. Begrijp me niet verkeerd. Het is prima om grote doelen na te streven, maar op één voorwaarde: dat je je hoofd koel houdt en afstand houdt. Als je met blinde hartstocht achter je roeping aan rent zul je gegarandeerd een ongelukkig leven leiden.

Hierbij komt nog de *selection bias*. We zien alleen maar de succesvolle gevallen van roeping. Marie Curie die zichzelf al op haar vijftiende als wetenschapper zag en later daadwerkelijk twee Nobelprijzen kreeg toegekend. Of Picasso die al als tienjarige op de kunstacademie werd aangenomen en later de schilderkunst revolutioneerde. Er zijn een hoop biografieën, interviews en documentaires over zulke mooie verhalen. Wat we echter niet zien, is de oneindig veel grotere hoeveelheid mensen die het niet gelukt is. Bijvoorbeeld de gefrustreerde wetenschapper wiens verslagen over onderzoeksresultaten door exact twee mensen gelezen werden: zijn vrouw en zijn moeder. Of de miskende pianiste van de eeuw die nu als muzieklerares in een gat haar 'roeping' achterna gaat hoewel ze geen kaas heeft gegeten van onderwijzen. Zij zijn de zoete verlokking van de roeping gevolgd – maar staan nu buitenspel. Over deze mensen wordt niet eens in de lokale krant geschreven. Waarom ook?

Vaak beweren mensen dat ze geen andere keus hadden als x te doen. Dat past weliswaar bij de romantische retoriek, maar is in principe onzin. Jager-verzamelaars hadden geen keus. Een slaaf in Egypte had geen keus. Een boerin in de middeleeuwen had geen keus. Iemand die beweert dat zijn innerlijke stem hem geen andere keus liet dan zijn leven bijvoorbeeld te wijden aan de gitaar, is niet goed bij zijn hoofd.

En zelfs als er zoiets als een echte roeping bestond is het geenszins aan te raden die blindelings te volgen. Hackers, bedriegers, terroristen geloven allemaal dat ze hun roeping gevonden hebben en zijn volledig in beslag genomen door hun activiteiten. Hitler voelde zich ongetwijfeld geroepen. Net als Napoleon, Stalin of Osama bin Laden. Ook als moreel kompas deugt roeping duidelijk niet.

Wat te doen? Luister niet naar stemmen in je binnenste. Een roeping is niets anders dan een *wens*. De roeping in romantische betekenis bestaat niet. Er zijn alleen talenten en voorliefdes. Ga van je daadwerkelijke vaardigheden uit, niet van je vermeende roeping. Gelukkig is dat wat we meesterlijk beheersen, vaak ook iets wat we graag doen. Het is bovendien belangrijk dat andere mensen je talent waarderen, want de koelkast moet op de een of andere manier wel gevuld worden. In de woorden van de Engelse filosoof John Gray: 'Er zijn maar weinig mensen zo ongelukkig als diegenen die een talent bezitten dat niemand wat interesseert.'

17

# DE GEVANGENIS VAN EEN GOEDE REPUTATIE

## Van uiterlijke naar innerlijke waardering

Wat heb je liever? Je bent de intelligentste mens maar de wereld denkt dat je de domste mens bent? Of: je bent de domste mens maar de wereld denkt dat je de intelligentste bent?

Toen Bob Dylan in 2016 de Nobelprijs voor de Literatuur kreeg, hoorde je wekenlang niets van hem. Geen statement, geen interview. Hij nam niet eens het telefoontje van de Zweedse Academie aan. Het regende van alle kanten kritiek. Hoe kon iemand zo ondankbaar zijn! Zo arrogant! Zo onverschillig! Toen Dylan zich uiteindelijk meldde in een interview met een Britse krant zei hij heel droog: ‘Ik waardeer deze eer zeer.’ Alsof zijn pr-adviseur hem deze zin had voorgekauwd. Hij kwam ook niet naar de prijsuitreiking, of beter gezegd, pas drie maanden later. Je mag, móét er haast wel van uitgaan dat de wereldwijd meest gerenommeerde prijs hem geen zier interesseerde.

De in 1966 geboren Grigori Perelman geldt als de grootste levende wiskundige. In 2002 loste hij een van de zeven wiskundige 'millenniumproblemen' op. De resterende zes zijn nog steeds niet opgelost. Hij kreeg de Fieldsmedaille toegekend, in zekere zin de Nobelprijs voor de Wiskunde, maar hij bedankte voor de eer. Zelfs het prijzengeld van een miljoen dollar sloeg hij af, hoewel hij het geld zeer goed kon gebruiken. Perelman is werkeloos en woont bij zijn moeder in een flatje in een betonwijk in Sint-Petersburg. Voor hem telt alleen de wiskunde. Hoe de wereld over hem denkt zal hem worst wezen.

Aan het begin van mijn schrijverscarrière vond ik het belangrijk om te weten wat mensen van mijn boeken vonden. Ik was blij met positieve boekbesprekingen en baalde van elk kritisch woord. Ik zag het applaus als graadmeter voor mijn succes. Tot ik ergens halverwege de veertig mijn Bob-Dylan-moment had. Ik begreep dat de publieke waardering nauwelijks iets te maken had met de kwaliteit van mijn werk. Het maakt mijn boeken niet beter of slechter. Dit inzicht was de bevrijding uit een zelfgebouwde gevangenis.

Maar terug naar de beginvraag. Warren Buffett stelt de vraag als volgt: 'Wil je liever de beste minnaar ter wereld zijn, terwijl je als de slechtste beschouwd wordt? Of wil je liever de miserabelste minnaar zijn, maar voor de wereld als de beste gelden?' Buffett illustreert daarmee een van de belangrijkste inzichten voor een goed leven, het verschil tussen de *inner scorecard* en de *outer scorecard*: het innerlijke en het uiterlijke beoordelingsschema. De vraag is dus of het belangrijker voor je is hoe je jezelf beoordeelt of hoe de buitenwereld je beoordeelt. 'Kinderen leren al heel jong wat belangrijk is voor hun ouders. Als ouders waarde hechten aan wat de wereld van je denkt – onafhankelijk van wat je werkelijk doet –, zul je met een uiterlijk beoordelingsschema opgroeien.' En dat, je vermoedt het al, kan een goed leven als het ware in de kiem smoren.

Het is helaas een diepgeworteld instinct in ieder van ons dat we ons best willen doen voor een zo goed mogelijke reputatie. Wat zou voor onze jagende en verzamelende voorouders doorslaggevender zijn geweest: de inner scorecard of de outer scorecard? Natuurlijk de laatste. Hun leven hing in beslissende mate af van hoe anderen over ze dachten, of ze met hen samenwerkten of ze uit de groep verstootten. Elke voorouder die de outer scorecard niets kon schelen is uit de genenpoel verdwenen.

Ongeveer tienduizend jaar geleden ontstonden de eerste dorpen en steden. Omdat in deze nederzettingen niet meer iedereen de ander persoonlijk kende, kwam het er nu op aan dat je voor je 'reputatie' zorgde die je vooruitsnelde. De roddel nam de functie over van de persoonlijke kennismaking. En deze roddelpraatjes hebben sindsdien de wereld veroverd. Let er maar eens op als je de volgende keer je vrienden ziet. Ze zullen voor negentig procent over andere mensen praten.

Dat we er zo enorm op letten hoe we naar buiten toe overkomen, heeft dus begrijpelijke evolutionaire redenen. Dat betekent echter niet dat dit tegenwoordig ook nog zinvol is. Integendeel. Hoe anderen over je denken is veel minder belangrijk dan je denkt. Je emotionele reactie op veranderingen van je prestige, reputatie en aanzien is veel te stevig 'ingesteld'. Of anders gezegd: die staat nog steeds in de stenentijdperkmodus. Of je nu de hemel in geprezen wordt of door het slijk gehaald, het daadwerkelijke effect op je leven is veel kleiner dan je trots of schaamte je doet geloven. Bevrijd jezelf daaruit. Om meerdere redenen. Ten eerste bespaar je jezelf de emotionele achtbaan. Je kunt je reputatie op de lange duur toch niet managen. Gianni Agnelli, de voormalige baas van Fiat, zegt: 'Op je oude dag heb je de reputatie die je verdient.' Dat wil zeggen: je kunt anderen kort wat voorwenden, maar niet je leven lang. Ten tweede vertekent de concentratie op prestige en reputatie onze waarneming van dat wat ons werkelijk gelukkig maakt. En ten derde levert het stress op, wat nadelig is voor het goede leven.

Het is hoognodig dat we ons gaan concentreren op de innerlijke waardering. 'Social media,' zegt journalist David Brooks, 'scheppen een cultuur die van mensen kleine brandmanagers maakt doordat ze via Facebook, Twitter en Instagram een valse, vrolijke, opgepepte, externe ik presenteren.' Brooks gebruikt de voortreffelijke term *approval seeking machine* (een naar bevestiging zoekende machine), die je wordt als je niet oppast. Facebooklikes, beoordelingen, aantal volgers, enzovoort, spinnen een web van gekwantificeerde directe feedback op je eigen status – die niet eens je ware status is. Als je eenmaal in dit web gevangenzit, zul je je met moeite kunnen bevrijden en een goed leven leiden.

Conclusie: de wereld zal over je schrijven, tweeten, posten wat ze wil. Er wordt achter je rug om gekletst en geroddeld. Je zult overstelpt worden met lof of in een shitstorm terechtkomen. Dat kun je helemaal niet sturen. Gelukkig hoef je dat ook niet. Als je niet toevallig een politicus of bekende Nederlander bent en je geld verdient met reclame maken, hou je dan niet langer bezig met je reputatie. Doe niet mee aan liken en geliket worden. Google jezelf niet en smeek niet om erkenning. Zorg liever dat je iets presteert en leef zodanig dat je jezelf nog in de spiegel kunt aankijken. Warren Buffett zegt: 'Als ik iets doe wat anderen niet leuk vinden, maar waar ik me goed bij voel, dan ben ik gelukkig. Als anderen me loven maar ik ben zelf niet tevreden over mijn prestatie, dan ben ik ongelukkig.' Dat is de perfecte inner scorecard. Hou je daaraan en neem zowel lof als berispingen van buitenaf met een vriendelijke, kalme desinteresse in ontvangst. Alleen hoe je denkt over jezelf telt.

18

# DE ‘EINDE VAN DE GESCHIEDENIS’-ILLUSIE

## Je kunt jezelf veranderen – anderen niet

Elke keer dat ik op de luchthaven van Zürich loop, vallen me kleine veranderingen op. Hier zit plotseling een nieuwe winkel, daar een nieuwe koffiebar, boven prijkt een gigantisch reclamebord, beneden glanzen als soldaatjes op een rij nieuwe check-in-kiosken. Af en toe rij ik verkeerd in een nieuwe parkeergarage en soms zoek ik vertwijfeld naar een stopcontact in de omgebouwde vleugel van een terminal. Ik loop gemiddeld een keer per maand door het doolhof van het vliegveld. En dat al dertig jaar lang. Elke keer wennen mijn hersenen aan de licht veranderde infrastructuur en zo vind ik ook de volgende keer zonder problemen de weg naar de gate. Maar als ik terugdenk aan mijn eerste bezoek als kleine jongen aan de hand van mijn moeder, toen we mijn vader opwachtten van een zijn van zakenreizen – ik zag hem de vliegtuigtrap af lopen en we zwaaiden naar elkaar over de start- en landingsbaan heen –, merk ik dat het huidige vliegveld in vrijwel niets meer lijkt op het vliegveld van toen. Toentertijd was de luchthaven van Zürich-Kloten één koele hal waar elk vertrek en elke vertraagde passagier met monotone luidsprekerstem (ook in het Frans) werd omgeroepen. En je hoorde geregeld het geratel van de letters en cijfers op het bord met aankondigingen. Tegenwoordig is Zürich International Airport feitelijk een pulserend winkelcentrum met drie start- en landingsbanen. Zelf ken je vast en zeker ook plekken – stations, steden, universiteiten – die in de loop van de tijd compleet zijn veranderd zonder dat het je tijdens je vele bezoeken werkelijk is opgevallen.

Maar hoe zit het met jezelf? Hoezeer ben jij in de loop van de tijd veranderd? Probeer je voor te stellen wie je twintig jaar geleden was. Denk daarbij alsjeblieft niet aan uiterlijke dingen (je baan, woonplaats, hoe je eruitziet), maar aan je persoonlijkheid, je karakter, je temperament, je waarden en voorkeuren. Zet je huidige leven ernaast en geef de veranderingen een cijfer tussen de 0 (geen verandering) en 10 (totale verandering; ik ben een compleet ander mens geworden).

De meeste mensen die ik deze vraag stel, zien over de afgelopen twintig jaar een bepaalde verandering in hun persoonlijkheid, waarden en voorliefdes. Ze geven meestal een getal op tussen de twee en vier. Geen radicale vernieuwing dus zoals bij het vliegveld van Zürich, maar toch, ze zijn een beetje veranderd.

Nu de aanvullende vraag: hoezeer denk je dat je de komende twintig jaar zult veranderen? De gebruikelijke antwoorden liggen nu veel lager, tussen de 0 en 1. Met andere woorden: de meeste mensen geloven niet dat ze in de toekomst in het diepste van hun wezen zullen veranderen en zo ja, dan slechts een piepklein beetje. Daarin onderscheiden we ons kennelijk van luchthavens, stations en steden. Grappig hè?

Kan het echt zo zijn dat onze persoonlijkheidsontwikkeling juist vandaag tot stilstand is gekomen? Natuurlijk niet. Daniel Gilbert, Harvard-psycholoog, noemt dit de *end of history illusion* (de 'eind van de geschiedenis'-illusie). Feit is: we zullen in de toekomst net zo goed veranderen als in het verleden. In welke richting is onduidelijk, maar evident is dat je in de toekomst een andere persoonlijkheid met andere waarden zult zijn. Onderzoek laat dit heel duidelijk zien.

Maar, even afgezien van de grote begrippen zoals 'persoonlijkheid' en 'waarden', laten we eens kijken naar de eenvoudige dingen die je leuk vindt. Denk aan twintig jaar geleden. Wat was toen je lievelingsfilm? Welke is het nu? Wie waren je idolen? Wie zijn het nu? Wie waren je belangrijkste vrienden? En wie zijn het nu? Neem een minuutje de tijd om deze vragen te beantwoorden.

Daniel Gilbert had een geniaal idee hoe je dit soort veranderingen kunt meten. Hij stelde mensen de volgende vragen. A) Wat was je lievelingsband *tien jaar geleden* en hoeveel zou je *nu* willen betalen voor een kaartje voor een concert van die band? B) Wat is *nu* je lievelingsband en hoeveel zou je over tien jaar willen betalen voor een concertkaartje voor deze band? Het verschil is verbazingwekkend groot. Mensen zijn bereid gemiddeld 61 procent meer te betalen om hun huidige lievelingsband over tien jaar te zien dan de toenmalige lievelingsband nu. Dit is een bewijs voor de 'einde van de geschiedenis'-illusie en de instabiliteit van onze voorkeuren. Nu een goede en een slechte boodschap. Eerst de goede. Je hebt een beetje invloed op veranderingen van je karakter. Niet veel. Het grootste gedeelte van je persoonlijkheidsontwikkeling verloopt volgens een genetisch programma. Maar toch. Deze kans zou je moeten grijpen. De effectiefste manier om de ontwikkeling van je karakter te sturen is via idolen. 'Zeg me wie je helden zijn, dan vertel ik je wat voor mens je zult worden,' schrijft Warren Buffett. Wees daarom voorzichtig bij de keuze van mensen die je bewondert.

De slechte boodschap: je kunt andere mensen niet veranderen. Nee, zelfs niet je levenspartner of je kinderen. De motivatie voor persoonlijke verandering moet van binnenuit komen. Noch druk van buitenaf, noch rationele argumenten werken.

Daarom luidt een van mijn belangrijkste regels voor een goed leven: 'Vermijd situaties waarin je mensen moet veranderen.' Deze simpele strategie heeft me al heel veel ongeluk, kosten en teleurstellingen bespaard. Concreet betekent dit dat ik geen mensen aanneem wier karakter ik zou moeten veranderen, want dat kan ik helemaal niet. Ik doe geen zaken met mensen wier temperament niet bij mij past, ongeacht hoe hoog de vermeende winst zou zijn. En ik zou nooit de leiding van een organisatie op me nemen als ik de mindset van de mensen van deze organisatie zou moeten veranderen.

Gewiekste ondernemers handelen daar al sinds jaar en dag naar. Zo heeft het succesvolle Southwest Airlines sinds de oprichting op de vlag staan: *Hire for attitude, train for skill* (neem aan naar temperament en train de vaardigheden). Temperament kun je niet veranderen, ten minste niet binnen een redelijke termijn en al helemaal niet van buitenaf. Vaardigheden daarentegen wel.

Ik ben altijd weer verrast als ik zie hoeveel mensen deze eenvoudige regel veronachtzamen. Een bekende partyheld trouwde met een mooie introverte vrouw en had zich voorgenomen van deze stille ziel een uitbundig feestbeest te maken. Natuurlijk zonder succes en met als resultaat een snelle en dure scheiding.

Een verwante regel luidt: 'Werk alleen met mensen die je aardig vindt en vertrouwt.' Charlie Munger: 'O, het is zo praktisch als je alleen met betrouwbare mensen te maken hebt en alle anderen naar de bliksem laat lopen... Wijze mensen houden zich afzijdig van mensen die als rattengif zijn. Er daar heb je er veel van.' Hoe smijt je deze giftige mensen uit je leven? Een advies: elk jaar op 31 december schrijven mijn vrouw en ik op kleine briefjes de namen op van mensen die ons geen goed doen en die we niet meer in ons leven willen hebben. Die briefjes gooien we een voor een feestelijk in het vuur. Een weldadig en heilzaam ritueel.

91

19

# DE KLEINE ZIN VAN HET LEVEN

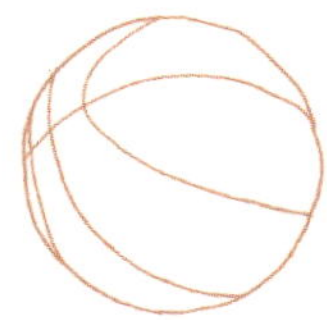

## Welke doelen je kunt bereiken en welke niet

Toen de Amerikaanse auteur Terry Pearce zijn collega Gary opbelde, hoorde hij de volgende boodschap: ‘Hallo, dit is Gary en dit is geen telefoonbeantwoorder maar een telefoon*bevrager*. De twee vragen zijn: “Wie bent u?” en “Wat wilt u?”’ Er volgde een lange pauze. Toen sprak de stem verder: ‘En mocht u nu denken dat dit triviale vragen zijn, denk er dan aan dat 95 procent van de bevolking door het leven gaat zonder ook maar een van deze vragen te kunnen beantwoorden.’

Hoe zou jij de vraag ‘Wie ben je?’ beantwoorden? De meeste mensen zeggen hun naam en hun beroep. Soms volgt er een korte verwijzing naar het gezin (‘Ik ben moeder van twee kinderen’) of een karaktereigenschap (‘Ik houd van mensen’). Maar wat is een dergelijk antwoord waard? Niets. Toch kun je het de persoon niet kwalijk nemen, want de vraag naar je eigen identiteit kun je onmogelijk in één zin beantwoorden. Ook niet in één alinea. Niet eens in tien bladzijdes. Het maakt niet uit wie je bent, je hebt een roman met de diepgang van Proust nodig om je wezen en leven recht te laten wedervaren.

Omdat ons leven uit oneindig veel facetten bestaat is elke eenregelige omschrijving van onszelf onvermijdelijk verkeerd. Toch reduceren we onszelf wel steeds tot één zin. Niet alleen als we Gary opbellen, maar interessant genoeg ook tegenover onszelf in onze opvatting over onszelf. We hebben een beeld van onszelf dat gelijkenis vertoont met een stripfiguur: absurd eenvoudig, compleet zonder tegenspraak en veel te positief. In hoofdstuk 22 zullen we zien hoe we al onze levensverhalen bij elkaar fantaseren. Maar alvast vooruitblikkend: de vraag 'Wie ben je?' kun je beter onbeantwoord laten. Daarmee verdoe je alleen maar je tijd.

Daarmee komen we bij de tweede vraag: 'Wat wil je?' In tegenstelling tot de eerste vraag kun je deze zeer zeker beantwoorden. En het is belangrijk dat je hem beantwoordt. Het is de vraag naar je levensdoel, soms ook de 'zin van het leven' genoemd. Nu is het woordje 'zin' tamelijk verwarrend. Ik raad je een nadere toelichting aan tussen de 'grote zin van het leven' en de 'kleine zin van het leven'.

Als je de 'grote zin van het leven' wilt vinden zoek je antwoord op vragen als: waarom zijn we hier? Waarom bestaat het universum? En überhaupt, waar slaat het allemaal op? Tot nu toe heeft elke cultuur daarop geantwoord met een mythe. Vooral mooi is het verhaal dat de aarde het pantser van een gigantische schildpad is, een mythe die je zowel in China als in Zuid-Amerika kunt vinden. Of de christelijke mythe: God heeft alles in zes dagen geschapen en op de dag des oordeels zal hij alles weer vernietigen. In tegenstelling tot de schrijvers van mythen heeft de wetenschap geen antwoord op de 'grote zin van het leven' gevonden. Van het leven weet men alleen dat het zich, zolang er genoeg materiaal en energie beschikbaar is, zonder doel verder ontwikkelt. Er is geen doel van een hogere orde erkenbaar, noch voor de mensheid, noch voor het leven, noch voor het universum. De wereld is fundamenteel zinloos. Ook hier geldt daarom: houd op met zoeken naar de 'grote zin van het leven'. Je verspilt alleen maar je tijd.

Wel belangrijk is de vraag naar de 'kleine zin van het leven'. Hierbij draait het om je persoonlijke doelen, je ambities, je missie. Het gaat dus om de tweede vraag op het antwoordapparaat van Gary. Er is geen goed leven zonder persoonlijke doelen. Dat wist de Romeinse filosoof Seneca tweeduizend jaar geleden al: 'Alles wat je doet, moet gericht zijn op een doel. Houd dit doel voortdurend voor ogen.' Er is geen garantie dat je het doel ook bereikt, maar wie geen doel heeft, bereikt gegarandeerd niets.

Levensdoelen zijn uiterst belangrijk. Onderzoekers in de VS vroegen aan zeventien- en achttienjarige studenten hoe belangrijk financieel succes voor hen was. Niet belangrijk, een beetje belangrijk, zeer belangrijk, of absoluut noodzakelijk. Vele jaren later vroegen de wetenschappers de testpersonen naar hun daadwerkelijke inkomen en hoe gelukkig ze waren met het leven in het algemeen. Eerste uitkomst: hoe hoger de financiële ambitie in de jongere jaren, hoe hoger het bereikte inkomen op middelbare leeftijd. Dat laat zien dat doelen werken! Alleen verbaast dat psychologen, want zij geloofden lange tijd dat mensen net als de honden van Pavlov alleen op externe prikkels reageren.

Tweede uitkomst: degenen die zich in hun jonge jaren tot doel hadden gesteld na de opleiding een hoog inkomen te krijgen en dit doel later ook bereikten, waren trendmatig zeer tevreden met hun leven. Degenen voor wie geld ook belangrijk was maar die hun financiële doelen niet behaalden, waren ontevredener met hun leven. Uiteraard, denk je misschien. Geld maakt nu eenmaal gelukkig. Maar daar ligt het niet aan. De hoogte van het inkomen heeft namelijk nauwelijks effect op de levenstevredenheid van mensen voor wie rijkdom géén levensdoel was. Het is dus niet het geld dat gelukkig of ongelukkig maakt, maar het feit of je je doel hebt bereikt of niet. Dat geldt ook voor andere levensdoelen.

Waarom werken doelen? Omdat mensen met doelen meer inspanning investeren om ze te bereiken. En omdat doelen beslissingen makkelijker maken. Het leven bestaat uit talloze splitsingen. Bij iedere splitsing kun je je spontane stemming volgen of je doelen raadplegen. Geen wonder dat studenten die tijdens hun studie financieel succes als 'absoluut noodzakelijk' noemden, goed betaalde beroepen (arts, advocaat, consultant) kozen.

Levensdoelen zijn dus raadzaam. Er zijn echter twee problemen. 'Een recept voor ontevredenheid in het leven zijn doelen die moeilijk bereikbaar zijn,' zei Nobelprijswinnaar Daniel Kahneman. Let dus op hoe realistisch je doelen zijn. Als je kort en gezet bent en ervan droomt een basketbalster te worden, heb je een probleem. Idem dito als je als eerste op Mars wilt landen. Of staatspresident wilt worden. Of miljardair. Zulke doelen laten zich niet sturen. 99 Procent van de componenten die noodzakelijk zijn om deze doelen te behalen liggen buiten je controle. Onrealistische doelen zijn gelukskillers. Advies: houd je doelen bewust een beetje vaag (bijvoorbeeld 'vermogend' in plaats van 'miljardair'). Als je ze bereikt, fantastisch. Als je ze niet bereikt, kun je je situatie nog altijd zo interpreteren alsof je je doelen (tenminste gedeeltelijk) bereikt hebt. Dat hoef je niet eens bewust te doen. Je hersenen doen dit automatisch.

Conclusie: doelen werken. Doelen zijn belangrijk. Toch denken de meeste mensen niet scherp genoeg na over de 'kleine zin van het leven'. Ofwel ze hebben geen doelen, ofwel ze nemen doelen over die op het moment in de mode zijn. Soms leidt de weg naar een goed leven via het breken van te hoge latten en het bepalen van bereikbare doelen. Het is belangrijker dat je weet waar je heen gaat dan dat je snel ergens aankomt.

20

# JE TWEE IKKEN

## Waarom je leven geen fotoalbum is

Ik wil je voorstellen aan twee personen waarmee je zeer vertrouwd bent, maar die je nog niet onder deze namen kent: je *belevende ik* en je *herinnerende ik*.

Het belevende ik is dat deel van je bewustzijn dat telkens het actuele moment beleeft. In jouw geval leest het nu de woorden van deze zin. Over een poosje zal het meemaken hoe je het boek dichtklapt en weglegt, misschien opstaat en een kopje koffie zet. Je belevende ik beleeft niet alleen wat je nu doet, maar ook wat je daarbij denkt en voelt. Het neemt lichamelijke toestanden waar, zoals moeheid, kiespijn of spanningen. Dat alles vermengt zich tot een enkel beleefd moment. Hoe lang duurt een moment? Psychologen gaan uit van ongeveer drie seconden. Dat is de duur die we als tegenwoordige tijd waarnemen, kortom alle meegemaakte dingen die we tot een 'nu' samenvatten. Een langere tijdsduur wordt ervaren al als een opeenvolging van verschillende momenten. Als je de tijd dat we slapen ervan aftrekt, beleven we circa twintigduizend momenten per dag. Bij een gemiddelde levensverwachting zijn dat rond een half miljard momenten in een heel leven.

Wat gebeurt er met al die indrukken die tijdens een ogenblik door je hersenen heen schieten? Bijna alles gaat onherroepelijk verloren. Neem de proef op de som: hoe precies heb je het moment 24 uur, 10 minuten en 3 seconden geleden ervaren? Het kan zijn dat je juist moest niesen. Uit het raam keek. Een kruimel van je broek veegde. Wat het ook was, je kunt het je niet meer herinneren. Nog geen miljoenste deel van onze ervaringen blijven behouden. We zijn gigantische belevenis-verspillingsmachines.

Dat was je belevende ik. De tweede persoon die ik aan je wil voorstellen is je herinnerende ik. Het is een onderdeel van je bewustzijn, dat de heel weinige dingen die je belevende ik niet heeft weggegooid, verzamelt, beoordeelt en rangschikt. Als je 24 uur, 10 minuten en 3 seconden geleden het lekkerste chocolaatje van je leven in je mond hebt gestopt, kan het zijn dat je herinnerende ik het daadwerkelijk nog weet.

Het verschil tussen de beide ikken kan toegelicht worden aan de hand van een eenvoudige vraag. De vraag luidt: ben je gelukkig? Neem kort de tijd en geef antwoord.

Oké. Hoe ben je te werk gegaan? Als je je belevende ik hebt geconsulteerd, zal het je de momenteel ervaren toestand hebben medegedeeld, je gemoedstoestand in precies dit drieseconde-interval. Als auteur van de zin die je nu juist leest hoop ik dat het antwoord positief was. Als je het daarentegen aan je herinnerende ik hebt gevraagd, zal die een algemene uitspraak over je algemene stemming hebben gedaan. Hoe je je de laatste tijd, geheel algemeen, hebt gevoeld. Ja, hoe tevreden je in het algemeen met je leven bent.

Helaas geven de beide ikken zelden hetzelfde antwoord.

Onderzoekers bestudeerden het geluksgevoel van studenten tijdens de vakantie. In de eerste plaats maten ze een aantal keer per dag steekproefsgewijs de momentele gemoedstoestand door middel van enkele vragen die de studenten op hun mobieltje kregen. Ten tweede stelden ze de studenten direct na de vakantie vragen. Wat bleek? Het belevende ik was minder gelukkig dan het herinnerende ik. Dat is niet verbazend; je hebt vast wel eens gehoord van de roze bril van de herinnering. Achteraf ziet alles er veel beter uit. Dat betekent ook dat we niet kunnen vertrouwen op ons herinneringsvermogen, want dat is gevoelig voor systematische fouten.

Hoe groot die fouten zijn, laat het volgende experiment zien. Studenten hielden een minuut lang hun hand in koud water van veertien graden, een tamelijk onaangename belevenis. Bij een tweede poging hielden ze hun hand een minuut lang in koud water van veertien graden en aansluitend dertig seconden in koud water van vijftien graden. Direct daarna vroegen de onderzoekers welke van de beide proeven ze wilden herhalen. Tachtig procent koos voor de tweede proef. Dat is niet logisch, want objectief gezien is de tweede proef vervelender. Je hebt de pijn van de eerste proef plús dertig relatief onaangename seconden bij de tweede.

Wat gebeurt hier? Nobelprijswinnaar Daniel Kahneman noemt het de peak-end-regel. Hij heeft vastgesteld dat we ons daadwerkelijk de piek van een episode herinneren, dus het hoogtepunt, het intensiefste moment, en het einde van de episode. Al het andere stroomt nauwelijks de herinnering binnen. In het geval van het waterexperiment was de piekbelevenis bij beide experimenten identiek, namelijk koud water van veertien graden. Het einde daarentegen was verschillend. Het einde van de eerste proef (veertien graden) is onaangenamer dan het einde van de tweede proef (vijftien graden). Daarom hebben de hersenen de gehele tweede proef als aangenamer opgeslagen, hoewel die vanuit het gezichtspunt van de belevende ik (en ook objectief gezien) onaangenamer is.

Daarbij speelt de duur niet eens een rol. Of het experiment zestig of negentig seconden duurde werd helemaal niet meegenomen in de beoordeling van de studenten. Dat geldt ook in het algemeen. Of je vakantiereis een week of drie weken duurt, de herinnering eraan zal dezelfde zijn. Of je nu een maand of een jaar in de gevangenis zit speelt voor de herinnering geen rol. Je zult je de tijd achter de tralies net zo intensief herinneren. Deze fout noemt men *duration neglect*, het misachten van tijdsduur. Dit is naast de peak-end-regel de tweede zwaarwegende fout van het herinneringsvermogen.

Terwijl het belevende ik verkwistend is (hij gooit bijna alles weg), is het herinnerende ik extreem gevoelig voor fouten en verleidt het ons daarmee tot verkeerde beslissingen. Vanwege de taxatiefout van het herinnerende ik neigen we ertoe korte intensieve vreugdemomenten te sterk te beoordelen en in reactie hierop stille, aanhoudende, niet opwindende vreugdemomenten te zwak. Bungeejumping in plaats van uitgebreide wandelingen. Prikkelende onenightstands in plaats van regelmatige seks binnen een relatie. Sexy YouTube-video's in plaats van een goed boek.

Er is een heel genre van 'leef-extreem-boeken'. De auteurs hiervan zijn bijna uitsluitend oorlogscorrespondenten, alpinisten, beginnende ondernemers of performancekunstenaars. Ze preken dat het leven te kort is voor gematigde vreugden. Alleen in extreme hoogte- en dieptepunten ben je je van jezelf 'gewaar'. Een rustig, niet-spectaculair leven is een mislukt leven. Deze auteurs, en hun lezers, zijn in de valkuilen van de herinnerende ik getrapt. Op blote voeten dwars door Amerika rennen of in recordtempo de Mount Everest beklimmen kan alleen een fantastische belevenis zijn als je terugblikt. Op het moment zelf is het een kwelling. Sport onder extreme omstandigheden voedt de herinnering ten koste van het momentele geluksgevoel.

Wat telt nou? Je belevende ik of je herinnerende ik? Natuurlijk beide. Vanzelfsprekend wil niemand mooie herinneringen missen. Maar we neigen ertoe het herinnerende ik hoger te beoordelen. We leven met het oog op het verzamelen van toekomstige herinneringen in plaats van dat we ons op het heden richten. Ga in tegen deze tendens. Beslis wat belangrijker voor je is: een vervuld leven of een vol fotoalbum?

21

# DE HERINNERINGS-REKENING

## Beleven gaat boven herinneren

Stel je je de mooist mogelijke belevenis voor. Bijvoorbeeld een zeilreis van tien jaar door de Caraïbische Zee, een ruimtevaart dwars door het melkwegstelsel of uit eten met God persoonlijk in het Amstel Hotel inclusief een Cheval Blanc 1947 Vandermeulen. Hoeveel ben je bereid te betalen voor je favoriete belevenis?

Neem een ogenblik de tijd. Beschrijf de allergrootste belevenis die je je kunt voorstellen in steekwoorden en noteer je prijslimiet.

De volgende vraag: hoeveel ben je bereid te betalen voor je favoriete belevenis als je je er daarna niets meer van kunt herinneren? Je hebt daarna geen idee meer hoe je Caraïbische jacht eruitzag. Je stapt uit je ruimtecapsule en weet niet eens meer of de sterren glinsterden. Je kunt je niet meer herinneren of God een man of een vrouw was en je weet al helemaal niet meer hoe de wijn smaakte. Je kunt je geheugen doorpluizen zolang als je wilt, maar er is niets meer, helemaal niets. De meeste mensen die ik deze vraag stel antwoorden dat een dergelijke belevenis ze niets waard zou zijn. Waarschijnlijk geldt dat ook voor jou. Maar hoeveel ben je bereid te betalen voor je favoriete belevenis als je je die ten minste een dag lang zou kunnen herinneren? Een jaar lang? Een decennium lang?

Helaas is hier nog geen wetenschappelijke onderzoek naar gedaan. De door mij verzamelde antwoorden zijn anekdotisch. Een belevenis telt pas door de herinnering. Laten we dit fenomeen de *herinneringsrekening* noemen. Hoe langer we met de herinnering leven, hoe meer waarde we aan de belevenis toekennen. Als een (positieve) herinnering tot aan het einde van het leven blijft bestaan, zul je de belevenis met terugwerkende kracht het hoogst beoordelen. Volstaat de herinnering maar tot de helft van het resterende leven dan ken je die slechts de helft van de waarde toe, enzovoort, tot het nulpunt. Zonder herinnering wordt de belevenis als compleet waardeloos ervaren. Dat is verrassend en onzinnig. Het is toch veel beter iets ongelooflijks te beleven dan het niet te beleven, herinnering of niet. In elk geval heb je op het moment van de belevenis een fantastische tijd! Bovendien zijn jij en ik na de dood sowieso alles vergeten omdat er dan helemaal geen 'jij' en 'ik' meer zijn. De dood vaagt alle herinneringen weg. Is het dan zo belangrijk of je de herinneringen nog exact tot dit tijdstip meesleept?

Het zou interessant zijn als we de gevoelswereld van mensen met dementie kunnen achterhalen, want zij ervaren precies dat: een reeks momentele belevenissen, ogenblik na ogenblik, zonder enige herinnering eraan. Voor zover we weten is dat ook het levensgevoel van de meeste dieren. Ze hebben alleen die momenten, maar nauwelijks of geen herinneringen. Het komt regelmatig voor dat verzorgers in klinieken demente patiënten bot behandelen met de reden: 'Die herinneren het zich toch niet.' Dat klopt wel, maar die patiënten beleven zeer zeker wel het moment. Hun belevende ik werkt. En hetzelfde geldt voor jou.

Onderzoek wijst uit dat mensen die zich mooie momenten herinneren, gelukkiger zijn, vooral als ze deze door de roze bril van de nostalgie bekijken. Veel psychologen concluderen daaruit dat je de tijd moet nemen om je doelbewust aan de mooie momenten uit het verleden te herinneren. Een twijfelachtige onderneming. Waarom zouden we deze tijd niet gebruiken en mooie huidige ogenblikken creëren, in het hier en nu? De moeite die het kost om het huidige moment bewust te beleven lijkt me niet groter dan het opfrissen van oude herinneringen. Integendeel. Bovendien is de momentele belevenis veel krachtiger, pittiger, kleurrijker dan de wazige herinneringen. Om van het moment te genieten hoef je niet eens met een parachute uit een vliegtuig te springen en heb je geen perfecte zonsondergang nodig. Zelfs als je, zoals nu, op een stoel zit en dit hoofdstuk leest, zul je (dat hoop ik in ieder geval) een reeks gelukkige tijdschijfjes ervaren. Neem deze tijdschijfjes bewust, ja lichamelijk waar in plaats van dat je wroet naar een of andere herinnering. Veel zul je toch niet opgraven. In het geval van een vakantiereis herinneren we ons bijvoorbeeld het hoogtepunt van de reis (respectievelijk het dieptepunt) en het einde. Dat is de peak-end-regel van Kahneman, waarover we in het vorige hoofdstuk hebben gelezen. Misschien schieten je nog twee of drie andere scènes te binnen, maar dat was het dan wel zo'n beetje. Mensen denken altijd dat je iets herinneren net is alsof je een film voor een tweede keer kijkt. Nee, herinneringen zijn eendimensionaal, duf, abstract, vaak onjuist, gedeeltelijk bij elkaar gefantaseerd en uiteindelijk leveren ze weinig op. Kortom, we schatten de waarde van de herinnering te hoog in en de waarde van het beleefde ogenblik te gering.

Pas in de jaren zestig kwam er een noodzakelijke correctie toen het bewustzijn voor het 'hier en nu' in de schijnwerpers kwam. De jeugd experimenteerde met lsd, vrije seks en happenings. In 1971 schreef de van Harvard ontslagen professor Richard Alpert (bekend onder de Indiase goeroenaam Ram Dass) de bestseller *Be here now.* Je kunt geen beter motto bedenken voor dit levensgevoel. Ram Dass propageerde grotendeels de oeroude boeddhistische praktijken en paste ze aan voor het westen. Tegenwoordig is het 'in-het-moment-zijn-gevoel' van de jaren zestig weer in de mode geraakt onder het etiket 'aandacht'. Een elitaire laag stedelijke hipsters, yogaleraren en lifestylecoaches is er erg gek op.

Dat is allemaal goed en wel, alleen wordt aandacht vaak verward met 'niet aan de toekomst denken'. Dat is fout. De geliefde kalenderspreuk 'Leef elke dag alsof het je laatste zou zijn' is een idiote instructie die je in een mum van tijd in het ziekenhuis, in het graf of in de gevangenis doet belanden. Het behoort zeer zeker wel tot het goede leven dat je voor de toekomst zorgt en gevaarlijke valkuilen op tijd herkent en er met een grote boog omheen gaat.

Conclusie: onze hersenen houden zich automatisch bezig met drie tijdsniveaus – het verleden, het heden en de toekomst. Het is de vraag op welke daarvan we ons concentreren. Mijn voorstel: maak zo nu en dan een plan voor de lange termijn. Als je dat hebt, concentreer je dan volledig op het hier en nu. Maximaliseer je huidige belevenissen in plaats van je toekomstige herinneringen. Geniet van de zonsondergang in plaats van hem te fotograferen. Zelfs een leven van pure, fantastische momenten zonder enige herinnering is een fantastisch leven. Stop met belevenissen te zien als stortingen op je herinneringsrekening. Op zijn laatst op je sterfbed wordt de rekening toch opgeheven.

22

# LEVENSVERHALEN ZIJN GELOGEN VERHALEN

## Waarom we met een verkeerd zelfbeeld door de wereld marcheren

Wat weet je over de Eerste Wereldoorlog? Precies: in 1914 schiet een Servische vrijheidsstrijder de troonopvolger van Oostenrijk-Hongarije dood in Sarajevo. Vervolgens verklaart Oostenrijk-Hongarije Servië de oorlog. Omdat bijna alle Europese landen in bondgenootschappen zitten, trekken ze allemaal binnen enkele dagen ten strijde. Al spoedig zit er geen beweging meer in het front omdat niemand de bondgenootschappen domineert. Het komt tot een ongekende afslachting van mensen en vernietiging van materiaal. Verdun staat symbool voor deze vernietigende loopgravenoorlog. Vier jaar later is alles, met in totaal zeventien miljoen doden, voorbij.

Zo, of zo ongeveer, heb je waarschijnlijk de Eerste Wereldoorlog in je geheugen opgeslagen. Tenzij je historicus bent. Dan weet je dat het natuurlijk niet zo was. Het oorlogsgebeuren was veel gecompliceerder en veel sterker doordrongen van toeval dan het verhaal in ons hoofd ons doet geloven. In werkelijkheid begrijpen we tegenwoordig nog steeds niet waarom de oorlog juist in Servië begon. Er waren toentertijd veel aanslagen (meer dan tegenwoordig). Voor hetzelfde geld had Duitsland Frankrijk de oorlog kunnen verklaren of omgekeerd. We weten ook niet waarom de loopgravenoorlog zo lang geduurd heeft. De talrijke innovaties van de wapentechnologie kort voor de oorlog (machinegeweer, tank, gifgas, onderzeeër en het begin van een luchtwapenmacht) zou achteraf gezien tot een veel soepeler gevechtslinie hebben moeten leiden.

Onze hersenen worden vaak vergeleken met een computer. De vergelijking gaat mank. Computers slaan ruwe data op en wel in bits, de kleinste informatie-eenheid. De hersenen slaan geen ruwe maar verwerkte gegevens op. Het favoriete formaat van de hersenen is niet de bit maar het verhaal. Waarom? Tachtig miljard hersencellen klinkt als veel, maar is lang niet genoeg om alles wat je ziet, leest, hoort, ruikt, proeft, denkt en voelt op te slaan. Daarom hebben de hersenen een trucje bedacht voor datacompressie: het verhaal.

De werkelijke wereld kent geen story's. Je kunt tien jaar lang gewapend met een loep door alle continenten van de wereld lopen en elke steen omdraaien. Je zult geen enkel verhaal vinden. Je vindt stenen, dieren, planten, paddenstoelen... met een sterke microscoop zelfs cellen, dan moleculen, dan atomen en uiteindelijk elementaire deeltjes. Maar geen verhaal. Zelfs als je er in de Eerste Wereldoorlog bij was, had je objectief geen wereldoorlog gezien, maar loopgraven vol mensen die merkwaardige stalen helmen droegen, bossen die nog slechts uit boomstronken bestonden, stalen kogels die door de lucht floten en ontelbare mensen- en paardenkadavers.

Hoe spinnen de hersenen uit feiten een herinnering? Dat doen ze door de feiten te verbinden zodat er een compact, consistent en causaal verhaal ontstaat – de drie c's. Compact betekent dat de verhalen kort en bondig zijn en er geen 'gaten' in zitten. Consistent betekent dat ze zonder tegenstrijdigheden zijn. Causaal betekent dat er een pijl is van oorzaak naar gevolg. A leidt tot B, en B leidt tot C. De ontwikkelingen hebben een betekenis.

Dat doen onze hersenen automatisch. Niet alleen met feiten zoals oorlogen, beursontwikkelingen of modestromingen, maar ook met onze eigen levensverhalen. Verhalen creëren is het voornaamste beroep van je herinnerende ik dat je uit de beide voorgaande hoofdstukken kent. Je levensverhaal houdt in wie je bent, waar je vandaan komt, waar je naartoe gaat, wat belangrijk voor je is. Het wordt ook het 'zelf' of je 'zelfbeeld' genoemd.

Je levensverhaal is compact. Als iemand je vraagt wie je bent, heb je in enkele zinnen een kort en bondig antwoord paraat. Je levensverhaal is consistent. Dingen die er niet in passen worden gemakshalve vergeten. En gaten waar je je niets meer van kunt herinneren, stop je met verbazingwekkende vindingrijkheid (waar je je niet eens van bewust bent) dicht. Je levensverhaal is causaal. Je handelingen hebben een betekenis. Voor alles wat er in je leven gebeurt vind je een reden. Compact, consistent, causaal.

Maar hoe realistisch is het levensverhaal dat je in je hoofd met je meedraagt? Ongeveer net zo realistisch als de portretten van mij die mijn driejarige zoon met krijt op de buitenmuur van ons huis krabbelt. Nu zeg je misschien: dat kan wel zijn, maar is dat een probleem? En of dat een probleem is! En wel om vier redenen.

Ten eerste: we veranderen sneller dan we denken (zie hoofdstuk 18). Dat geldt niet alleen voor onze voorliefdes (hobby's, favoriete muziek, lievelingseten), maar ook voor de schijnbaar zo onveranderlijke dingen als persoonlijkheidskenmerken en waarden. De persoon die we over twintig of veertig jaar zullen zijn en voor wiens toekomstige welbevinden we nu een opleiding volgen en ons zeventig uur per week afbeulen, kinderen opvoeden, een vakantiehuis kopen, zal gegarandeerd een andere persoon zijn dan die we ons nu voorstellen. Misschien wil die persoon geen vakantiehuis meer en kijkt hij met onbegrip terug op het hartinfarct en op de werkweken van zeventig uur in dienst van een anonieme werkgever en aandeelhouders.

Ten tweede: ons leven lijkt beter te plannen dan het in werkelijkheid is. Toeval speelt een veel grotere rol dan we willen inzien. Het idee van noodlot, vrouwe Fortuna, de godin van het fortuin – een duizenden jaren lang beproefd gedachtengereedschap – hebben we in de afgelopen honderd jaar uitgegumd. Daarom zijn we ook zo geschokt wanneer ons als vanuit het niets iets ergs overkomt. Een ongeluk, kanker, oorlog, de dood. Tot de vorige eeuw hadden we zulke catastrofes meer bereidwillig geaccepteerd. De mensen waren in gedachten op het bezoek van Fortuna voorbereid. Tegenwoordig betekent noodlot dat 'het systeem gefaald heeft'. Het hoort echter bij het goede leven dat we Fortuna weer de nodige plaats geven.

Ten derde: ons bijeengefantaseerde levensverhaal maakt het ons moeilijk de afzonderlijke feiten zuiver te beoordelen – zonder interpretatie, zonder diepere oorzaak, zonder uitvlucht. Uitvluchten zijn remblokken die ons beletten van onze fouten te leren.

Ten vierde: we zien onszelf als een betere, knappere, succesvollere en intelligentere persoon dan we zijn. Deze *self-serving bias* (*zelfdienend vooroordeel*) verleidt ons tot het aangaan van meer risico's dan we bij een realistische beschouwing zouden moeten doen. Het leidt ertoe dat we onszelf veel te belangrijk vinden.

Conclusie: we lopen rond met een verkeerd zelfbeeld. We denken dat we niet zo complex, tegenstrijdig en paradoxaal zijn als we in werkelijkheid zijn. Wees niet verbaasd als mensen je 'verkeerd' inschatten. Dat doe je zelf ook. Het meest realistische beeld van jezelf krijg je van iemand die jou al vele jaren zeer goed kent en schaamteloos eerlijk mag zijn. Van je levenspartner of een jarenlange vriend. Nog beter: houd een dagboek bij dat je af en toe terugleest en verbaas je over wat je jaren geleden geschreven hebt. Het hoort bij het goede leven dat je jezelf zo realistisch mogelijk ziet, compleet met tegenstrijdigheden, fouten en donkere facetten. Als je weet wie je bent heb je duidelijk betere kansen diegene te worden die je zou willen zijn.

100
$

23

# LIEVER EEN GOED LEVEN DAN EEN MOOIE DOOD

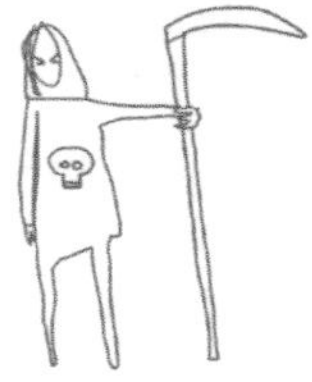

## Waarom je je niet ongerust hoeft te maken over je laatste uur

Je kent vast wel de overpeinzing: 'Als ik ooit op mijn sterfbed lig en terugkijk op mijn leven...' Een prachtige pathetische voorstelling, maar eigenlijk totale onzin. Ten eerste ligt nauwelijks iemand zo lucide op een sterfbed. De drie grote deuren naar het hiernamaals zijn hartinfarct, beroerte en kanker. In de eerste twee gevallen is er geen tijd voor filosofische beschouwingen. In de meeste gevallen van kanker wordt de patiënt volgestopt met pijnstillers en daar leidt de helderheid van gedachten onder. In gevallen die met langzame dementie of Alzheimer verbonden zijn, zal degene die daaraan lijdt op het sterfbed ook geen nieuwe inzichten vinden. En zelfs wanneer je in je 'laatste uur' de innerlijke rust zou hebben om over je leven na te denken, zou je herinneringen oproepen die, zoals we in de vorige twee hoofdstukken hebben gezien, nauwelijks de realiteit weergeven. Ons herinnerende ik produceert systematische fouten. Het is een leugenverhalenverteller.

Het loont dus niet om hypothesen over het ogenblik van je dood of je laatste uur te formuleren. Geloof me: het komt toch anders dan je denkt. En nog belangrijker: hoe je je in de laatste minuten voelt is op een heel leven bezien volledig irrelevant. Beschouwingen over het uur van de dood leveren weinig op en leiden je alleen maar af van het goede leven.

Daniel Kahneman heeft verschillende systematische fouten van herinneringen onthuld. Een ervan is het *duration neglect*: de lengte van een episode komt niet tot uitdrukking in de herinnering. Je hersenen beoordelen terugblikkend een vakantie van drie weken even goed of slecht als een vakantie van een week. Voor de totale beoordeling telt alleen het hoogtepunt en het einde van de vakantie (de zogenaamde peak-end-regel die we uit hoofdstuk 20 kennen). Een film die van het begin tot het einde alleen maar spannend is, herinneren we ons, als het einde niet bevredigend is, als een slechte film. Hetzelfde geldt voor feestjes, concerten, boeken, voordrachten, woonplaatsen en relaties.

Geldt het ook voor de beoordeling van een heel leven? Laten we dat eens nagaan. Beoordeel het leven van Anna. 'Anna was nooit getrouwd, had geen kinderen. Ze was extreem gelukkig, had plezier in haar werk, genoot van vakanties en vrije tijd en van haar vele vrienden. Op de leeftijd van dertig jaar stierf ze plotseling en pijnvrij bij een auto-ongeluk.' Beoordeel de aantrekkelijkheid van Anna's leven met een waarde van 1 (miserabel) tot 9 (uitstekend), met 5 als gemiddelde (zozo).

Beoordeel nu het leven van Berta. 'Berta was nooit getrouwd en had geen kinderen. Ze was extreem gelukkig, had plezier in haar werk, genoot van vakanties en vrije tijd en van haar vele vrienden. De laatste vijf jaar van haar leven waren niet meer zo goed als daarvoor maar toch nog aangenaam. Op de leeftijd van 35 jaar stierf ze plotseling en pijnvrij bij een auto-ongeluk.' Geef ook dit leven een cijfer tussen de 1 en 9.

Onderzoekers in de VS confronteerden studenten met soortgelijke levensverhalen. De uitkomst was dat een levensloop zoals die van Anna duidelijk beter werd ingeschaald dan het leven van Berta. Dat is niet logisch, want beide vrouwen leidden in de eerste dertig jaar een uiterst gelukkig leven. Bij Berta kwamen er nog vijf extra, weliswaar niet meer zulke goede maar over het geheel genomen toch nog aangename jaren bij. Rationeel gezien zouden we Berta's leven als het betere classificeren. Maar Anna's leven eindigde op het hoogtepunt, terwijl dat van Berta op een iets lager niveau eindigde. De peak-end-regel is dus ook hier van toepassing. Verbazingwekkend dat de extra vijf jaren aangename levenstijd niet tellen. Onderzoekers noemen deze uitkomst knipogend het *James Dean-effect*. De acteur stierf op het hoogtepunt van zijn glansrijke carrière bij een auto-ongeluk, op de prille leeftijd van 24 jaar. Zou hij nog vele jaren of decennia lang als middelmatig succesvolle en middelmatig gelukkige acteur geleefd hebben, zouden velen zijn leven als minder aantrekkelijk classificeren.

Nu vraag ik je de biografieën van Anna en Berta nog eens te beoordelen, deze keer onder de veronderstelling dat de auto-ongelukken op de leeftijd van 60 jaar (bij Anna) en 65 jaar (bij Berta) gebeuren. Al het andere blijft onveranderd. Welke ratings geef je de beide levenslopen nu? Neem een moment de tijd voor je verder leest.

Hetzelfde deden de testpersonen in het onderzoek. Ook nu kreeg het leven van Anna weer een betere beoordeling (geheel volgens de peak-end-regel). Verbluffend was echter dat de dertig extra, extreem gelukkige jaren die Anna mocht beleven nauwelijks invloed hadden op de beoordeling. Het speelt klaarblijkelijk geen rol bij de beoordeling van de aantrekkelijkheid van haar leven of Anna op haar dertigste of op haar zestigste overlijdt. Hetzelfde bij Berta. Dat is werkelijk volkomen onlogisch en een klassiek voorbeeld van *duration neglect*.

Kortom, we vinden het heel moeilijk om te beoordelen hoe prettig een levensloop is. We begaan systematisch denkfouten. In het geval van de fictieve personen Anna en Berta is dat te vergeven, maar niet wanneer het om je eigen echte leven gaat. Houd voor ogen dat je met grote waarschijnlijkheid niet zoals James Dean op het hoogtepunt van je leven zult sterven, maar na een vele jaren durende geleidelijke achteruitgang van je lichamelijke en geestelijke krachten. Afhankelijk van hoe groot je gebreken zullen zijn, zal je gemiddelde van-moment-tot-moment-happiness geringer zijn dan in de jaren zonder ongemakken. Welke conclusie kun je hieruit trekken? Voorkom dat deze gebreken de beoordeling van je gehele leven verstoren. Liever een goed leven en dan een paar moeizame uren op het sterfbed, dan een beroerd leven en een mooie dood. Ouderdom en dood zijn de prijs die we voor een goed leven moeten betalen. Net zoals de gepeperde rekening na een diner. Ik ben niet bereid dat bedrag neer te tellen voor een frikandel. Maar beslist wel voor een zesgangenmenu in een sterrenrestaurant met eersteklas wijn en voortreffelijk gezelschap.

Conclusie: de wedstrijd 'wie het langste leeft' is vulgair. Veel liever een goed leven dan een goede dood. Over het eerste zou je je ongerust moeten maken, bij het tweede zou je niet moeten stilstaan. Over de dood nadenken is hoogstens de moeite waard als je je ergste vijand dood wenst. Ja, ja, dat mag je rustig doen. Dat kan goed zijn voor je psychologische hygiëne, zoals Seneca juist opmerkte. 'Wees gerust,' zo zegt de filosoof. 'Je vijand zal sterven zonder dat je een vinger hoeft uit te steken.'

24

# DE ZELFMEDELIJDEN-MAALSTROOM

## Waarom het zinloos is in het verleden te wroeten

De clown Canino komt er net voor de voorstelling achter dat zijn mooie vrouw, die hij boven alles liefheeft, hem met iemand anders bedriegt. Nu zit hij daar, achter de circustent, vechtend tegen de tranen terwijl hij zich probeert te schminken. Binnen wacht het publiek gespannen op zijn optreden. Over een paar minuten moet hij de grappige figuur spelen, want *the show must go on*. En dan zet hij de heerlijk-treurige-mooie aria 'Vesti la giubba' ('Trek je kostuum aan') in terwijl de tranen over zijn wangen biggelen.

Zo eindigt de eerste akte van de opera *Pagliacci* van Leoncavallo uit 1892. 'Vesti la giubba' is een van de emotioneelste aria's die ooit gecomponeerd zijn en alle grote tenoren van de wereld hebben zich erin uitgeleefd – Enrico Caruso, Placido Domingo, José Carreras. Typ 'Pavarotti' en 'Vesti la giubba' op YouTube in. Het muziekstuk zal je hart breken terwijl Pavarotti als de clown Canino zwelgt in zelfmedelijden.

In de tweede en laatste akte van de opera vindt de gebruikelijke steekpartij plaats en gaan alle betrokkenen dood. Maar na het eigenlijke hoogtepunt kan dit nauwelijks nog iemand ontroeren. Sinds de allereerste opvoering is het beeld van de clown met de tranen niet meer weg te denken uit ons culturele geheugen en heeft het allang zijn weg naar de popcultuur gevonden. Bijvoorbeeld in de song 'Tears of a clown' dat geschreven is door Stevie Wonder. Dit is een van de meest verkochte singles uit de jaren zestig, hoewel het slechts een procent van de muzikale complexiteit en een half procent van de emotionele lading van de oorspronkelijke aria heeft.

Als je de scène van de aria 'Vesti la giubba' ziet, moet je haast wel een traantje wegpinken. En toch weten we dat het gedrag van Canino op de lange duur contraproductief is. Zelfmedelijden is een van de ergste reacties op tegenslagen in het leven. Zelfmedelijden verandert niets. Integendeel, zelfmedelijden is een emotionele draaikolk, een maalstroom, die je hoe langer je erin rondzwemt hoe meer naar beneden trekt. Mensen die daarin gevangenzitten raken snel paranoïde. Ze hebben dan het gevoel dat een groep mensen, de hele mensheid of zelfs het universum tegen ze samenzweert. Een vicieuze cirkel voor degene zelf maar ook voor de medemensen die vroeg of laat begrijpelijkerwijs op afstand blijven. Zodra ik de eerste tekenen van zelfmedelijden bij mezelf waarneem probeer ik me direct uit dit gevaarlijke moeras te bevrijden, volgens het motto: *If you find yourself in a hole, stop digging.* ('Als je je in een gat bevindt, stop dan met graven.')

De belegger Charlie Munger vertelt het verhaal van een vriend die altijd een stapel voorbedrukte kaartjes bij zich droeg. Als hij iemand ontmoette die ook maar het kleinste beetje zelfmedelijden vertoonde, pakte hij met een theatraal gebaar de bovenste kaart van de stapel en gaf die aan deze persoon. Op het kaartje stond gedrukt: 'Uw verhaal heeft me ten diepste ontroerd. Ik ken niemand met wie het slechter gaat dan met u.' Een grappige, verfrissende, maar ook een beetje gevoelloze manier om de ander op zijn zelfmedelijden te wijzen. Maar Munger had gelijk: zelfmedelijden is catastrofaal fout denken.

Des te verbazingwekkender is het dat zelfmedelijden in de laatste decennia een verbazingwekkende carrière heeft gemaakt, in het bijzonder in de vorm van het zogenaamde 'verwerken'. Zo is er het maatschappelijke verwerken waarbij grote groepen mensen zich het slachtoffer voelen van voorvallen van soms honderden jaren geleden. Hele afdelingen van universiteiten houden zich bezig met het blootleggen en tot in het kleinste detail analyseren van de historische wortels van deze slachtofferrollen. Dat is geheel en al gerechtvaardigd. De Afro-Amerikanen in de VS merken tegenwoordig nog de uitwerkingen van slavernij en segregatie. Over het hele Afrikaanse continent ligt nog steeds de schaduw van het kolonialisme. Hetzelfde geldt voor vrouwen, oorspronkelijke bewoners, Joden, homoseksuelen, immigranten... het is allemaal te begrijpen en gerechtvaardigd.

Niettemin is deze manier van denken onproductief, ja zelfs toxisch. Bovendien: hoeveel eeuwen moet je teruggaan om het verleden te 'verwerken'? Honderd jaar? Tweehonderd? Vijfhonderd? Vijfhonderd jaar geleden leefden er een miljoen directe voorouders van je op de aarde. Dat zijn de grootouders van je grootouders, en daar weer de grootouders van, enzovoort. Grote takken van je familiestamboom werden beslist bruut onderdrukt. Dat alles zou je kunnen verwerken, maar waarvoor? Accepteer het onrecht van het verleden en probeer daarentegen de tegenslagen van het heden ofwel te managen ofwel te verdragen. Collectief zelfmedelijden levert net zo weinig op als individueel zelfmedelijden.

Een tweede vorm van 'verwerking' is die op het persoonlijke vlak. Op de bank van een therapeut woelt de patiënt in zijn eigen jeugd en daarbij vindt hij allerlei dingen die hij liever was vergeten, maar die hij prima de actuele, misschien eveneens niet optimale situatie de schuld kan geven. Dat is in twee opzichten problematisch. Ten eerste is er een verjaringsdatum voor het beschuldigen van anderen, in het bijzonder de eigen ouders. Iemand die op zijn veertigste nog zijn ouders verantwoordelijk stelt voor zijn problemen is zo verdraaid onvolwassen dat hij deze problemen bijna heeft verdiend.

Ten tweede laten onderzoeken zien dat zelfs zware beproevingen in de kinderjaren (dood van ouders, scheiding, verwaarlozing, seksueel misbruik) nauwelijks correleren met het succes of de tevredenheid op volwassen leeftijd. De voormalige directeur van de American Psychological Association, Martin Seligman, heeft honderden onderzoeken hierover geanalyseerd. Hij komt tot de volgende conclusie: 'Het is moeilijk ook maar piepkleine effecten van het gebeuren in de kinderjaren op de volwassen persoonlijkheid te vinden en er is geen aanwijzing voor grote beslissende invloeden.' Veel invloedrijker dan onze geschiedenis zijn onze genen, en hun verdeling is puur toeval. Natuurlijk, je kunt je genen de schuld geven voor je situatie en klagen over de eicellenloterij (hoofdstuk 7), maar wat win je daarmee?

Conclusie: het behoort tot de regels van de mentale hygiëne dat je je niet wentelt in het moeras van zelfmedelijden. Accepteer het feit dat het leven niet perfect is. Dat van jou niet en dat van anderen ook niet. De Romeinse filosoof Seneca zegt:

'Het noodlot zal je dingen naar het hoofd slingeren. Het leven is niet voor slappelingen.' Wat voor zin heeft het om ongelukkig te zijn omdat je eens ongelukkig was? Als je iets tegen de tegenslagen van je huidige leven kunt doen, doe het dan. Als je er niets tegen kunt doen, verdraag de situatie. Jammeren is tijdsverspilling. En zelfmedelijden is dubbel contraproductief. Ten eerste draag je gedurende deze tijd niet bij aan het overwinnen van je ongeluk en ten tweede voeg je aan de eigenlijke tegenspoed nog de tegenspoed van je eigen kwelling toe.

25

# HEDONISME EN EUDEMONISME

## Hoe je zin door zingeving kunt compenseren en omgekeerd

Hoeveel kun jij genieten van de volgende activiteiten? Geef een cijfer tussen de 0 (geen genot, je hebt er helemaal geen zin in) en 10 (hoogste genot, je kunt je niets mooiers voorstellen). Je lievelingschocolade, in de oorlog vechten voor je vaderland, je volledig aan je hobby wijden, je kinderen opvoeden, ziekenhuizen in Afrika oprichten, de opwarming van de aarde stoppen, seks, het wereldkampioenschap voetbal kijken, een oude dame helpen bij het oversteken, een wellnessvakantie op een Caraïbisch eiland. Neem een paar seconden de tijd.

De meeste mensen geven seks, chocolade, televisiekijken en een wellnessvakantie een 9 of 10 terwijl het opvoeden van de kinderen een 2 of 3 krijgt.

Aansluitende vraag: hoe zinvol zijn de bovengenoemde activiteiten volgens jou? Geef weer cijfers tussen de 0 (compleet zinloos) en 10 (uiterst zinvol). Neem opnieuw een ogenblik de tijd.

Bij de meeste mensen ziet de volgorde er nu heel anders uit.

Kinderen opvoeden wordt duidelijk hoger gewaardeerd dan een wellnessvakantie. Een oude dame helpen bij het oversteken lijkt zinvoller dan het eten van chocolade.

Hmm. Wat telt nu werkelijk? Waarop zouden we ons moeten concentreren? Welke activiteiten passen bij een goed leven? De 'genotvolle' of de 'zinvolle'?

Al in de vijfde eeuw voor Christus namen Griekse denkers daar een standpunt over in. Een minderheid van de filosofen, de zogenaamde hedonisten, verdedigde de mening dat een goed leven bestond uit het consumeren van zo veel mogelijk directe geneugten. Het woord hedonistisch stamt af van het Oud-Griekse woord *hedoné*, dat vreugde, plezier, lust, genot, zinnelijke begeerte betekent. Waarom zou je een oude dame helpen oversteken als je net op je mobieltje een grappig filmpje op YouTube kunt kijken?

De meeste filosofen vertegenwoordigden het standpunt dat directe geneugten lager, decadenter, dierlijker zijn. Voor een goed leven waren volgens hen vooral de zogenaamde hogere vreugden van belang. Het streven naar deze hogere vreugden noemden ze eudemonisme. Zodra deze holle frase geschapen was, begon het gebakkelei over hoe je dit het beste kon vervullen. Alleen een rechtschapen leven was een goed leven. Dus ziekenhuizen in Afrika in plaats van het wereldkampioenschap voetbal. Vele deugden golden als bijzonder gelukkigmakend. Plato en Aristoteles meenden dat de mens zo moedig, dapper, rechtvaardig en wijs mogelijk moest zijn. Daarmee bedachten ze nog vier loze kreten die de katholieke kerk een paar eeuwen later dankbaar overnam en in de versie 2.0 vastlegde als zogenaamde kardinale deugden: vroomheid, dapperheid, gerechtigheid en verstandigheid. Als je deze logica consequent volgt, kom je tot absurde gevolgtrekkingen.

Bijvoorbeeld dat 'de nazi-oorlogsmisdadiger die op het Argentijnse strand in de zon ligt niet werkelijk gelukkig is, terwijl de vrome missionaris die levend door kannibalen opgegeten wordt, gelukkiger is', zoals Harvard-psycholoog Dan Gilbert laconiek opmerkt.

Een tamelijke warboel dus. Psycholoog Paul Dolan van de London School of Economics heeft dit geprobeerd te ontwarren. Zoals elke toon twee vormen heeft – toonhoogte en geluidssterkte –, zo heeft elk beleefd ogenblik twee componenten. Een lustcomponent (of hedonistisch component) en een zincomponent. De hedonistische componenten zijn alle directe geneugten. Met de zincomponent wordt ons gevoel van zinvolheid van een ogenblik bedoeld. De consumptie van chocolade bijvoorbeeld heeft voor de meeste mensen een hoge hedonistische component maar een geringe zincomponent. Een oude vrouw de straat helpen oversteken heeft juist een geringe lust- maar een hoge zincomponent.

Doordat Paul Dolan 'zinvolheid' niet nader definieert, kan hij het 2500 jaar oude kaartenhuis der deugden achter hem in elkaar laten storten. Naar het motto *I know it when I see it* ('Ik weet het als ik het zie'), weet iedereen direct hoe zinvol of zinloos een beleefd ogenblik is. Op dit moment lees je deze alinea. De lustcomponent is waarschijnlijk geringer dan die van het nemen van een slok Château Pétrus. In plaats daarvan is de zincomponent hopelijk hoger. Nog extremer vergaat het mij als auteur. Het schrijven van dit hoofdstuk is waarlijk geen genot. Ik bijt me er de tanden op stuk, maar ik ervaar de poging deze gedachten begrijpelijk op papier te krijgen als uiterst zinvol. Zinvolheid en genot zijn beide pijlers van geluk. 'Een moedige en originele zienswijze,' zoals Nobelprijswinnaar Daniel Kahneman zegt.

Elk jaar produceert Hollywood vier- tot vijfhonderd films. Een miljoenenbusiness. Het is dus geen wonder dat onderzoekers proberen te achterhalen waarom mensen naar de bioscoop gaan om zo het recept voor een gegarandeerd kassucces te formuleren. Lange tijd heerste de zogenaamde hedonistische filmtheorie: geef de toeschouwers net genoeg spanning – niet te saai en niet te belastend –, om ze uit hun banale realiteit te ontvoeren. Lever knappe acteurs en onderhoudende verhalen met een happy end. Maar steeds weer zijn er kassuccessen die dit recept voor succes niet volgen, die dus hedonistisch niet te verklaren zijn. Bijvoorbeeld *La vita è bella, Schindler's List* en *A Beautiful Mind*. Pas recentelijk heeft filmonderzoek bevestigd wat goede regisseurs en auteurs sinds jaar en dag wisten, namelijk dat je nu eenmaal naast het pure genot ook de component van zinvolheid hebt. Ook een treurige, ja zelfs een gebrekkig gedraaide lowbudgetfilm kan een goede film zijn. Als er genoeg 'zin' in zit.

Zinvolheid speelt ook op de arbeidsmarkt een rol. Vooral jonge werknemers zijn bereid een deel van hun op de markt gebruikelijke salaris op te geven als ze mogen meewerken aan 'zinvolle' projecten. Dat is goed voor idealistische start-ups en slecht voor grote concerns. Deze laatste moeten hun tekort aan zinvolheid compenseren via een hogere hedonistische component (met andere woorden: geld). En natuurlijk kennen kunstenaars deze wisselwerking van oudsher. In artistieke schoonheid sterven of je voor goed geld aan een massapubliek verkopen.

Ik raad je aan om aan te sturen op een goed tegen elkaar afgewogen mengeling tussen lust en zinvolheid. Vermijd extremen. Waarom? Hoe verder je je beweegt in het extreme, hoe meer grensnut afneemt. Chocolade, televisie en seks leveren na de tweede kilo chocolade, het 24e uur stompzinnig voor de buis zitten en het vijfde orgasme weinig op. Net zomin maakt het gelukkig als je je dag en nacht inzet voor het redden van de wereld en je jezelf daarbij alle lust ontzegt. Het is het beste als je afwisselt tussen zinvolheid en genot. Heb je een stukje van de wereld gered, gun jezelf dan eerst maar eens een biertje.

26

# DE CIRKEL VAN WAARDIGHEID – DEEL 1

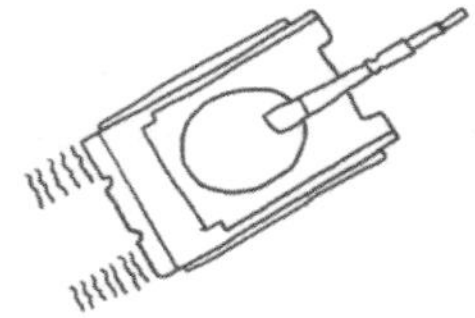

## Maar zo niet

In 1939, kort nadat Duitsland Polen was binnengevallen en zo de Tweede Wereldoorlog veroorzaakte, begon Engeland soldaten over het Nauw van Calais te sturen. Ze moesten Frankrijk in een snelle strijd tegen de Duitsers ondersteunen. Een jaar later, in mei 1940, waren er driehonderdduizend Britse troepen gestationeerd in en rond Duinkerken, een havenstad in het noorden van Frankrijk. In dezelfde maand overviel het Duitse leger België en Nederland en marcheerde het Frankrijk binnen. Enkele dagen later waren de Engelse soldaten omsingeld. Het was slechts een kwestie van tijd tot de Duitsers ze zouden afslachten. De situatie was uitzichtloos. Een Britse officier telegrafeerde drie woorden naar Londen: *But if not* ('Maar zo niet.') Hoe zou jij deze drie woorden interpreteren?

Een Bijbelkenner – en toentertijd was het kennen van de Bijbel een vanzelfsprekendheid – herkent meteen wat deze woorden betekenen. Je vindt ze in het Oude Testament (Daniel 3:15). Daar verlangt de Babylonische koning Nebukadnessar van drie vrome Joden: 'Ofwel jullie aanbidden het gouden beeld van mijn God of ik gooi jullie in de gloeiende oven.' De koning gaf de drie mannen de tijd om erover na te denken. Ze antwoordden: 'O Nebukadnessar, daar hoeven we heel niet over na te denken. Onze God zal ons uit de gloeiende oven bevrijden en van jou redden. Maar zo niet, zullen we nooit en te nimmer jouw God dienen of het gouden beeld aanbidden.'

Het radiotelegrafische bericht dat Londen in mei 1940 ontving, betekende: de situatie hier in Duinkerken voorspelt weinig goeds. We zijn omsingeld. We hebben een wonder nodig om ons hieruit te halen, maar we zijn vastbesloten ons niet over te geven, ongeacht wat er op ons afkomt. Dat alles zat in de drie woorden 'Maar zo niet'. Kortom, het was een uitdrukking van totale commitment. Slechts enkele dagen daarna evacueerden de Engelsen 338.000 Engelse en Franse troepen in een chaotische actie waarbij achthonderd torpedobootjagers, vissersboten, handelsschepen, recreatiebootjes en Theemsveerboten werden ingezet. Ook tegenwoordig nog spreekt men van het 'wonder van Duinkerken'.

Omdat de meeste mensen de Bijbel niet meer goed kennen, begrijpt nauwelijks nog iemand de betekenis van 'maar zo niet'. In plaats daarvan zeg je nu *over my dead body* (over mijn lijk) en bedoel je hetzelfde. Deze houding definieert sindsdien in mijn leven een scherp afgebakend gebied, dat bijna alles omvat waarover niet te onderhandelen valt. Het bestaat uit voorkeuren en principes die geen uitleg behoeven. Ik doe bijvoorbeeld niets voor geld wat ik ook niet voor een tiende van het bedrag zou doen. Dat betekent dat geld nooit de beslissende factor voor me mag zijn. Ik zou nooit foto's van mijn kinderen op internet zetten. Ik zou nooit iets negatiefs over mijn familie of vrienden zeggen, zelfs niet als er een reden voor zou zijn. Wat nog nooit is voorgekomen. In analogie met met de *circle of competence* (competentiecirkel) noem ik hem de *circle of dignity* (cirkel van waardigheid). Het idee sluit aan bij hoofdstuk 3, waarin we de gelofte hebben leren kennen. De circle of dignity vat je afzonderlijke geloften samen en beschermt ze tegen drie soorten aanvallen: a) betere argumenten, b) gevaar voor je leven en c) een pact met de duivel. Daarmee zijn we bij het eerste deel van de trilogie over de circle of dignity: het gevaar van betere argumenten. In de volgende hoofdstukken gaan we nader in op het tweede en derde gevaar.

Net als bij de circle of competence is het bij de circle of dignity niet zo belangrijk hoe groot je cirkel is. Maar het is wel belangrijk dat je precies weet waar de grenzen liggen. Je houden aan een cirkel van waardigheid komt niet overeen met een rationalistische geest. Een dergelijke cirkel druist in tegen alles waar ik voor sta: helder denken, rationaliteit en de overwinning van het 'betere argument'. Mag dat? Is vooruitgang niet gebaseerd op het permanent alles in twijfel trekken? Het antwoord luidt: ja, maar. Een kleine, onaantastbare, duidelijk afgepaste cirkel van waardigheid is een absolute voorwaarde voor een goed leven. Het is zelfs dringend noodzakelijk dat de dingen binnen de cirkel niet rationeel te beredeneren zijn. Als dat zo was, zou er nooit rust zijn. Dan zou je leven geen fundament hebben. En dan zou je er elk moment rekening mee moeten houden dat er nog betere argumenten zijn, die je principes en overtuigingen overhoop gooien.

Hoe kom je aan je cirkel van waardigheid? Niet door nadenken. Het is meer zo dat hij zich in de loop van de tijd uitkristalliseert. Bij de meeste mensen gebeurt dit ergens in het midden van hun leven. Het is een belangrijke stap in de persoonlijke volwassenheid. Tot dat moment moet je het een en ander meegemaakt hebben. Foute beslissingen, teleurstellingen, mislukkingen, crisissen. En je moet bewust genoeg zijn om te zien voor welke principes je staat en welke je bereid bent op te geven. Bij sommige mensen ontwikkelt zich nooit een cirkel van waardigheid. Bij zulke mensen ontbreekt een fundament. Zo blijven ze altijd kwetsbaar voor slimme argumenten van buitenaf.

Hou je cirkel van waardigheid klein. Een kleine cirkel is sterker dan een grote en wel om twee redenen. Ten eerste: hoe meer je in je cirkel stopt, hoe eerder dingen met elkaar in conflict komen. Je kunt niet voldoen aan een dozijn prioriteiten. Ten tweede: hoe minder je in een cirkel stopt, hoe serieuzer je kunt instaan voor je overtuigingen, hoe beter je ze kunt beschermen. 'Commitments zijn zo heilig dat ze zeldzaam moeten zijn,' waarschuwt Warren Buffett. Dat geldt niet alleen voor beloftes aan anderen, maar ook voor beloftes aan jezelf. Wees dus extreem selectief in de keuze van je *non-negotiables*, je principes die niet onderhandelbaar zijn. Tot zover is alles duidelijk. Je moet alleen op één ding voorbereid zijn. Als je voor je overtuigingen opkomt, zul je een paar mensen teleurstellen. Vooral mensen die je lief zijn. Je zult mensen kwetsen. Je zult mensen voor het hoofd stoten. Als reactie hierop zullen zij jou teleurstellen, kwetsen en beledigen. Je moet bereid zijn al deze emoties te verdragen. Dat is de prijs die je moet betalen voor je cirkel van waardigheid. Alleen marionetten hebben een conflictvrij leven. De circle of competence, dat zijn tienduizend uren. De circle of dignity, dat zijn tienduizend wonden.

Loont deze prijs zich? De vraag is verkeerd gesteld. Wat

onbetaalbaar is, heeft per definitie geen prijs. 'Een mens die niet bereid is ergens voor te sterven, is niet rijp voor het leven,' zei Martin Luther King. Zeer zeker niet voor het goede leven.

27

# DE CIRKEL VAN WAARDIGHEID – DEEL 2

## Wie uiterlijk kapotgaat

Op 9 september 1965 steeg de jonge Amerikaanse marinepiloot James Stockdale op in zijn gevechtsvliegtuig vanaf het vliegdekschip de USS Oriskany in de richting van Noord-Vietnam. Nadat hij succesvol een routine-aanval op de stellingen van de communistische troepen had uitgevoerd, belandde hij onverwacht in het vuur van het luchtafweergeschut. De schietstoel katapulteerde hem uit het vliegtuig. 'Ik zat op ongeveer driehonderd meter hoogte en had twintig seconden in de parachute. Ik keek naar beneden en zag dat ik in de hoofdstraat van een klein dorp zou landen. Soldaten schoten op me en mensen hieven hun vuisten naar me op.' Prompt werd Stockdale gevangengenomen en in de beruchte Hanoi-Hilton-gevangenis gezet, waar al andere Amerikaanse krijgsgevangenen zaten. Hij werd verhoord. Hij werd geslagen. Hij werd gefolterd. Zevenenhalf jaar bracht Stockdale door in gevangenschap, waarvan vier in eenzame opsluiting, tot het einde van de Vietnamoorlog. Stockdale had de mishandelingen kunnen ontlopen als hij tot op zekere hoogte vriendschap had gesloten met zijn folteraars. Af en toe een anti-Amerikaans statement en ze hadden hem als een gewone gevangene behandeld, zonder marteling. Maar hij peinsde er niet over. Hij leverde zichzelf bewust aan de folteraars uit. Zoals hij later vertelde was dit de enige mogelijkheid voor hem om zijn zelfrespect te bewaren. Hij deed het niet uit liefde voor zijn vaderland. Het ging hem ook niet om de oorlog, want daar geloofde hij al lang niet meer in. Het ging hem er enkel en alleen om dat hij er innerlijk niet aan kapotging. Hij deed het alleen voor zichzelf.

Een keer waren ze van plan hem naar een andere gevangenis te verplaatsen. Een korte mars door de stad om aan de internationale media een schone, goed doorvoede Stockdale te showen. Voordat ze de gevangenis verlieten, pakte Stockdale echter een stoel en sloeg hij daarmee op zijn eigen gezicht tot het bloed over zijn lichaam stroomde en zijn ogen dik opgezwollen waren. Zo konden ze hem natuurlijk niet aan de internationale gemeenschap presenteren. 'Ik ging liggen en huilde die nacht. Ik was zo gelukkig dat ik de kracht had hun weerstand te bieden.'

Van buitenaf gezien klinkt dat krankzinnig. Het zou in Stockdales geval immers verstandig zijn geweest zich aan de richtlijnen van zijn folteraars te houden. Doe wat er van je verlangd wordt. *Go with the flow*. Val niet op. Trek de Amerikaanse invasie in twijfel. Na je vrijlating had je geloofwaardig kunnen aanvoeren dat ze je anders doodgefolterd hadden. Iedereen had je handelswijze begrepen. Niemand had je iets verweten. Maar had Stockdale dan de kracht gehad om het zevenenhalf jaar lang vol te houden? En zo ja, zou hij dan ook terugkijken op zijn tijd in gevangenschap als *priceless beyond measure* (oneindig waardevol)?

Als je naar buiten toe niet vertegenwoordigt waar je innerlijk van overtuigd bent, word je langzamerhand een marionet. Anderen zullen je voor hun doelen gebruiken. Vroeg of laat verlies je jezelf. Je vecht niet meer. Je komt de inspanningen niet meer te boven. Je wilskracht verdwijnt. Wie uiterlijk kapotgaat, gaat vroeg of laat ook innerlijk kapot.

Er is een heel genre aan gevangenenliteratuur. Van *De Goelag Archipel* van Solzjenitsyn, *De dodenzang* van Elie Wiesel en *Is dit een mens?* van Primo Levi tot *De zin van het bestaan* van Victor Frankl. Ze worden vaak verkeerd gelezen. Mensen zoeken in de teksten naar overlevingstips voor afgrijselijke situaties, terwijl het in werkelijkheid meestal toeval is dat de schrijver het heeft overleefd. In Auschwitz was er geen overlevingsstrategie. Wie er tegen het einde van de oorlog naartoe gebracht werd had een grotere kans bevrijd te worden dan iemand die er al in 1942 belandde. Zo eenvoudig is dat. Daarbij komt nog het feit dat alleen de overlevenden krijgsgevangenenliteratuur konden schrijven. Doden schrijven geen boeken. Stockdale had geluk dat hij niet door een kogel getroffen werd toen hij aan zijn parachute in het vijandige dorp naar beneden schommelde. Maar toch!

Maar toch kun je uit al deze literatuur een grondbeginsel halen: wie zich vermant om nog een dag te doorstaan, en nog een en nog een, verhoogt zijn overlevingskansen stap voor stap. Want eens werd Auschwitz bevrijd. Eens houdt elke krijgsgevangenschap op. Je moet, als het enigszins gaat, het gewoon volhouden. Dat lukt wederom alleen degene die noch innerlijk noch uiterlijk kapotgaat, die niet opgeeft, die zijn wil niet verliest – ongeacht hoe klein de vrijheid tot handelen op dat moment is.

Dit alles is, zoals gezegd, alleen te begrijpen in het kader van toeval. Voor normale mensen zijn de beschrijvingen van extreme situaties ook relevant. We worden gelukkig niet gefolterd, hoeven geen eenzame opsluiting te doorstaan of het zien vol te houden in het eeuwige ijs. Maar we leiden wel dagelijks onder aanvallen op onze wil, onze principes, onze voorkeuren, kortom: op onze circle of dignity. Deze aanvallen zijn niet zo extreem als folteringen, maar juist zo subtiel dat we ze vaak niet eens doorhebben. Reclame, sociale druk, van alle kanten ongevraagde adviezen, lichte propaganda, modestromingen, mediahypes en wetten. Het is alsof er elke dag talloze pijlen in de richting van je circle of dignity worden afgeschoten. Spitse, in gif gedoopte pijlen. Geen enkele ervan is dodelijk, maar elke afzonderlijke pijl is scherp genoeg om je zelfrespect te kwetsen en je emotionele immuunsysteem te verzwakken.

Waarom schiet de maatschappij met pijlen op je? Omdat de maatschappij andere belangen heeft dan jij. Het gaat de maatschappij om de samenhang en niet om de persoonlijke interesses van elk afzonderlijk lid. Het individu kan gemist worden. Hij wordt snel als een gevaar voor het geheel gezien, vooral als hij zich afwijkende principes permitteert. De maatschappij laat alleen diegenen met rust die zich conform gedragen. Daarom moet je je tegen deze pijlen wapenen en je cirkel van waardigheid versterken. De cirkel van waardigheid, de verdedigingswal, die je geloftes omringt, bewijst zich pas als hij in de strijd onder vuur komt te liggen. Je kunt zo veel hoge idealen hebben als je wilt, verheven principes opstellen en hoogsteigen voorkeuren nastreven. Pas als je ze moet verdedigen zul je, in Stockdales woorden, 'huilen van gelukzaligheid'.

De gemeenste aanvallen, dat weet je uit ervaring, zijn vaak niet lichamelijk, maar verbaal. Daarvoor een afweertechniek.

Als je bijvoorbeeld in een vergadering met hatelijke woorden wordt aangevallen, vraag je aanvaller dan of hij zijn uitingen woord voor woord herhaalt. Je zult zien: meestal geeft de aanvaller op. De Servische president Aleksandar Vučić vroeg een journalist die hem op zijn website gemeen beledigd had of hij deze nare uitspraken zelf tijdens het interview hardop wilde voorlezen. De journalist brak het interview beschaamd af.

Meestal gaat het bij de cirkel van waardigheid niet om leven en dood, maar om het strijden. Het gaat erom dat je de bovenhand houdt. Maak het je aanvallers zo moeilijk mogelijk. Houd als het om dingen gaat die je heilig zijn, de teugels zo lang mogelijk in handen. Als je moet opgeven, doe dat dan op een manier waardoor je tegenstander een zo hoog mogelijke prijs voor je capitulatie moet betalen. In deze overtuiging schuilt een enorme kracht. En die kracht is de sleutel tot een goed leven.

28

# DE CIRKEL VAN WAARDIGHEID – DEEL 3

## Pact met de duivel

De Alpen. Een reusachtige hindernis midden in Europa. Sinds jaar en dag blokkeren deze bergen het transport van mensen en goederen tussen noord en zuid. Steeds weer hebben waaghalzen geprobeerd om dwars door het gebergte wegen te ontsluiten. De veelbelovendste pas was de Gotthard. Hij ligt in het midden van de Alpenketen tussen de Zwitserse kantons Uri en Tessin. Het grootste probleem van deze route was niet de pas zelf, maar de natuurlijke, diepe Schöllenenkloof die vanuit het noorden naar de pas voert. Hoe kon deze reusachtige kloof overwonnen worden? Het antwoord was de bouw van de zogenaamde duivelsbrug in de dertiende eeuw.

De inwoners van Uri slaagden er telkens niet in een brug te bouwen. Uiteindelijk riep het hoofd van het kanton vertwijfeld uit: *Do sell der Tyfel e Brigg bue!* (Dialect voor 'Mag de duivel een brug bouwen!') Nauwelijks had hij deze woorden uitgesproken of daar stond de duivel in hoogsteigen persoon voor de inwoners van Uri. Hij stelde een pact voor. Hij wilde de brug graag bouwen, maar als tegenprestatie verlangde hij de ziel van degene die als eerste de brug overstak. De slimme inwoners van Uri gingen ermee akkoord maar bedachten in het geheim een list. Nadat de duivel de brug gebouwd had, stuurden ze een geitenbok de brug over. De duivel, geheel naar zijn aard des duivels, pakte een huizenhoge steen en wilde daarmee de brug vernielen. Precies op dat moment kwam er een vrome vrouw die een kruis in de steen kraste. Verward over dit symbool van God liet de duivel de steen vallen. Het brokstuk donderde de Schöllenenkloof in, miste op een haar na de nieuwe brug en bleef pas onder aan het dorp Göschenen liggen. Daar kun je hem tegenwoordig nog zien liggen. Hij wordt sindsdien de 'duivelssteen' genoemd.

De inwoners van Uri hadden hun ziel verkocht en kwamen er redelijk goed vanaf, met een verkeerstechnisch revolutionaire brug. Soortgelijke sagen tref je in alle culturen aan. De meeste lopen echter minder goed af. In de roman van Oscar Wilde, *Het portret van Dorian Gray*, verkoopt de held zijn ziel aan de duivel zodat zijn lichaam eeuwig jong en mooi blijft. Ondertussen veroudert een portret van hem. Gray wordt een losbandige zondaar en zijn portret verandert in een afgrijselijk gezicht. Hij kan het niet meer uitstaan, vernielt het en doodt daarmee zichzelf. Nog beroemder is het pact met de duivel waarmee de alchemist Johann Georg Faust volgens de legende de geschiedenis in ging. Hij verkocht zijn ziel zodat hij alwetend werd en zich kon overgeven aan alle mogelijke en onmogelijke lusten. Goethe heeft hem een plaats in de lijst van klassiekers bezorgd.

Wat betekent dat, je ziel verkopen? Blijkbaar zijn er in elke tijd en cultuur bepaalde dingen die voor economische transacties taboe zijn. Waarmee geen deals gesloten mogen worden, geen handel gedreven mag worden. Deze dingen zijn heilig. Ze hebben geen prijs.

Nu is er voor een econoom niets wat geen prijs heeft. Heilige dingen worden 'zwaar overgewaardeerd', zou hij zeggen. Als je maar genoeg geld biedt, dan wordt je tegenstander zwak. Dat maakt verhalen als *Der Besuch der alten Dame* van Friedrich Dürrenmatt zo opzienbarend. Claire Zachanassian biedt een miljard voor de dood van een voormalige geliefde en krijgt wat ze wil.

Stel jezelf de volgende vraag: zijn er dingen heilig in je leven, dingen die je onder geen enkele omstandigheid zou verkopen, niet eens voor een miljard? Neem een ogenblik de tijd en schrijf ze in de kantlijn van dit boek op.

Wat staat er op je lijstje? Natuurlijk je leven, dat van je familieleden, je vrienden, misschien elk mensenleven. Hoe staat het met je gezondheid? Zou je bereid zijn aan een ziekte te lijden, laten we zeggen leukemie of een depressie, als je er een miljard voor zou krijgen? Hoe zit het met je meningen? Hebben die een prijs? Bepaalde politici verkopen hun stem aan bedrijven met het grootste budget. Zou je dat ook overwegen? Zou je het in overweging nemen als je op de rand van het bestaansminimum leeft? Hoe staat het met je doel? Met je beleefdheid? Je principes? Zijn er die je niet overboord zou gooien, zelfs niet voor miljarden?

Enkele van die beslissingen zijn misschien zwart-wit, andere niet. Het punt is dat, zoals we elders hebben gezien, een kleine maar duidelijk gedefinieerde circle of dignity tot een goed leven behoort. Daarmee zijn we bij het laatste deel van de trilogie over deze cirkel aangekomen. We moeten deze cirkel beschermen tegen drie soorten aanvallen: a) tegen het betere argument, b) tegen het gevaar voor je fysieke leven en c) tegen de 'deal'. Precies om het laatste gaat het hier. Wie zijn cirkel van waardigheid niet duidelijk genoeg afbakent, zal bij elk aantrekkelijk aanbod, elke deal, opnieuw moeten nadenken. Dat is niet alleen een grote tijdverspilling. Het tast ook je zelfrespect aan en je reputatie. En dat maakt je gevoeliger voor toekomstige aanbiedingen. Een echte vicieuze cirkel dus. Het zal je in je leven zeker niet ontbreken aan aanbiedingen. In zijn boek *Niet alles is te koop* laat Harvard-professor Michael Sandel zien hoe de 'deal' in de laatste vijftig jaar steeds meer levensgebieden heeft geïnfiltreerd. Dingen die vroeger niet onderhandelbaar waren zijn tegenwoordig zaken waarover wel onderhandeld wordt. Een vrouw laat voor tienduizend dollar de naam van een bedrijf op haar voorhoofd tatoeëren zodat ze de school van haar zoon kan betalen. Dat is weliswaar een vrijwillige transactie, maar het stipt iets aan wat vroeger heilig was, namelijk het menselijk lichaam dat niet tot reclamegebied gedegradeerd zou moeten worden. Banken investeren in de levensverwachting van gepensioneerden. Hoe vroeger deze mensen overlijden, hoe meer banken verdienen. Honderden voorbeelden laten zien dat de geldeconomie haar aanvallen op voormalige 'heilige' gebieden uitbreidt. Je kunt niet verwachten dat de wetgever deze duivelsrit van economische logica stopt. Het is aan jou om deze aanvallen op je eigen circle of dignity af te weren.

Conclusie: definieer je circle of dignity duidelijk. Laat je niet besmetten als het economische virus je waarde-immuunsysteem probeert binnen te dringen. De dingen binnen je circle of dignity zijn te allen tijde niet onderhandelbaar, ongeacht hoeveel geld je ervoor geboden wordt. Al het andere zou een pact met de duivel zijn en daar kom je zelden zonder kleerscheuren van af, zoals de inwoners van Uri met hun duivelsbrug.

29

## HET ZORGENBOEK

### Hoe je de luidsprekers in je hoofd uitschakelt

Stel dat je God bent en een nieuwe diersoort mag scheppen. Voor de hardware heb je al een beslissing genomen. Het nieuwe dier moet er net zo uitzien als een chimpansee. Nu gaat het nog om de software. Hoe sterk, snel en gevoelig moet het dier op gevaren reageren, vooral op onduidelijke gevaren die hij slechts vermoedt?

Als je de 'gevarensensor' van je creatie te laag instelt zal de diersoort spoedig van de klippen vallen of door natuurlijke vijanden worden opgepeuzeld. In een mum van tijd zou het dier weer uitgestorven zijn. Stel je daarentegen de gevarensensor te hoog in, zal je nieuwe diersoort zich uit pure angst nauwelijks van zijn plaats begeven. Het dier zal verhongeren voordat het de kans heeft zich voort te planten. Ook nu zou het binnen de kortste keren zijn uitgestorven.

Je hebt dus een juiste mate aan bezorgdheid nodig – de juiste instelling van de 'zorgendetector'. Maar wat is 'juist'? Ligt de hoeveelheid precies in het midden tussen dodelijke extremen?

Nee. Je programmeert de software van je diersoort zodanig dat het dier liever iets te voorzichtig is. Liever dat het een keer te veel wegrent voor een bewegende schaduw dan een keer te weinig. Je zult je diersoort dus met een aanzienlijke mate van bevreesdheid, bezorgdheid en angst uitrusten. Maar ook weer niet met zo veel dat het dier niet meer op zoek gaat naar eten.

Dat is precies wat de evolutie met alle diersoorten heeft gedaan. Ook met ons. Daarom worden we van 's morgens vroeg tot 's avonds laat geplaagd door een zorgelijk gevoel. Deze innerlijke onrust is een heel normaal software-onderdeel van onze hersenen. Het is biologisch stevig verankerd en daarom kun je het nauwelijks uitschakelen. Zonder de last van bezorgdheid zouden noch jij, noch ik, noch iemand anders hier zijn. Onze constante bezorgdheid heeft zich gedurende de laatste miljoenen jaren bewezen als perfecte overlevingsstrategie. Wees daar blij om! Maar er schuilt een addertje onder het gras. Tegenwoordig staat je angstigheid niet meer in verhouding tot de werkelijke levensgevaren. Je leeft niet meer op de savanne waar bij elke drinkplaats een sabeltandtijger op de loer ligt. Kortom, negentig procent van je zorgen zijn overbodig. Ofwel omdat de rondtollende problemen in je hoofd niet echt gevaarlijk zijn, ofwel omdat je er toch niets aan kunt veranderen. Je midden in de nacht zorgen maken over de opwarming van de aarde, de stemming op de beurzen of het hemelrijk brengt je niets. Het houdt je alleen uit je slaap.

Onze voortdurende angst leidt tot chronische stress, die ons wederom jaren van ons leven kost. Een indrukwekkend voorbeeld uit het dierenrijk illustreert het probleem. Mussen hebben een hele hoop natuurlijke vijanden: wasberen, uilen, valken. Canadese onderzoekers hebben netten over een heel stuk bos gespannen en zo de natuurlijke vijanden van de mussen buitengesloten. Nog nooit hadden de mussen zich zo veilig gevoeld. Vervolgens plaatsten de onderzoekers luidsprekers in het bos. In een deel van het bos waren geluiden van natuurlijke vijanden te horen, in het andere deel van het bos niet-bedreigende natuurlijke geluiden. De mussen die de 'slechte' geluiden te horen kregen, legden veertig procent minder eieren. De eieren waren kleiner. Er werden minder eieren uitgebroed. Veel van de uit het ei gekropen vogeltjes verhongerden omdat de ouders uit angst te weinig voedsel aansleepten. En de beestjes die overleefden waren zwakker. Het experiment toonde op indrukwekkende wijze aan dat je niet eens een echte bedreiging nodig hebt. Angst alleen al kan een heel ecosysteem beïnvloeden.

Wat voor mussen geldt, geldt ook voor ons mensen. Erger nog: we zijn niet alleen bang voor vijanden, maar piekeren over allerlei dingen. Piekeren is bovendien een geliefde afleidingsstrategie. Je houdt je bezig met abstracte vragen zodat je je niet met het werkelijke probleem hoeft bezig te houden. Piekeren uit gemakzucht. De chronische angst die daar het gevolg van is, leidt tot verkeerde beslissingen en kan ziek maken, zelfs als er objectief gezien geen gevaar dreigt.

Op dit punt zou het mooi zijn als ik je de schakelaar kon laten zien zodat je de luidspreker in je hoofd eenvoudigweg zou kunnen uitschakelen. Maar die is er jammer genoeg niet.

De Griekse en Romeinse filosofen die men omschrijft als stoïcijnen, raadden de volgende truc aan waarmee je zorgen kunt wegvagen: ontdek wat je kunt beïnvloeden en wat niet. Pak aan wat je kunt beïnvloeden. Denk niet na over de dingen waar je geen invloed op hebt. De Amerikaanse theoloog Reinhold Niebuhr formuleerde het tweeduizend jaar later als volgt: 'God geeft me de kalmte om te aanvaarden wat ik niet kan veranderen, de moed om te veranderen wat ik kan veranderen en de wijsheid om tussen deze twee een onderscheid te maken.' Het klinkt eenvoudig. Toch werkt het niet omdat 'kalmte' niet intreedt met een druk op de knop.

De laatste tijd wordt meditatie als geneesmiddel voor van alles en nog wat aangeprezen – vooral tegen innerlijke onrust en sluimerende bezorgdheid. Feit is: meditatie werkt daadwerkelijk, maar alleen op het moment dat je mediteert. Zodra je uit de meditatie komt zijn de gevoelens en gedachten er weer, en wel net zo hevig als daarvoor.

Alle respect voor filosofie en meditatie, maar concrete strategieën zijn nuttiger. Hier zijn er drie die naar mijn ervaring werken.

Ten eerste: neem een notitieboekje en geef het de titel *Mijn grote zorgenboek*. Leg een tijd vast waarop je je volledig aan je zorgen wijdt. Reserveer tien minuten per dag waarin je alles opschrijft wat je bezighoudt, ongeacht hoe terecht, idioot of vaag. Als je dat hebt gedaan, zul je voor de rest van de dag enigszins zorgeloos zijn. Je hersenen weten nu dat de zorgen genoteerd zijn en niet genegeerd worden. Doe dit elke dag en neem hiervoor elke dag een lege bladzijde. Het zal je meteen opvallen dat het steeds dezelfde tientallen zorgen zijn die je kwellen. Lees in het weekend alle notities van de week door en volg de instructie van de wiskundige Bertrand Russell op: 'Het beste wat je kunt doen zodra je merkt dat je ergens over wilt gaan piekeren, is dat je er steeds nog meer gedachten aan besteedt dan dat je instinct vraagt, tot uiteindelijk de ziekelijke aantrekkingskracht zichzelf heeft verteerd.' Concreet betekent dit: stel je de ergste gevolgen voor en dwing jezelf om zelfs daar voorbij te denken. Je zult vaststellen dat de meeste zorgen daardoor verdwijnen. Wat overblijft zijn de echte gevaren die je moet aanpakken.

Ten tweede: sluit verzekeringen af. Verzekeringen zijn een fantastische uitvinding. Ze behoren tot de meest elegante zorgenkillers. De echte dienstverlening is niet de monetaire vergoeding in het geval van schade maar het reduceren van je zorgen gedurende de looptijd van de verzekering.

Ten derde: geconcentreerd werken is de beste therapie tegen piekeren. Met volle aandacht werk doen dat je volledig in beslag neemt is beter dan meditatie. Er is nauwelijks iets wat meer afleidt dan geconcentreerd werken.

Als je deze drie strategieën toepast op je leven, maak je een goede kans dat het een onbezorgd leven wordt, een goed leven. Dan kun je misschien al in je jonge of ten minste je middelbare jaren gniffelen over het inzicht van Mark Twain: 'Ik ben een oude man en heb veel zorgen gehad, waarvan de meeste nooit zijn uitgekomen.'

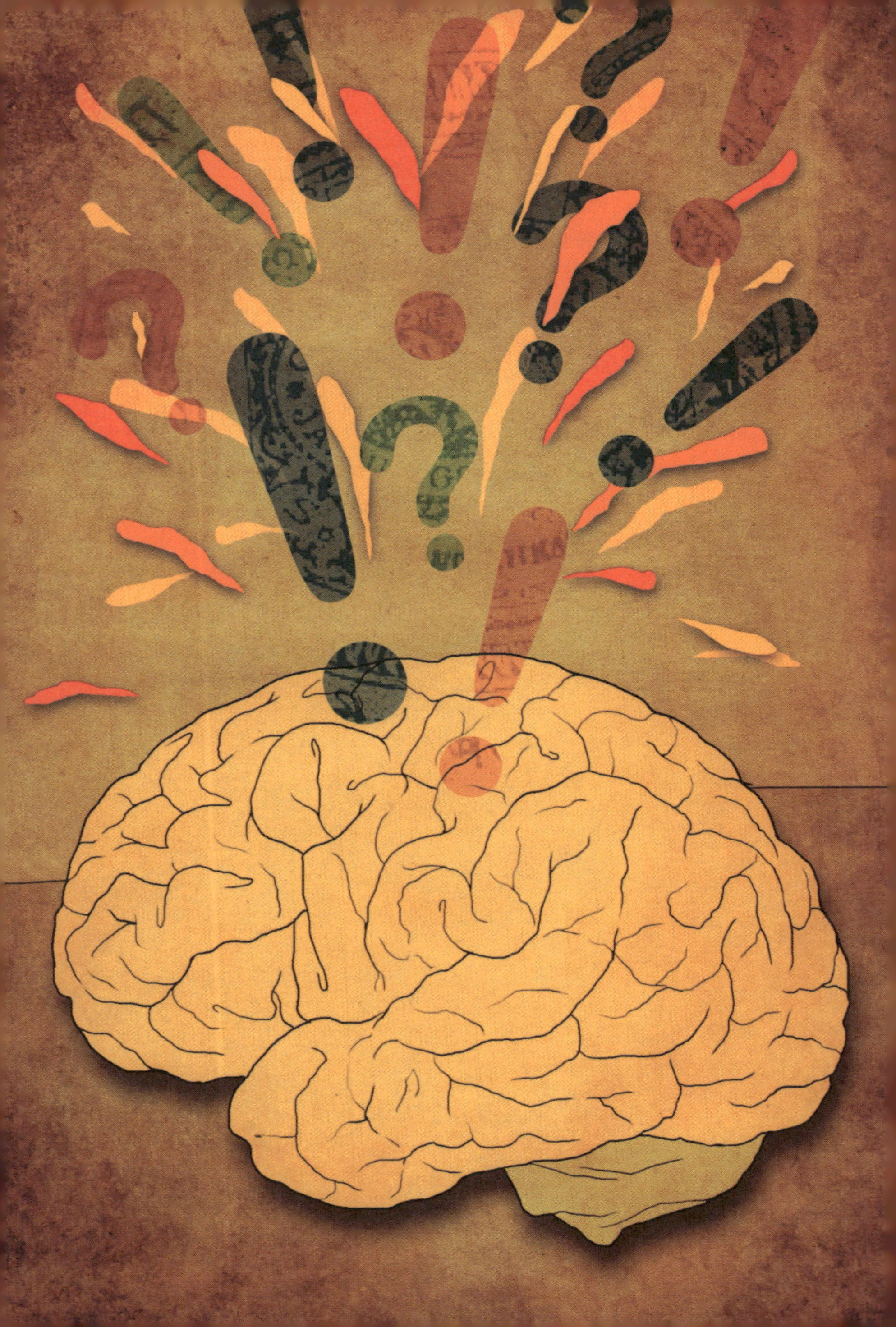

30

# DE MENINGENVULKAAN

## Waarom je zonder meningen beter leeft

Moet het minimumloon verhoogd worden? Mogen er genetisch gemanipuleerde levensmiddelen verkocht worden? Is de door mensenhand veroorzaakte opwarming van de aarde een feit of een hysterie van groene politici? Moeten de aanhangers van de sharia uit Europa uitgewezen worden? Vast en zeker heb je op elk van deze vragen direct een antwoord paraat. Als iemand die in politiek geïnteresseerd is hoef je er geen seconde over na te denken...

In werkelijkheid zijn deze vragen veel te complex om er in een ogenblik over te beslissen. Elke vraag verdient minstens een uur geconcentreerde overpeinzing zodat je een helder antwoord kunt formuleren.

Onze hersenen zijn een meningenvulkaan. Ze spuwen non-stop meningen en opvattingen. Het speelt daarbij geen rol of de vragen relevant zijn of niet, of ze wel of niet te beantwoorden zijn en of ze ingewikkeld of eenvoudig zijn. Onze hersenen blazen de antwoorden er als confetti uit. Daarbij begaan we drie fouten. De eerste: we verspreiden meningen over thema's die ons niet interesseren. Recentelijk betrapte ik mezelf erop dat ik bij een discussie met vrienden woedend een standpunt verdedigde over een dopingschandaal terwijl topsport me geen zier interesseert. Je kunt elke willekeurige krant openslaan en je meningenvulkaan gaat borrelen. Hou de deksel erop. Net zoals ik onlangs had moeten doen.

Tweede fout: we verspreiden meningen over vragen die niet te beantwoorden zijn. Wanneer vindt de volgende beurscrash plaats? Is er meer dan één universum? Hoe zal het weer de volgende zomer zijn? Niemand kan dit weten, ook deskundigen niet. Ook hier: hoed je voor meningsuitbarstingen.

Derde fout: we hebben de neiging overhaast antwoord te geven op complexe vragen, zoals die aan het begin van het hoofdstuk. Van de drie fouten weegt deze het zwaarst. De Amerikaanse psycholoog Jonathan Haidt heeft uitgebreid onderzocht wat zich daarbij in ons afspeelt. We neigen, vooral bij moeilijke vragen, direct naar de ene of andere kant. Pas daarna raadplegen we het verstand en zoeken we naar redenen die onze positie onderbouwen. Dat heeft te maken met de zogenaamde *affectheuristiek*. Een affect is een onmiddellijk, eendimensionaal gevoel. Dit gevoel is oppervlakkig en kent maar twee vormen. Ofwel positief, ofwel negatief. Ofwel 'het bevalt me', ofwel 'het bevalt me niet'. We zien een gezicht. Dat bevalt me. We horen over een moord. Dat bevalt me niet. Zon in het weekend. Bevalt me. Dit affect is volstrekt gegrond, alleen niet bij moeilijke vragen waarbij we dit affect verwisselen met het juiste antwoord. Het affect is bliksemsnel en om het te rechtvaardigen doorzoeken we onze hersenen haastig naar bevestiging, voorbeelden en anekdotes. En ziedaar, we hebben onze mening klaar. Een miserabele handelswijze als het om gecompliceerde thema's gaat.

Verkeerde beslissingen op basis van snelle meningsvorming kunnen rampzalig zijn, maar er zijn nog meer goede redenen waarom we onze meningsincontinentie moeten stoppen. Als je niet altijd een mening hoeft te hebben, geeft dat je geest rust en voel je je kalmer. Het is een belangrijk ingrediënt voor een goed leven.

Voorstel: schaf een mentale 'te gecompliceerd'-emmer aan. Daar gooi je alle vragen in die je niet interesseren of die niet te beantwoorden of te omslachtig zijn. Wees niet bang: er blijft per dag nog een handvol thema's over waarover je een mening mag of moet hebben.

Recentelijk vroeg een journalist me naar mijn politieke voorkeur. Klaarblijkelijk lijken auteurs zich te kwalificeren voor alle wereldvragen. Of ik voor meer of minder bemoeienis van de staat ben. Of ik vermogensbelasting rechtvaardiger vind dan inkomensbelasting. Ik keek hem aan en zei: 'Ik weet het niet.' Hij liet zijn pen zakken. Op zijn gezicht verscheen een gekweld lachje alsof hij de betekenis van dit eenvoudige zinnetje niet begreep. 'Wat bedoelt u met: "ik weet het niet"?' Ik antwoordde: 'Ik heb er nog niet over nagedacht.' 'Maar u moet toch wel een mening hebben!' 'Nee, moet ik niet. Dat thema ligt in mijn "te gecompliceerd"-emmer.'

Het is zo bevrijdend als je geen mening over van alles en nog wat hoeft te hebben. Geen mening hebben is overigens geen teken van geestelijke beperking. Schaam je er niet voor. Het is een teken van intelligentie. Het is een *asset*. Het probleem in de huidige tijd is niet informatie-overload maar menings-overload.

Zoek heel bewust je thema's zelf uit. Waarom zou je je door

journalisten, bloggers of tweeters laten voorschrijven over welke thema's je nu moet nadenken? Je bent niet in dienst van deze mensen! Wees extreem selectief. Gooi al het andere in de 'te gecompliceerd'-emmer. Onthoud je van een oordeel over het een of ander als dit van je gevraagd wordt en je zult verbaasd vaststellen dat de wereld doordraait, ook zonder jouw commentaar.

En als je je nu wel ergens een mening over wilt vormen, wat doe je dan? Reserveer daar dan tijd voor. Schrijf er in alle rust over. Schrijven is trouwens de gouden manier om je gedachten op een rijtje te zetten. Een vage gedachte wordt automatisch duidelijker als je hem in een zinsvorm moet gieten. En tot slot: win meningen van anderen in, het liefst van mensen die anders denken dan jij. Als je er zeker van bent dat je mening vaststaat, trek hem dan in twijfel. Probeer je argumenten uit te hollen. Alleen zo kun je uitvinden of ze steek houden.

Conclusie: hoe minder voorbarige meningen je hebt, hoe beter je leven zal zijn. Ik durf te beweren dat 99 procent van je meningen simpelweg overbodig is. Slechts een enkele procent is werkelijk relevant voor je privéleven en je zakelijke leven. En zelfs als het om deze kleine themacirkel gaat: weiger de eerste de beste mening te accepteren die je vulkaan uitspuwt. Stel je voor dat je met vijf andere gasten uitgenodigd bent bij een televisieshow en dat de andere gasten een standpunt innemen dat haaks staat op dat van jou. Pas wanneer je jouw eigen standpunt minstens zo eloquent kunt verdedigen, heb je je mening werkelijk verdiend.

31

# DE MENTALE VESTING

## Het rad van fortuin

Op een ochtend in het jaar 523 werd er aangeklopt aan de huispoort van de geleerde Boëthius. De ongeveer veertig jaar oude Boëthius was tot dan toe een succesvolle, gevierde, misschien zelfs zelfbewuste intellectueel. Hij stamde uit een voorname familie en had de beste opvoeding genoten. Onder koning Theodorik bekleedde hij het hoogste ambt in Rome. Hij was blij met zijn voorbeeldige huwelijk en zijn kinderen die goed terecht waren gekomen. En hij kon zich dagenlang wijden aan zijn grootste passie: het vertalen van boeken uit het Grieks naar het Latijn (er was in die tijd nauwelijks iemand die nog de Griekse klassiekers in het origineel kon lezen). Zijn rijkdom, zijn aanzien, zijn maatschappelijke rang en zijn scheppingskracht waren op hun hoogtepunt toen er, zoals gezegd, op die ochtend aangeklopt werd. Boëthius werd zonder pardon gearresteerd. Hij werd ervan verdacht dat hij een samenzwering tegen Theodorik steunde. Het gerecht veroordeelde hem in afwezigheid ter dood. Zijn bezittingen, bibliotheek, huizen, schilderijen en mooie kleding werden in beslag genomen. In de kerker schreef hij zijn laatste boek: *Over de vertroosting der wijsbegeerte*. Een jaar na zijn arrestatie werd het doodvonnis voltrokken met het zwaard, overeenkomstig zijn stand. Het graf van Boëthius bevindt zich tegenwoordig in de kerk San Pietro in Ciel d'Oro in Pavia (ongeveer vijftig kilometer ten westen van Milaan).

*Over de vertroosting van de wijsbegeerte* werd een van de meest gelezen boeken van de middeleeuwen, hoewel het in tegenstelling tot bijna alle middeleeuwse succesvolle boeken niets met het christelijke geloof te maken had. Wat staat er in het boek? De angstige, wanhopige Boëthius wacht op zijn doodvonnis in de kerker. Plotseling zweeft er een iets oudere, knappe vrouwelijke gestalte naar binnen, Vrouwe Filosofie. Ze legt hem de wereld uit en geeft hem – wat enigszins lijkt op de wens van dit boek – enige mentale werktuigen zodat hij met zijn nieuwe, uitzichtloze situatie overweg kan. Hieronder samengevat de adviezen van Vrouwe Filosofie, wat natuurlijk de adviezen van Boëthius zijn.

Ten eerste: accepteer dat er zoiets bestaat als het noodlot. In de tijd van Boëthius werd het noodlot graag voorgesteld in de vorm van 'Vrouwe Fortuna'. Deze dame draait constant aan het rad van geluk (het rad van fortuin). Door het draaien wisselen het hoogte- en dieptepunt steeds weer van plaats. Wie wil meespelen en omhoog wil stijgen moet accepteren dat hij vroeg of laat weer moet afdalen. Maak je dus niet te druk als het bergop- of bergafwaarts gaat. Alles kan zich weer keren.

Ten tweede: alles wat je bezit, waardeert en waarvan je houdt is vergankelijk. Je gezondheid, levenspartner, kinderen, vrienden, huis, vermogen, vaderland, reputatie. Streef niet verbeten naar al die dingen. Blijf ontspannen en geniet ervan als het lot je deze dingen geeft. Maar wees je er te allen tijde van bewust dat deze dingen vergankelijk, broos en tijdelijk zijn. Het beste kun je een houding aannemen waarbij je ervan uitgaat dat je alles mag lenen en het altijd weer weggenomen kan worden. Op zijn laatst bij de dood.

Ten derde: als je, zoals Boëthius, veel of alles verloren hebt, denk er dan aan dat in je leven het positieve heeft overheerst (anders zou je niet klagen) en dat al het zoete steeds met bitterheid vermengd is. Jammeren is niet op zijn plaats.

Ten vierde: het enige wat niet van je afgepakt kan worden zijn je gedachten. Je gedachtengereedschappen, de manier waarop je ongeluk, verlies en tegenslagen interpreteert. Je kunt ze ook je *mentale vesting* noemen; het stuk vrijheid dat nooit bestormd kan worden.

Dit alles heb je vast en zeker wel eens gehoord of gelezen en zelfs voor Boëthius waren het geen nieuwe ideeën. Het zijn de grondbeginselen van de stoa, een oude, zeer praktische levensfilosofie die in 400 voor Christus in Athene zijn oorsprong vond, duizend jaar voor Boëthius dus. Het beleefde een opleving in de eerste tweehonderd jaar na Christus. Grote namen zijn Seneca (een multimiljonair), Epictetus (een slaaf) en Marcus Aurelius (een Romeinse keizer). Merkwaardigerwijs is de stoa tot de dag van vandaag de enige tak van de filosofie die praktische antwoorden op alledaagse levensvragen biedt. De andere takken zijn intellectueel boeiend, maar bieden nauwelijks hulp om het leven aan te kunnen.

Boëthius was een van de laatste stoïcijnen voordat het christendom de Europese geest in nevelen hulde en de verantwoordelijkheid voor je eigen leven overdroeg aan een fictief wezen (God). Pas duizend jaar later loste de nevel op.

Maar zelfs na de prachtige zonsopgang van de verlichting leidde het stoïcijnse gedachtengoed een schaduwbestaan en is het tot op heden feitelijk een geheimtip gebleven. Stoïcijnse ideeën duiken zo nu en dan op. Viktor Frankl, die de Holocaust overleefde, schreef bijvoorbeeld: 'De laatste menselijke vrijheid is de keuze van je houding tot de dingen.' Daarmee bedoelt hij de mentale vesting. Wie de boeken van Primo Levi leest verbaast zich erover hoe stoïcijns hij zijn ervaringen in het concentratiekamp beschrijft. En in hoofdstuk 27 hebben we kennis gemaakt met de stoïcijnse gevechtspiloot Stockdale, die zevenenhalf jaar in krijgsgevangenschap zat, waarvan vier jaar in eenzame opsluiting. Maar over het geheel genomen zijn de ideeën van de stoïcijnen ons vreemd. Wie het woord 'lot' in de mond neemt, bedoelt daarmee niet meer het 'rad van fortuin', maar een fout van het systeem. Bij werkeloosheid, honger, oorlog, ziekte, ja zelfs de dood, geven we vooral de schuld aan het systeem, dat helaas bij wijze van uitzondering gefaald heeft.

Maar dat is fout gedacht. Juist omdat klappen van het noodlot – tenminste in onze contreien – zeldzamer zijn geworden, treffen ze ons emotioneel zwaarder. Daar komt nog bij dat hoe complexer de wereld is en hoe meer deze een netwerk vormt, hoe hoger de kans is op radicaal nieuwe, compleet onverwachte klappen van het noodlot. Kortom, het loont de moeite meer in gedachtengereedschap te investeren zodat je emotioneel op verliezen bent voorbereid.

Je hoeft geen Boëthius te zijn of een Jood tijdens het Derde Rijk of een burger in de Syrische burgeroorlog om door het noodlot getroffen te worden. Een vloedgolf aan ellende op internet kan je uit het lood slaan. Een wereldwijde financiële crisis kan je spaartegoeden wegvagen. Je levenspartner kan verliefd worden op een Facebookvriend en je het huis uit zetten. Dat is allemaal erg, maar niets daarvan is dodelijk. De grootste klappen van het noodlot heb je toch al doorstaan. Denk aan de onwaarschijnlijkheid van je verwekking. Aan de duizenden pijnlijke geboorten die je moeder, je beide oma's, de oma's van je oma's, enzovoort moesten doorstaan (waarbij menigeen doodbloedde), alleen om jou ter wereld te brengen. En nu klaag je dat je aandelenportfolio gehalveerd is?

Conclusie: de wereld bestaat uit onrust en toevalligheden die af en toe je leven in de war brengen. Geluk vind je niet in status, dure auto's, je bankrekening of maatschappelijk succes. Dat kan je allemaal van het ene op het andere moment afgenomen worden, zoals Boëthius meemaakte. Geluk vind je enkel en alleen in je mentale vesting. Investeer daarin en niet in een Porscheverzameling.

32

# AFGUNST

## Spiegeltje, spiegeltje aan de wand

'Als een vriend een beetje succes heeft, sterft er iets in mij,' gaf de Amerikaanse auteur met de scherpe tong, Gore Vidal, in een interview toe. Hij bracht daarmee onder woorden wat ieder mens af en toe overvalt maar niemand graag toegeeft, namelijk de meest zinloze, meest onbruikbare en giftigste van alle emoties: afgunst.

Het inzicht dat afgunst zinloos is, is niet nieuw. De Griekse filosofen waarschuwden er al voor. De Bijbel illustreert de verwoestende kracht van afgunst met tientallen verhalen, met name met de parabel van Kaïn en Abel. En *Sneeuwwitje*, het criminologische sprookje, is een eersteklas verhaal over afgunst.

Ook Nobelprijswinnaar Bertrand Russell noemt afgunst als een van de belangrijkste oorzaken van een ongelukkig gevoel. Afgunst vermindert je levenstevredenheid veel sterker dan lichamelijke gebreken of financiële ondergang. De vaardigheid afgunst te managen behoort daarmee fundamenteel tot het goede leven. Als je deze truc onder de knie krijgt, heb je al veel bereikt. Helaas gaat het om een evolutionair programma dat je maar moeilijk te slim af kunt zijn.

Afgunst is niet alleen menselijk, het is zelfs dierlijk. Apenonderzoekers Frans de Waal en Sarah Brosnan beloonden twee kapucijnaapjes voor eenvoudige taakjes door ze ieder een stuk komkommer te geven. De aapjes leken tevreden en namen hun stukje komkommer dankbaar aan. In een volgende ronde beloonden de onderzoekers het ene aapje weer met een stuk komkommer, maar het andere met een zoete druif. Toen het eerste aapje dit zag gooide hij uit jaloezie zijn stukje komkommer uit de kooi en weigerde hij voortaan samen te werken.

Het interessante aan afgunst is dat hoe meer we onszelf met anderen vergelijken, hoe hoger het gevaar van afgunst is. We benijden vooral degenen die wat betreft leeftijd, beroep, omgeving en leefwijze op ons lijken. Professionele tennissers vergelijken zichzelf met professionele tennissers. Topmanagers met topmanagers. Schrijvers met schrijvers. Omdat je jezelf niet met de paus vergelijkt, kun je ook niet jaloers op hem worden. Hetzelfde geldt voor Alexander de Grote of een zeer succesvol mens uit het stenen tijdperk uit je regio. Idem dito voor een bewoner van een andere planeet, een majestueuze witte haai, een gigantische sequoia-boom. Geen van deze wezens, ofschoon ze prachtig zijn, is geschikt als object van afgunst.

Daarmee hebben we de oplossing voor het afgunstprobleem al gevonden. Vergelijk jezelf met niemand en je zult een jaloezievrij leven genieten. Ga alle vergelijkingen strikt uit de weg. Dat is het gouden pad.

Makkelijker gezegd dan gedaan, want soms word je er letterlijk mee opgezadeld. Een wet verplichtte de University of California de salarissen van wetenschappers openbaar te maken. Op een website kon iedereen nakijken wat de collega's verdienden. Iedereen die minder dan het gemiddelde verdiende, was minder tevreden met zijn werk dan voor de vergelijking. Met andere woorden: hier werd door transparantie geluk vernietigd.

Een vergelijkingsexperiment van veel grotere, ja gigantische afmetingen vormen de social media. Dat Facebook veel gebruikers frustreert en moe maakt is intussen bekend. Onderzoekers van de Humboldt-universiteit zijn op zoek gegaan naar de oorzaken. Reden nummer één, je raadt het al: afgunst. Dat is begrijpelijk, want Facebook is er praktisch voor gelijkgestemden om zich met elkaar vergelijken. Het is een perfect broeinest voor afgunst. Mijn advies: loop met een grote boog om social media heen. De massa idiote statistieken (aantal likes, volgers, vrienden, enzovoort) genereert een hypervergelijkbaarheid die ons ongelukkig maakt. En dat niet alleen. De geüploade foto's geven helemaal niet het normale leven van je vrienden weer. Ze zijn zorgvuldig uitgekozen. Dat zorgt snel voor de (gefakete) indruk dat jouw vrienden het beter hebben dan jij.

Nog nooit hebben mensen zich zoveel met elkaar vergeleken als tegenwoordig. Door het internet is afgunst een moderne epidemie geworden. Nadat je je hebt teruggetrokken uit de social media, moet je daarom ook proberen de vergelijkbaarheid in het echte leven aan banden te leggen. Vermijd bijvoorbeeld reünies. Tenzij je op alle vlakken – inkomen, status, gezondheid, familiegeluk – nummer één bent. Maar hoe kun je dat weten zonder dat je erheen gaat? Ga er daarom helemaal niet heen. Kies een woonplaats, stad, wijk waar je tot de 'lokale bovenlaag van de bevolking' behoort. Hetzelfde geldt voor je vriendenkring. Word geen lid van de Rotary Club, die hoofdzakelijk uit miljonairs bestaat, als je zelf niet vermogend bent. Misschien ben je bij de vrijwillige brandweer beter af. En dan doe je ook nog wat zinvols.

Maar wees je vooral bewust van de focusseringsillusie die we in hoofdstuk 11 hebben leren kennen. Stel, je benijdt je buurman omdat hij dankzij een erfenis een glanzende, zilverkleurige Porsche 911 Turbo heeft kunnen kopen. Het 'zilveren katje' zoals je buurman zijn nieuwe vehikel liefdevol noemt, zie je vanuit het raam van je woonkamer netjes geparkeerd staan. Elke keer als je buurman flink gas geeft, voel je een kleine steek in je hart. Maar dat komt doordat je jouw focus verkeerd hebt gelegd. Als je het leven van je buurman met het jouwe vergelijkt, concentreer je je namelijk automatisch op de aspecten die verschillend zijn. Je vergelijkt zijn 911 met jouw vw Golf. Daardoor overschat je het belang van een auto op je levenstevredenheid. Je denkt dat je buurman wezenlijk gelukkiger is dan jij. Terwijl een auto objectief gezien slechts een piepklein deel (als dat al zo is) bijdraagt aan je levenstevredenheid. Als je je bewust bent van deze focusseringsillusie, kun je de angel van jaloezie er makkelijker uit trekken. Alle dingen waarom je jaloers bent op een ander zijn veel minder belangrijk dan je denkt.

Als dat allemaal niet werkt en er toch afgunst in je oplaait, grijp dan naar de brandweerslang van de afgunstbestrijding: zoek gericht naar de slechte aspecten uit het leven van degene op wie je jaloers bent en stel je voor hoe die persoon onder deze tekortkomingen lijdt. In een mum van tijd zal het beter met je gaan. Toegegeven, het is geen zeer nobele oplossing. Neem er alleen in geval van nood je toevlucht toe.

Als je zelf in hoge mate benijdenswaardig bent, blijf dan bescheiden. Zo minimaliseer je het leed in de wereld, doordat je anderen een beetje behoedt voor de afgunstziekte. Bescheidenheid is je bijdrage aan het algemeen welzijn. Hoe zeg je dat ook alweer zo mooi? De grootste uitdaging na een succes is erover te zwijgen. Wees als het moet dáár trots op.

Conclusie: er zal in je buurt, in je vriendenkring of op je werk altijd iemand zijn die het beter heeft dan jij. Accepteer dat. Hoe sneller je afgunst uit je gevoelsrepertoire schrapt, hoe beter.

33

# PREVENTIE

## Vermijd problemen voordat je ze moet oplossen

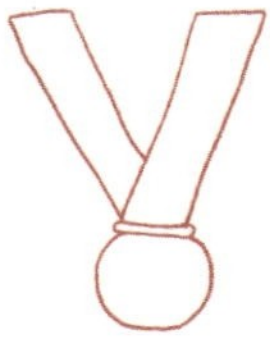

Neem voordat je dit hoofdstuk leest een moment de tijd en beantwoord de vraag: wat is wijsheid?

Misschien komen er spontaan beelden in je op van zogenaamde wijze oude vrouwen en wijze oude mannen. Mensen die ontzettend veel hebben meegemaakt. Misschien denk je aan professoren, wier boeken een kleine bibliotheek vullen. Of je stelt je de eenvoudige natuurmens voor, het type Alpenbewoner in Zwitserland of de eenvoudige visser in de Amazonedelta. Of je moet denken aan een kluizenaar die op een bergtop in kleermakerszit zit te mediteren.

Oké, genoeg beelden, terug naar de vraag: wat is wijsheid? Iemand die in een televisiequiz de namen en sterrenbeelden van alle winnaars van het Songfestival kent, kan een wijs mens zijn, maar is dat waarschijnlijk niet, want anders had hij zijn hersenen niet met zulke onzin gevoed. Zelfs iemand die zich in het midden van zijn competentiecirkel (hoofdstuk 14) bevindt – wat veel specifieke kennis veronderstelt – is niet per definitie wijs. Wijsheid is dus niet identiek aan de accumulatie van kennis.

Wijsheid is een *praktische* begaafdheid. Het is een maatstaf voor de behendigheid waarmee we door het leven navigeren. Als je eenmaal hebt begrepen dat je bijna alle moeilijkheden eenvoudiger kunt vermijden dan oplossen, is deze simpele definitie volkomen duidelijk: 'Wijsheid is preventie'.

Inderdaad, het leven is moeilijk. Er komen van alle kanten problemen op je af. Het toeval rijt kloven voor je open en werpt midden op je levensweg barricades op. Dat kun je niet veranderen. Maar als je een voorgevoel hebt waar de gevaren loeren kun je ze voorkomen en sommige hindernissen uit de weg gaan. Einstein drukte het zo uit: 'Een slim iemand lost een probleem op. Een wijs iemand vermijdt het.'

Het lastige daarbij is, is dat vermijden niet sexy is. Stel je twee filmplots voor, A en B. In film A loopt een schip op een ijsberg. Het schip zinkt. Op een voorbeeldige onzelfzuchtige, ja hartverscheurende manier redt de kapitein alle passagiers van de verdrinkingsdood. Hij is de laatste die het schip verlaat en in de reddingsboot klimt – slechts een ogenblik voordat het schip in zijn eigen bruisende schuimfontein verdwijnt. In film B navigeert de kapitein het schip op een aanzienlijke afstand langs de ijsberg. Voor welke film zou jij naar de bioscoop gaan? A, logisch. Maar aan welke situatie zou je als passagier de voorkeur geven? Net zo duidelijk: B.

Stel dat het voorbeeld echt is. Wat gebeurt er als volgende? Kapitein A wordt uitgenodigd bij een talkshow, krijgt een lucratief contract voor een boek, hangt zijn kapiteinsjob aan de wilgen en treedt voortaan voor veel geld op als *motivational speaker* bij klantenbijeenkomsten en directievergaderingen van grote bedrijven. In zijn geboorteplaats wordt een straat naar hem vernoemd. En zijn kinderen voelen voor het eerst iets van trots voor hun ouweheer. Kapitein B daarentegen vaart nog vele jaren tot aan zijn pensioen in grote bogen om hindernissen heen en volgt daarbij trouw de grondregel van Charlie Munger: 'Als er voor me een gevaarlijke maalstroom opdoemt, ga ik er niet met zes meter afstand omheen, maar met tweehonderd meter.' Hoewel B de aantoonbaar betere kapitein is, wordt A bejubeld. Reden: door preventie behaalde successen (dat betekent vermeden fiasco's) zijn voor de buitenwereld niet zichtbaar.

De economische media huldigen niets liever dan turnaround managers. Dat is ook oké en prima zo. Maar nog intensiever zouden ze managers moeten huldigen die verhinderen dat een onderneming überhaupt een turnaround-geval wordt. Maar omdat preventieve maatregelen van buitenaf niet zichtbaar zijn, blijven deze prestaties onder de radar van de media. Feitelijk weten alleen de manager en zijn team hoe wijs hij gehandeld heeft. En dat ook maar tot op zekere hoogte.

Zo overschatten we systematisch de rol van succesvolle generaals, politici, traumachirurgen of therapeuten. En we onderschatten de rol van mensen die meehelpen om de maatschappij en het individu catastrofes te besparen. Dat zijn de ware helden, de echte wijzen. Competente huisartsen, goede docenten, verstandige wetgevers, slimme diplomaten.

Hoe staat het met jouw leven? Ook als je het niet gelooft: minstens de helft van de successen in je leven zijn preventieve successen. Natuurlijk heb je fouten gemaakt. Dat hebben we allemaal. Maar nog veel vaker heb je voorkomen dat je iets doms deed. Denk aan de gevaren op het gebied van gezondheid, carrière, geld of relaties waar je met een wijze vooruitziende blik met een grote boog omheen gevaren bent.

Preventie is niet triviaal. In zijn boek *The most important thing* vertelt de Amerikaanse hedgefondsmanager Howard Marks het verhaal van een gokker. 'Op een dag hoorde deze persoon over een paardenrace met maar een enkel paard aan de start. Hij zette zijn gehele vermogen op dat paard in. Een absoluut zekere weddenschap! Op de helft van de renbaan sprong het paard over een hek en rende weg.' Henry Kissinger noemde deze fout *lack of imagination* (gebrek aan inbeeldingsvermogen). Voor preventie heb je niet alleen kennis nodig, maar ook fantasie. En fantasie wordt helaas vaak verkeerd begrepen. Veel mensen denken dat het optreedt wanneer je bij een glaasje wijn je gedachten een beetje laat gaan. Helaas komen daar alleen maar gedachtes uit voort die je al eerder had. Fantasie is het geforceerd tot-het-einde-uitdenken van mogelijkheden en gevolgen. Zo ver totdat het laatste druppeltje sap uit je voorstellingsvermogen geperst is. Jawel, fantasie is vermoeiend.

Heel vermoeiend, denk je nu misschien, als het om dreigende problemen gaat! Moet je dan werkelijk altijd aan mogelijke catastrofes denken? Word je daar niet depressief van? De ervaring leert dat dat niet zo is. Charlie Munger: 'Gedurende mijn hele leven heb ik me steeds alle mogelijke moeilijkheden voorgesteld... Het heeft me helemaal niet ongelukkig gemaakt dat ik anticipeer op problemen en dan gewapend ben als ze werkelijk optreden.'

Advies: denk één keer per week vijftien minuten lang intensief na over de mogelijke catastrofale risico's in je leven. Vergeet het thema dan weer en leef de rest van de week gelukkig en onbezorgd. In deze vijftien minuten voer je een zogenoemde pre-mortem door. Stel je bijvoorbeeld voor dat je huwelijk is stukgelopen, je plotseling bankroet bent of een hartaanval hebt gehad. Analyseer nu van achteren naar voren hoe het tot deze (ingebeelde) catastrofe kon komen, tot aan de fundamentele oorzaken toe. In een laatste stap probeer je deze mogelijke oorzaken uit de weg te ruimen, zodat de situatie zich niet daadwerkelijk zal voordoen.

Natuurlijk zul je zelfs als je dit allemaal regelmatig en nauwgezet doet, gevaren over het hoofd zien en verkeerde beslissingen nemen. Deze onvermijdelijke catastrofes kun je afzwakken als je de realiteit onder ogen ziet en de problemen direct aanpakt. Voor alles wat je wel kunt voorzien geldt echter dat moeilijkheden zich makkelijker laten vermijden dan oplossen. Wijsheid is preventie. Omdat preventie onzichtbaar is, kun je het helaas niet tentoonspreiden, maar dat opschepperij niet bijdraagt tot een goed leven wist je toch al.

34

# MENTAAL CATASTROFENWERK

## Waarom je niet verantwoordelijk bent voor de toestand in de wereld

In Syrië bombarderen gevechtsvliegtuigen gericht ziekenhuizen en hulpkonvooien. IS-beulsknechten onthoofden mensen voor draaiende camera's. In Libië maken mensensmokkelaars mannen, vrouwen en kinderen tot slaven en als ze uitgebuit zijn sturen ze ze in rubberboten de Middellandse Zee op, waar de helft verdrinkt. In Oost-Afrika maakt de ene na de andere hongersnood miljoenen slachtoffers. Op de hele wereld worden baby's met aids geboren die een kort en bitter leven leiden. Achter talloze deuren in de wereld woedt huiselijk geweld. De wereld zit vol verschrikkingen. En hier lees je een boek over het goede leven. Hoe gaat dat samen?

Iedereen die een minimum aan empathie bezit, zal met verontwaardiging reageren op catastrofes. Maar slechts weinig mensen hebben een een plan voor hoe om te gaan met deze verontwaardiging. Elk verhaal schreeuwt om hulp. Het liefst zouden we meteen met een gigantische hoeveelheid water naar Ethiopië reizen om de van de dorst omkomende mensen persoonlijk te drinken te geven. Alleen schiet ons op het volgende moment te binnen dat de kinderen nog huiswerk moeten maken, de douchekop ontkalkt moet worden en de boter op is.

Toch doet de onrechtvaardigheid in de wereld ons iets. We hebben een persoonlijke strategie nodig, dat wil zeggen: mentale werktuigen, waardoor we kunnen omgaan met de rampen in deze wereld zonder dat we ons innerlijk evenwicht verliezen. Hier vijf adviezen.

Ten eerste: je zult persoonlijk niet veel kunnen doen, behalve als je toevallig keizer Augustus, Karel de Grote of John F. Kennedy heet. Wees je daar bewust van. De meeste door mensen veroorzaakte catastrofes (conflicten, oorlogen, terrorisme) zijn veel complexer dan op het eerste gezicht lijkt. Daarom kan niemand hun verloop voorspellen. En daarom duren ze ook altijd langer dan gedacht. Je hebt geen doctorstitel in militaire leiding nodig om te begrijpen dat je de meeste conflicthaarden niet puur militair kunt oplossen. Het leven van bijna alle inwoners van Libië of Irak was vóór de goedbedoelde interventie van de westerse staten beter dan daarna: een ongepland neveneffect. Ook de president van Amerika met de best denkbare staf van adviseurs zou zich in de meeste gevallen overschatten, vergissen en zijn vingers branden – niet vanwege gebrek aan empathie, vuurkracht of intelligentie, maar vanwege de buitensporige complexiteit van de conflicten. Zelfs een organisatie als het Wereld Economisch Forum (WEF), dat over zichzelf beweert 'de wereld tot een beter oord' te willen maken, heeft tot nu toe gefaald in haar missie. Ondanks alle uitstekende betrekkingen met de rijken en machtigen heeft het WEF sinds de oprichting objectief gezien niets bereikt. Dus overschat jezelf niet. Jij kunt de catastrofe niet in je eentje oplossen. En als je denkt dat je de patentoplossing voor het beëindigen van een oorlog hebt gevonden, denk dan nog maar eens goed na. De kans is groot dat eenieder die er dichterbij zit en zich als hoofdberoep met het thema bezighoudt, je patentoplossing al enige tijd geleden om goede redenen verworpen heeft.

Ten tweede: als je wilt meehelpen om het leed op deze wereld te verminderen, doneer dan geld. Uitsluitend geld. Geen tijd. Geld. Reis niet naar crisisgebieden, behalve als je van beroep noodarts bent, bommen onschadelijk maakt of diplomaat bent. Veel mensen trappen in de *volunteer's fallacy* (de feilbaarheid van de vrijwilliger). Ze geloven dat vrijwilligerswerk zinvol is. In werkelijkheid vernietigt vrijwilligerswerk waarde. Het is het zinvolste als je je tijd in je competentiecirkel (hoofdstuk 14) investeert omdat je daar per dag de meeste waarde genereert. Als je waterpompen in de Sahara installeert, verricht je werk dat plaatselijke bronnenbouwers voor een fractie van de kosten kunnen uitvoeren. Bovendien neem je hen het werk af. Stel dat je met vrijwilligerswerk een bron per dag kunt bouwen. Als je daarentegen de hele dag je beroep uitoefent en met het daarmee verdiende geld de plaatselijke bronnenbouwers betaalt, zijn er aan het einde van de dag honderd nieuwe bronnen. Natuurlijk, je voelt je goed als vrijwillig helper, maar daar zou het niet om moeten gaan. Dit warme barmhartigheidsgevoel is een denkvalstrik. De uitstekende specialisten ter plaatse (Artsen zonder grenzen, het Rode Kruis, UNICEF, enzovoort) zullen je geld met een hoger rendement investeren dan jij ooit zou kunnen. Daarom: werk hard en leg het geld in de handen van professionals.

Ten derde: beperk drastisch het consumeren van nieuws, vooral als het om menselijke catastrofes gaat. Het brengt niemand iets, de slachtoffers en jouzelf niet, als je voor de televisie beelden van de catastrofe consumeert en tranen in je ogen krijgt. Je 'interesseren' voor de catastrofes van deze wereld is puur voyeurisme. Je 'informeren' mag je een gevoel van humaniteit verlenen, maar in werkelijkheid bedrieg je jezelf. En de slachtoffers ook. Als je een conflict, een oorlog, een catastrofe werkelijk wilt begrijpen, lees dan een boek, zelfs als het met een vertraging van een jaar verschijnt. Aan het drama kun je (behalve met donaties) toch niets veranderen.

Ten vierde: je mag ervan uitgaan dat het universum vol leven is en dat er op ontelbare andere planeten eveneens veel leed en ellende is. Deze overweging helpt afstand te scheppen. Het Kwaad is altijd en overal aanwezig. Het is universeel en niet uit te roeien. Daar je persoonlijke middelen beperkt zijn, moet je je focussen. Kies twee of drie hulporganisaties die je voorziet van genereuze giften. De andere gruwelen – in je stad, in je land, op deze planeet of op andere hemellichamen – moet je stoïcijns aanvaarden.

Ten vijfde: je bent niet verantwoordelijk voor de toestand in de wereld. Dat klinkt hard en onsympathiek, maar het is wel waar. Nobelprijswinnaar Richard Feynman heeft deze gedachten overgenomen van John von Neumann, de geniale wiskundige en 'vader van de informatica'. 'John von Neumann bracht me op deze interessante gedachte: je bent niet verantwoordelijk voor de wereld waarin je je bevindt. Daarom heb ik voor mezelf een soort sociale onverantwoordelijkheid ontwikkeld. Dat heeft me sindsdien heel gelukkig gemaakt.' Wat Feynman met 'sociale onverantwoordelijkheid' bedoelt is: voel je niet slecht als je je op je werk concentreert in plaats van dat je ziekenhuizen in Afrika bouwt. Er is geen reden om je schuldig te voelen omdat het nou toevallig beter met je gaat dan met een slachtoffer van een bombardement in Aleppo. Het had net zo goed omgekeerd kunnen zijn. Leid een fatsoenlijk, productief leven en wees geen onmens. Daarmee heb je al het een en ander voor een betere wereld gedaan.

Conclusie: kies een strategie waarmee je het leed in deze wereld kunt verwerken. Het hoeft niet een van de hier voorgestelde adviezen te zijn. Maar het is belangrijk dat je een strategie hebt. Anders zul je moeite hebben je leven te leiden. Je zult je in tweestrijd voelen over alles wat ook nog gedaan zou moeten worden. Je zult je schuldig voelen. En gebukt onder deze last zul je uiteindelijk toch niets bereiken.

35

# DE AANDACHTSVALSTRIK

## De omgang met je waardevolste resource

Je zit in een restaurant. Je blik glijdt over de menukaart. Je kunt kiezen tussen een vast *menu dégustation surprise* of een zelf samengesteld menu à la carte. Je merkt algauw dat iedere individuele combinatie van voor- en hoofdgerecht duurder is dan het menu dégustation waarbij de wijn ook nog inbegrepen is. Dus bestel je dat. 'Goede keus,' zegt de bediening lachend, 'dat bestellen de meesten.'

De ene gang na de andere wordt opgediend. Amuse-gueule, vier soorten foie gras, gemarineerde forel met asperges, chocoladesavarin met aardbeien, reebok, kaasplank met vijgenmosterd, daslook-ricotta-ravioli, tussendoor een citroensorbet, verder met eendenborst, aubergine-gnocchi en zwezerik – kriskras door elkaar, het houdt niet op. Daarbij verschillende wijnen in een nogal toevallige volgorde. Na ongeveer twintig gangen vraag je om de rekening. Nooit eerder heb je zoveel gegeten, heb je zoveel door elkaar gegeten en was je zo misselijk.

En nu een scène van een diner dat daadwerkelijk plaatsvond. Culinair was het wat traditioneler, maar het was wel eersteklas, wat de gasten betrof. Er waren enkel miljonairs uitgenodigd, waaronder Waren Buffett en Bill Gates. Gates vroeg aan de groep: 'Wat was de belangrijkste factor die het je mogelijk maakte om hetgeen te bereiken dat je bereikt hebt?' Buffett zei: 'Focus.' En Gates zei hetzelfde. Blijkbaar schijnt deze 'focus', oftewel aandacht, een belangrijke rol te spelen. Ook in jouw leven is het van doorslaggevende betekenis waar je je aandacht op richt. Des te verbazingwekkender is het dat we in plaats van onze aandacht als het ware 'à la carte' in te zetten, ons van 's morgens vroeg tot 's avonds laat volstoppen met een 'informatieverrassingsmenu' dat anderen voor ons hebben samengesteld. E-mails, Facebookstatusupdates, tekstberichten, tweets, *news alerts*, nieuws uit de hele wereld, hyperlinks in documenten, videoclips op websites en beeldschermen zover als het oog reikt. Op vliegvelden, stations, in trams. Alles dingt naar onze aandacht. We worden onafgebroken vermaakt met allerlei deels banale, deels spannende verhalen. We krijgen dingen voorgesteld, worden het hof gemaakt en gevleid. En zo voelen we ons een beetje als een koning. Terwijl we ons als een aan de leiband lopende slaaf zouden moeten voelen.

De dingen die allemaal aangeboden worden, zijn geen geschenken maar diefstal. Geen winst maar verlies. Ze geven ons niets, maar nemen ons iets af. Een instagrampost, maakt niet uit hoe mooi die is vormgegeven, ontneemt ons iets. Een spoedbericht ontneemt ons iets. Een mailtje ontneemt ons (in de meeste gevallen) iets. Op het moment dat we erop ingaan, betalen we – met aandacht, tijd of geld.

Aandacht, tijd en geld zijn onze drie belangrijkste resources. Tijd en geld zijn het bekendst. Er is zelfs een wetenschap die zich bezighoudt met geld en tijd, en dan spreekt men over 'kapitaal' en 'arbeid'. Aandacht begrijpen we echter nauwelijks, hoewel het tegenwoordig de waardevolste van deze drie resources is. Aandacht is het belangrijkste voor ons succes en ons geluk. Helaas maken we wat aandacht betreft systematisch fouten. Hier de belangrijkste adviezen over hoe je die fouten kunt vermijden.

Ten eerste: verwissel 'nieuw' niet met 'relevant'. Elke nieuwigheid, of het nu een product, een mening of een nieuwsbericht is, wil gezien worden. Hoe luider de wereld, hoe luider de nieuwigheden uitgeschreeuwd moeten worden om gehoord te worden. Neem dat lawaai niet serieus. Het meeste wat wordt aangeprezen als revolutionair is niet relevant. De schreeuwerige actuele gebeurtenissen worden al snel voor de werkelijkheid aangezien, maar dat is niet zo.

Ten tweede: vermijd inhoud of technologie die 'gratis' is. Het is per definitie een aandachttrekker die via reclame gefinancierd wordt. Waarom zou je vrijwillig in die val trappen?

Ten derde: ga met een grote boog heen om alles wat multimedia is. Beelden, bewegende beelden en in de toekomst virtuele realiteit doen je emoties versnellen tot boven de veiligheidssnelheid. Dit maakt de kwaliteit van je beslissingen bewezen slechter. Consumeer informatie het beste schriftelijk en wel in documenten met zo min mogelijk hyperlinks. Het allerbeste haal je je informatie uit boeken.

Ten vierde: word je ervan bewust dat aandacht zich niet laat delen. Dat is het verschil met tijd en geld. De aandacht die je besteedt aan de Facebookstream op je mobiel ontneem je de persoon die tegenover je zit.

Ten vijfde: handel vanuit een sterke en niet vanuit een

zwakke positie. Als je ongevraagd dingen krijgt voorgelegd, bevind je je automatisch in een zwakke positie. Waarom zou een reclamemaker, een journalist of een Facebookvriend bepalen waar jij je aandacht op richt? Vermoedelijk is de Porschereclame, het artikel over de recentste tweet van Trump of het filmpje met de schattige welpen niet hetgeen je verder brengt of gelukkiger maakt. De filosoof Epictetus wist ook zonder Instagramaccount bijna tweeduizend jaar geleden al: 'Als je de eerste de beste de macht over je lichaam zou geven, zou je verontwaardigd worden. Schrik je er dan niet van terug iedere willekeurige persoon die je tegenkomt de macht over je gemoed te geven?'

Helaas zijn onze hersenen evolutionair zo ontworpen dat we direct op de kleinste veranderingen reageren: een spin hier, een slang daar. Deze overgevoeligheid was in de oertijd van levensbelang. Maar tegenwoordig maakt deze gevoeligheid het ons moeilijk het bombardement aan moderne stimuli te verduren. De juiste omgang met de huidige media is niet aangeboren. En je leert het niet door een beetje op internet rond te hangen. Daarom moeten we volgens de legendarische technologiejournalist Kevin Kelly bewust leren hoe we met de informatietechnologie moeten omgaan. Hoe heb je leren lezen en rekenen? Door een beetje rond te hangen bij mensen die konden lezen en rekenen? Nee, je hebt deze vaardigheden jarenlang geoefend. Nu heb je een soortgelijke intensieve training nodig om met informatie, het internet en nieuws om te kunnen gaan. Aandachtig zijn moet je leren.

Nog een aspect: aandacht en geluk. Wat heeft aandacht met geluk te maken? Alles. 'De manier waarop je aandacht gebruikt, bepaalt je geluk,' schrijft psycholoog Paul Dolan. Dezelfde gebeurtenissen (positief of negatief) kunnen je geluk helemaal niet, gering of sterk beïnvloeden – al naargelang hoeveel aandacht je erop vestigt.

Conclusie: je leeft steeds daar waar je aandacht is, om het even waar de atomen van je lichaam zich bevinden. Elk moment komt maar één keer voor. Als je je aandacht bewust gebruikt, heb je meer van het leven. Wees kritisch, streng en voorzichtig als het om de opname van informatie gaat. Niet minder kritisch, streng en voorzichtig dan je bent bij het eten of bij het innemen van medicijnen.

36

# MINDER LEZEN MAAR UIT PRINCIPE DUBBEL

## We lezen verkeerd

Een strippenkaart van de Zwitserse Spoorwegen SBB heeft zes velden. Voor elke rit steek je de kaart in de oranjekleurige automaat die er de datum en tijd op stempelt en een klein hoekje aan de linkerkant opeet. Als alle zes vakjes vol zijn is de kaart op en waardeloos.

Stel je nu een boekenstrippenkaart voor met vijftig vakjes. Hetzelfde systeem: voordat je een boek leest moet je een vakje afstempelen. Het verschil met de strippenkaart van de SBB is echter dat dit de enige boekenstrippenkaart van je leven is. Je kunt geen nieuwe kaart krijgen. Is je kaart vol, dan kun je geen nieuw boek meer openslaan. En in tegenstelling tot zwartrijden ook niet zwartlezen. Vijftig boeken voor je hele leven. Voor veel mensen is dit 'geen issue'. Voor jou als lezer van dit boek is het een verschrikkelijk idee. Hoe kom je met zo weinig boeken enigszins geciviliseerd door het leven?

Mijn privébibliotheek bestaat uit drieduizend boeken. Daarvan heb ik ongeveer een derde gelezen, een derde ben ik begonnen te lezen en weer een derde is ongelezen. Regelmatig komen er nieuwe bij en jaarlijks mest ik de kast uit en gooi ik oude boeken weg. Vergeleken met de bibliotheek van de overleden Umberto Eco, die dertigduizend boeken had, is drieduizend een bescheiden aantal.

En toch kan ik me de inhoud vaak nog maar vaag herinneren. Als ik mijn blik over de ruggen van de boeken laat zweven, komen er beelden als wolkenflarden in me op, vermengd met vage gevoelens. Soms zie ik een flits van een scène en soms drijft er als een verloren roeiboot in de stille nevel een zin voorbij. Van slechts heel weinig boeken zou ik een compacte samenvatting kunnen geven. Van sommige boeken kan ik niet eens met zekerheid zeggen of ik ze ooit gelezen heb. Ik zou ze moeten openslaan en naar verkreukte bladzijdes of notities in de kantlijn moeten zoeken. Op zulke momenten weet ik niet wat beschamender is: mijn geheugen vol gaten of het feit dat veel titels kennelijk niet beklijven. Wat me troost is dat het veel vrienden niet anders vergaat. En dat geldt niet alleen voor boeken, maar ook voor essays, rapporten, analyses. Kortom, voor allerlei teksten die ik eens met plezier heb gelezen. Er blijft weinig hangen, bar weinig.

Wat is het nut van lectuur als de inhoud voor een groot deel niet blijft hangen? Natuurlijk telt de belevenis op het moment dat je het boek leest ook, dat staat buiten kijf. Maar dit geldt ook voor het eten van crème brûlée; de belevenis op het moment zelf is plezierig, maar je verwacht niet dat het het karakter vormt van degene die het toetje oppeuzelt. Waar ligt het aan dat er maar zo weinig van onze lectuur blijft hangen?

We lezen verkeerd. We lezen niet selectief en grondig genoeg. We laten onze aandacht de vrije loop alsof het een zwerfhond is die is komen aanlopen en die we onverschillig verder laten zwerven in plaats hem af te richten. We verspillen onze waardevolste resource aan dingen die dit niet verdiend hebben.

Tegenwoordig lees ik anders dan een paar jaar geleden. Ik lees nog wel net zoveel als vroeger, maar minder boeken. In plaats daarvan lees ik betere boeken en die lees ik twee keer. Ik ben uiterst selectief geworden. Een boek verdient maximaal tien minuten van mijn tijd, daarna valt het oordeel – lezen of niet lezen. Het beeld van de strippenkaart ondersteunt me in mijn radicaliteit. Is het boek dat ik in mijn handen houd een boek waar ik een leeg vakje van mijn strippenkaart voor wil opofferen? Maar weinig boeken zijn een strip waard. En de boeken die dat wel zijn, lees ik twee keer en wel direct achter elkaar. Uit principe.

Een boek twee keer lezen? Waarom niet? Bij muziek zijn we eraan gewend een track vaker te beluisteren. En als je een instrument bespeelt weet je dat je een partituur niet meteen beheerst nadat je het een keer vanaf het muziekblad hebt gespeeld, maar pas nadat je het stuk heel vaak en zeer geconcentreerd hebt herhaald – voordat je je naar het volgende stuk haast. Waarom dan ook niet zo met boeken?

Het rendement van twee keer lezen is niet twee keer hoger dan wanneer je het een keer leest. Het rendement is veel hoger. Uit eigen ervaring schat ik een factor tien hoger. Blijft er na één keer lezen drie procent hangen, dan is dat na twee keer lezen dertig procent.

Ik ben iedere keer weer verbaasd hoeveel je absorbeert als je langzaam en geconcentreerd leest. Hoeveel nieuwe dingen je de tweede keer ontdekt en hoe je begrip door deze aandachtige manier van lezen verbreedt. Toen Dostojevski in 1867 in

Basel *Het lichaam van Christus in het graf* van Holbein bekeek, was hij zo geboeid door het schilderij dat zijn vrouw hem na een half uur moest wegtrekken. Twee jaar later kon hij dit schilderij in zijn roman *De idioot* in bijna fotografische details weergeven. Zou een snapshot met een iPhone hetzelfde effect hebben gehad?

Ik denk het niet! Het was nodig dat de grote romanschrijver in het schilderij dook en er op die manier iets productiefs mee kon doen. In iets duiken is hier het sleutelwoord. Ergens in duiken is het tegenovergestelde van surfen.

Een nadere toelichting. Rendement, dat klinkt technisch. Mag je zo over boeken oordelen? Ja, deze manier van lezen is gericht op nut en het is onromantisch. Bewaar romantiek voor andere activiteiten. Laat een boek geen sporen achter in de hersenen – omdat het een slecht boek is of omdat je het slecht gelezen hebt – dan ervaar ik het als pure tijdsverspilling. Een boek is kwalitatief iets anders dan een crème brûlée, een vlucht boven de Alpen of seks.

Ten tweede: misdaadromans gelden niet voor de strippenkaart. Je kunt ze op een enkele uitzondering na geen twee keer lezen. Wie wil er nou iemand ontmoeten waarvan al bekend is dat hij de moordenaar is?

Ten derde: je moet beslissen hoeveel strippen je persoonlijke strippenleeskaart mag hebben. Ik heb me beperkt tot honderd strippen voor de komende tien jaar. Dat is gemiddeld tien boeken per jaar – wat voor een auteur misdadig weinig is. Maar zoals gezegd lees ik deze excellente boeken twee keer, sommige zelfs drie keer, met veel plezier en tienvoudig rendement.

Ten vierde: als je nog jong bent, laten we zeggen in het eerste eenderde deel van je actieve leesleven, dan zou je zo veel boeken moeten verslinden als maar mogelijk is. Romans, korte verhalen, lyrische poëzie, verschillende soorten wetenschappelijke boeken. Kriskras door elkaar, zonder dat je let op de kwaliteit. Lees je vol. Waarom? Dat heeft te maken met de wiskundige optimalisering dat het *secretaressenprobleem* (hoofdstuk 48) wordt genoemd. In de klassieke formulering gaat het erom dat je uit een hoop sollicitanten de beste secretaresse vindt. Je krijgt een representatief beeld door de eerste 37 procent van de sollicitanten wel te interviewen maar af te wijzen. Door in het wilde weg te lezen, of – statistisch gezegd – door de vele steekproeven in het eerste eenderde deel van je leesleven krijg je een representatief beeld van wat er op literair vlak allemaal bestaat. Je scherpt je beoordelingsvermogen. Dit stelt je later in staat uiterst selectief te zijn. Begin dus pas op de leeftijd van ongeveer veertig jaar met een strippenleeskaart. Houd je er dan echter streng aan. Boven de veertig is het leven toch al te kort voor slechte boeken.

37

# DE DOGMA-VALKUIL

## Waarom ideologieën de zaken te eenvoudig maken

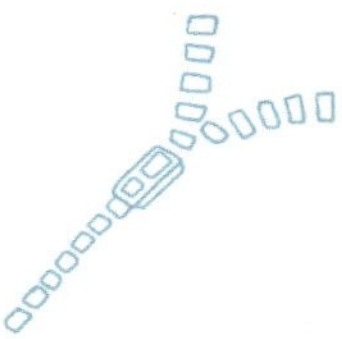

Hoe werkt een ritssluiting? Schat je kennis in. Waar sta je tussen 0 (geen idee) en 10 (weet precies hoe het zit)? Schrijf het getal op. Schets nu op een blad papier hoe een ritssluiting werkt. Schrijf er in steekwoorden bij hoe je de precieze werking zou uitleggen aan iemand die nog nooit een ritssluiting heeft gezien. Neem er een, twee minuten de tijd voor. Klaar? Geef nu je kennis van de ritssluiting nogmaals een cijfer tussen de 0 en 10.

Onderzoekers Leonid Rozenblit en Frank Keil van de universiteit van Yale hebben soortgelijke eenvoudige vragen aan honderden mensen gesteld. Hoe werkt een toilet? Hoe werkt een batterij? Het resultaat was steeds hetzelfde. We denken dat we iets relatief goed begrijpen, tot we gedwongen worden het uit te leggen. Pas dan wordt het ons langzaam duidelijk hoe gebrekkig onze kennis in werkelijkheid is. Het is jou waarschijnlijk niet anders vergaan. Je was ervan overtuigd dat je meer begreep dan daadwerkelijk het geval was. Dat is de *kennisillusie*.

Als we zelfs bij zulke eenvoudige dingen als een ritssluiting of toilet falen, hoe onwetend moeten we dan wel niet zijn als het gaat om de werkelijk grote vraagstukken?

Vragen zoals: hoeveel immigranten zijn voor een maatschappij op langere termijn gunstig? Of: moet gentherapie toegestaan worden? Of: maakt privéwapenbezit de samenleving veiliger?

Natuurlijk, ook bij zulke grote vraagstukken – opmerkelijk genoeg juist bij zulke grote vragen – komen onze antwoorden vliegensvlug. Maar wees eerlijk: we hebben de feiten niet doordacht. In de verste verte niet. Maatschappelijke vraagstukken zijn veel complexer dan ritssluitingen, toiletten en batterijen. Waarom? Omdat het ingrijpen in de maatschappelijke structuren veel grotere consequenties heeft dan het simpele indrukken van het knopje op de toiletspoelbak. Het is niet voldoende dat we alleen rekening houden met de eerste effecten. We moeten ook de effecten van de effecten van de effecten in ogenschouw nemen. Wil je dit serieus en nauwkeurig overwegen, dan heb je dagen, weken, ja maanden nodig. Wie heeft daar nou tijd voor en zin in?

Daarom nemen we gemakkelijk een kortere weg. Op dit punt gebeurt er iets merkwaardigs: in plaats van dat we boeken over het thema lezen of deskundigen raadplegen, nemen we de mening over van onze referentiegroep. Dat kan een politieke partij zijn, een beroepsgroep, een sociale klasse, een sportvereniging of een straatbende. Onze kennis is daarom lang niet zo objectief als we graag zouden willen. Het is hoofdzakelijk 'groepskennis,' zoals Steven Sloman en Philiph Fernbach het noemen in hun boek *The knowledge illusion*. We zijn helaas niet de onafhankelijke denkers die we graag zouden willen zijn. We doen met onze meningen niet veel anders dan met onze kleding. We dragen wat op dat moment in de mode is, of concreter, wat onze referentiegroep draagt.

Catastrofaal wordt het als zulke 'partijmeningen' zich niet meer beperken tot afzonderlijke inhoudelijke thema's, maar een compleet wereldbeeld vormen. In dat geval spreekt men van ideologieën. Ideologieën zijn partijmeningen tot de tiende macht. Ze leveren meningen als het ware in bundels.

Ideologieën zijn uiterst gevaarlijk. Ze werken als zwakstroom op onze hersenen, zorgen voor een hele hoop paniekreacties en laten alle zekeringen doorbranden. Daardoor zweren Europese jongemannen met een afgemaakte schoolopleiding bijvoorbeeld gehoorzaamheid aan de IS en strijden ze ervoor dat de middeleeuwse leer van de islam weer wordt ingevoerd.

Vermijd ideologieën en dogma's tot elke prijs, ook wanneer ze je aanstaan. Ideologieën zijn gegarandeerd verkeerd. Ze vernauwen je kijk op de wereld en verleiden je tot erbarmelijk slechte beslissingen. Ik ken geen enkele dogmaticus die ook maar bij benadering een goed leven had.

Tot zover is alles duidelijk. Het probleem is echter dat veel mensen helemaal niet merken dat ze ten prooi zijn gevallen aan een ideologie. Hoe herken je een ideologie? Drie rode vlaggen: ideologieën kunnen alles verklaren, zijn onweerlegbaar en zijn versluierd. Een uitstekend voorbeeld voor een alles verklaarbare, onweerlegbare ideologie is het marxisme. Stijgt de concentratie van vermogen van een samenleving, dan ziet elke aanhanger daar direct het voornaamste kwaad van het kapitalisme in bevestigd, zoals dat door Marx is beschreven. Daalt daarentegen de ongelijkheid, dan zal elke aanhanger dit direct met het verhaal van een klasseloze maatschappij uitleggen, zoals dat door Marx is voorspeld.

Op het eerste gezicht lijkt de onweerlegbaarheid een voordeel. Wie heeft niet graag een theorie bij de hand die zo sterk is dat je altijd gelijk hebt. In werkelijkheid zijn onweerlegbare theorieën echter allesbehalve onkwetsbaar. Je kunt ze zeer eenvoudig bespottelijk maken. Als je iemand tegenkomt die tekenen van een dogmatische infectie vertoont, stel dan deze vraag: 'Vertel me op welke specifieke feiten je moet stoten om jouw kijk op de wereld op te geven?' Als daar geen antwoord op volgt, ga dan met een grote boog om deze persoon heen. Stel jezelf overigens ook deze vraag als je vermoedt dat je je sterk tot een dogma voelt aangetrokken.

Om zo veel mogelijk onaantastbaar te zijn, zijn ideologieen vaak in nevelen gehuld. Dat is de derde rode vlag waaraan je een ideologie al van verre herkent. Een voorbeeld: de theoloog Hans Küng die zich anders zo duidelijk uitdrukt, beschrijft God als 'de absolute-relatieve, aardse-hiernamaalse, transcendente-immanente, allesomvattende-allesoverheersende, werkelijkste werkelijkheid in het hart van de mensen, in de geschiedenis van de mens, in de wereld.' Allesverklarend, onweerlegbaar en perfect versluierd! De taal is trouwens sowieso een goede indicatie voor ideologische onzin. Let erop, ook op je eigen taalgebruik. Probeer je eigen woorden te vinden om iets uit te drukken. Neem niet klakkeloos de formuleringen en beelden van je referentiegroep over. Heb het bijvoorbeeld niet over 'het volk' als je partij daarmee een bepaald deel van de maatschappij bedoelt. Vermijd slogans.

Wees vooral voorzichtig als je in het openbaar spreekt. Als je in het openbaar uitkomt voor een dogmatische positie, is dat een bewijs dat je deze positie nog dieper in je hersenen inprent. Die wordt daardoor bijna onuitroeibaar.

Ga op zoek naar tegenargumenten. En wel zoals in hoofdstuk 30 wordt voorgesteld: stel je voor dat je met vijf andere gasten uitgenodigd bent bij een televisieshow en dat de andere gasten een standpunt innemen dat haaks staat op dat van jou. Pas wanneer je jouw eigen standpunt minstens zo eloquent kunt verdedigen, heb je je mening werkelijk verdiend.

Conclusie: denk onafhankelijk. Wees geen al te trouwe partijaanhanger. En vooral, ga met een grote boog om dogma's heen. Hoe eerder je begrijpt dat je de wereld niet begrijpt, hoe beter je de wereld begrijpt.

38

# MENTALE SUBSTRACTIE

## Hoe je je van je geluk bewust wordt

Kerstavond in het Amerikaanse stadje Bedford Falls. George Bailey probeert zelfmoord te plegen. Bailey, filiaalleider van een kleine bank, een onberispelijke man, getrouwd, vader van vier kinderen, staat voor een faillissement omdat zijn oom zijn geld is kwijtgeraakt. Hij staat op een brug en wil in de rivier springen. Juist op dat moment valt een oudere man in het water en roept om hulp. Bailey redt hem. De man beweert dat hij een engel is. Natuurlijk gelooft Bailey hem niet en Bailey wenst dat hij nooit geboren was. Meteen gaat zijn wens in vervulling en verandert Bedford Falls in de treurige toestand die het stadje zou zijn geweest als George Bailey nooit zou hebben geleefd. Ontwaakt uit deze toestand is George Bailey op deze kerstavond verlost van zijn depressieve stemming. Dolgelukkig dat hij nog leeft rent hij door de hoofdstraat van het besneeuwde stadje. Hij lacht en juicht: '*Merry Christmas! Merry Christmas!*'

De tragikomedie *It's a wonderful life* uit 1946 met James

Stewart in de hoofdrol is een kerstklassieker geworden. Wat nog geen klassieker is geworden, is de mentale strategie die de engel in deze film gebruikt. De psychologische term voor deze strategie is *mental subtraction* (mentale substractie) en het behoort zeker in de gereedschapskist voor een goed leven. Het beste kunnen we de korte versie doornemen. Beantwoord eerst de vraag: hoe gelukkig ben je met je leven in het algemeen? Kies een getal tussen de 0 (doodongelukkig) en 10 (extatisch). Schrijf het getal nu in de kantlijn van deze bladzijde. Lees de volgende alinea (maar alsjeblieft alleen die en niet verder). Sluit daarna je ogen en volg de paar aanwijzingen op die je gelezen hebt.

Sluit je ogen. Stel je voor dat je je rechterarm hebt verloren. Er hangt nog maar een stomp aan je rechterschouder. Hoe voelt dat? Hoeveel moeilijker is je leven met maar één arm? Hoe eet je? Hoe typ je? Hoe fiets je? Hoe omarm je iemand? Stel je nu voor dat je ook je linkerarm hebt verloren. Je hebt geen handen. Je kunt niets vasthouden, niets aanraken, niets strelen. Hoe voel je je? Als derde stel je je voor dat je ook blind bent. Je kunt nog wel horen, maar nooit meer een landschap zien, nooit meer het gezicht van je levenspartner, je kinderen, je vrienden. Hoe voel je je? Zo, open nu je ogen weer. Neem minimaal twee minuten om goed over deze drie situaties na te denken en ze te 'doorvoelen' voordat je verder leest.

Hoe gelukkig ben je nu, na deze oefening, met je leven? Geef weer een cijfer tussen de 0 (doodongelukkig) en 10 (extatisch). Als je bent zoals de meeste mensen, is je geluksgevoel net gestegen. Toen ik deze oefening voor het eerst deed voelde het aan alsof ik een bal was die onder water plotseling werd losgelaten en als een fontein hoog de lucht in schoot.

Dat is het dramatische effect van mentale substractie.

Natuurlijk hoef je niet per se je armen en ogen weg te denken om je geluk een boost te geven. Je kunt ook nadenken over hoe je je zou voelen als je je levenspartner nooit had ontmoet, je kinderen bij een ongeluk om het leven zouden zijn gekomen, als je in een loopgraaf zou staan of op je sterfbed zou liggen. Belangrijk is dat je niet abstract denkt, maar dat je je inleeft in de situatie.

Zoals je in hoofdstuk 7 hebt gezien is dankbaarheid, gelet op de gelukkige toevallen in je leven – en vooral gelet op de gelukkige toevallen die je leven überhaupt mogelijk hebben gemaakt – een zeer passende emotie. Er is nauwelijks een zelfhulpboek dat de lezer niet aanmoedigt elke avond de positieve aspecten van zijn of haar leven de revue te laten passeren en dankbaarheid te voelen.

Er zijn echter twee problemen met dankbaarheid. Ten eerste: wie danken? Wie niet gelovig is, vindt geen ontvanger voor zijn dankbaarheid. Tweede probleem: gewenning. De menselijke hersenen reageren weliswaar heftig op veranderingen, maar wennen snel aan situaties. Dat is een voordeel als jou erge dingen zijn overkomen. Het verdriet over dat iemand je verlaten heeft of dat je na een ongeluk aan een rolstoel gekluisterd zit, neemt dankzij de gewenning sneller af dan we denken. Dan Gilbert noemt dit het *psychologische immuunsysteem*. Helaas werkt het psychologische immuunsysteem ook met betrekking tot de mooie dingen die we meemaken. Zes maanden na het winnen van een miljoen in de loterij is het effect op ons geluk in rook opgegaan. Precies zo is het na de geboorte van een kind of de koop van een nieuw huis. Omdat 99 procent van de positieve aspecten van je leven niet nu voorkomen, maar situaties zijn die al enige tijd duren, heeft de gewenning het geluk dat deze aspecten oorspronkelijk veroorzaakten al vernietigd. Dankbaarheid is wel een goede poging om te vechten tegen de gewenning, dus de mooie dingen van het leven bewust te benadrukken en eruit te lichten. Maar helaas wennen we ook aan dit mentale uitlichten. Bij mensen die elke avond in gedachten de positieve aspecten van hun leven doorlopen is het gelukseffect kleiner dan bij mensen die dit minder vaak doen. Een paradoxaal resultaat. Maar verklaarbaar door de nivellerende kracht van de gewenning.

Dat zijn dus de zwakke punten van de vaak gepredikte dankbaarheid: de vraag wie je moet danken en de gewenning. Nu het goede nieuws: mentale substractie kent geen van deze nadelen. Mentale substractie is voor de hersenen zo'n verrassende beweging dat ze daar niet aan wennen. Uit diverse onderzoeken van de Amerikaanse onderzoekers Dan Gilbert, Timothy Wilson en hun collega's blijkt dat mentale substractie het geluk significant meer vergroot dan gewoon denken aan de mooie dingen van het leven. De stoïcijnen kenden deze truc tweeduizend jaar geleden al. In plaats van dat je denkt aan alles wat je nog niet bezit, is het beter dat je nadenkt over hoe erg je de dingen zou missen die je nu hebt.

Stel dat je als atleet deelneemt aan de Olympische Spelen. Je bent in topvorm en wint zelfs een medaille. Wat zou je gelukkiger maken? Zilver of brons? Zilver natuurlijk, antwoord je. Maar uit een wetenschappelijke studie waarbij medaillewinnaars tijdens de Olympische Spelen van Barcelona in 1992 ondervraagd werden, bleek het tegenovergestelde. Zilveren medaillewinnaars waren ongelukkiger dan bronzen medaillewinnaars. Waarom? Omdat zilver zich mat met goud, en brons met 'geen medaille'. Met mentale substractie zou dit effect niet opgetreden zijn. Mentale substractie vergelijkt steeds met 'geen medaille'. Natuurlijk kun je in plaats van 'medaille' iets anders nemen wat je dierbaar is.

'We zijn ons vaak niet bewust van ons geluk,' schrijft psycholoog Paul Dolan. 'We moeten doen wat we kunnen om het in ons bewustzijn te plaatsen. Stel je voor dat je pianospeelt maar niet hoort hoe het klinkt. Veel in het leven is vergelijkbaar met pianospelen zonder dat je het hoort.' Met mentale substractie beleef je eindelijk weer de volledige klanken.

39

# HET MAXIMALE PIEKERPUNT

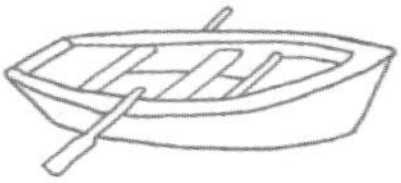

## Nadenken verhoudt zich tot doen als een zaklamp tot een schijnwerper

Pssst, ik verraad je nu het grootste geheim van het schrijverschap: de beste ideeën krijg je tijdens het schrijven, niet tijdens het nadenken. En als je geen auteur bent, kan deze kennis je toch van pas komen. Dit geldt namelijk voor alle gebieden van de menselijke activiteit. Een ondernemer weet pas of een product op de markt aanslaat als hij het produceert en op de markt aanbiedt. Niet door marktonderzoek. Een verkoper ontwikkelt de perfecte 'pitch' pas door talrijke verfijningen en na vele afwijzingen. Niet door het bestuderen van veel verkoophandleidingen. Ouders worden door de dagelijkse omgang met hun kinderen competente opvoeders. Niet door het lezen van opvoedboeken. En musici worden door het musiceren voortreffelijke muzikanten. Niet door het nadenken over de mogelijkheden van hun instrument.

Hoe komt dit? Doordat de wereld voor ons opaak is – ondoorzichtig, troebel als matglas. Niemand belicht de realiteit helemaal; zelfs de intellectueelste mens ziet altijd maar een paar meter ver in een bepaalde richting. Als je die inzichtgrens wilt overschrijden, moet je vooruitgaan, niet stil blijven staan. Doen, niet nadenken.

Een vriend, een intelligente man met een MBA (dat hoeft niet tegen hem te spreken) en een goede baan in het middenkader van een farmaciebedrijf, wil al tien jaar lang een eigen bedrijf starten. Hij heeft honderden boeken gelezen over het oprichten van een onderneming. Hij heeft duizenden uren over producten nagedacht. Stapels marktonderzoeken verzameld. Tientallen businessplannen geschreven. Het resultaat: tot nu toe niets. Steeds komt hij op een punt dat zijn innerlijke stemmetje tegen hem zegt: je ondernemingsidee is misschien veelbelovend, maar veel zal ervan afhangen of het in de praktijk lukt en hoe mogelijke concurrenten reageren. Geen dag extra piekeren brengt hem ook maar een millimeter voorbij dat punt. Het is het punt waarop het extra inzicht door nadenken tot nul zinkt. Laten we dit punt het maximale piekerpunt noemen.

Er is niets mis met nadenken. Al na korte tijd nadenken bereik je enorme vooruitgang qua inzicht. Maar mettertijd worden deze vorderingen minder en minder. En het is verbazingwekkend hoe snel je het maximale piekerpunt bereikt. Bijvoorbeeld bij investeringsbeslissingen. Als alle ontdekte feiten op tafel liggen, heb je hoogstens nog drie dagen bedenktijd nodig. Bij personeelsbeslissingen misschien een dag. Gaat het om een carrièreswitch: hooguit een week. Misschien geef je jezelf nog een beetje meer bedenktijd zodat huidige gevoelsschommelingen geen al te sterke invloed hebben. Maar daarna helpt denken niet meer. Je moet handelen om tot nieuwe inzichten te komen.

Vergeleken met de zaklamp van het nadenken is het doen

een echte schijnwerper. De straal daarvan reikt in de ondoorgrondelijke wereld veel verder. En ben je eenmaal tot een nieuw, interessant gebied doorgedrongen, dan kun je altijd weer de zaklamp van het piekeren aanzetten.

De volgende vraag laat zien hoe belangrijk daadkracht is. Wie zou je meenemen naar een onbewoond eiland midden in de oceaan? Denk er kort over na voordat je verder leest. Je levenspartner? Een vriend of vriendin? Een adviseur? De slimste professor die je kent? Of een onderhandelingskunstenaar? Natuurlijk niet! Maar wel een botenbouwer!

Theoretici, professors, adviseurs, schrijvers, bloggers en journalisten zouden graag willen dat de wereld aan je geopenbaard wordt doordat je erover nadenkt. Dat is helaas zelden het geval. Denkers als Newton, Einstein of Feynman zijn uitzonderingen. Bijna alle stappen die nodig waren om iets van de wereld te begrijpen, of het nu is op het gebied van de wetenschap, de economie of het dagelijks leven, zijn ontstaan door een fysieke confrontatie met de ondoorgrondelijke wereld. Het begrip is ontstaan doordat iemand zich aan deze wereld heeft blootgesteld.

Dat is makkelijker gezegd dan gedaan. Ook ik blijf veel te lang nadenken, ver voorbij het piekerpunt. Waarom? Omdat het makkelijker is. Omdat het aangenamer is om na te denken dan het initiatief te nemen. Omdat het behaaglijker is voor je uit te staren en te peinzen dan iets te verwezenlijken. Omdat als je nadenkt het risico op een mislukking nul is, terwijl als je iets gaat doen dat risico altijd groter is dan nul. Daarom zijn nadenken en commentaar geven zo ontzettend geliefd. Als je nadenkt heb je geen wrijving met de realiteit en kun je dus niet falen. Maar als je iets doet wel. Dan doe je echter wel ervaring op. ‘Ervaring is dat wat je krijgt als je niet krijgt wat je wilde,' luidt een toepasselijke spreuk.

Pablo Picasso wist hoe waardevol de moed is om iets uit te proberen. 'Om te weten wat je wilt tekenen,' zei hij, 'moet je met tekenen beginnen.' Precies zo is het met het leven. Om te weten wat je in het leven wilt, kun je het beste gewoon met iets beginnen. Dit hoofdstuk kan je een duwtje geven, maar wees gewaarschuwd: het goede leven vind je niet door erover na te denken.

De psychologie noemt deze dwaalleer de introspectie-illusie (zie hoofdstuk 8). Door pure theoretische zelfbezinning zouden we op onze echte neigingen kunnen stoten, op onze levenszin, op de gouden kern van onze gelukzaligheid. Waarschijnlijker is het dat je door zelfbezinning wegzakt in een moeras van stemmingen, vage gedachten en onduidelijke emoties.

Denk de volgende keer dat je voor een belangrijke beslissing staat intensief na, maar alleen tot het maximale piekerpunt. Je zult verbaasd zijn hoe snel je dat punt bereikt. Als je daar bent aangekomen, doe je zaklamp dan uit en zet de schijnwerper aan. Dit werkt zowel beroepsmatig als in je privéleven. Het maakt niet uit of je in je carrière investeert of in je liefdesleven.

40

# ANDERMANS SCHOENEN

Het omkeren van de rollen

Ondernemer Ben Horowitz, medeoprichter van PayPal en durfkapitalist, werd een paar jaar geleden geconfronteerd met een managementprobleem. Twee uitstekende afdelingen van een bedrijf waarover hij de leiding had, de serviceafdeling en de programmeurs, stonden op voet van oorlog met elkaar. De programmeurs verweten de mensen van de serviceafdeling dat ze de klanten niet snel genoeg antwoordden en daardoor de verkoop blokkeerden. Mensen van de serviceafdeling verweten de programmeurs dat ze foutieve codes schreven en niet luisterden naar hun verbetervoorstellen. Natuurlijk was het absoluut noodzakelijk dat beide afdelingen nauw samenwerkten. Beide werden op zichzelf gezien uitstekend gemanaged en beschikten over uitstekend personeel. Oproepen om zich in gedachten in de andere positie te verplaatsen hadden nauwelijks nut. Toen had Horowitz een idee. Hij maakte het hoofd van de serviceafdeling tot hoofd van de programmeursafdeling en omgekeerd! En dat niet slechts tijdelijk, maar permanent! De beide leidinggevenden waren eerst ontzet, maar al een week nadat ze in de rol van hun antagonist waren gekropen begrepen ze waar de schoen wrong. In de daaropvolgende weken pasten ze de processen aan en vanaf dat moment werkten de afdelingen beter samen dan alle andere afdelingen binnen het bedrijf.

Het lukt zelden om je in te leven in de positie van een ander. De daarvoor benodigde gedachtesprong is te groot en de interesse te klein. Om iemand werkelijk te begrijpen, moet je zijn of haar positie innemen, niet alleen in gedachten maar in het echt. Je moet in de huid van de ander kruipen en zijn of haar situatie aan den lijve ondervinden.

Ik nam het werk van moeders nooit serieus tot we zelf kinderen kregen en ik af en toe alleen voor onze baby's, een tweeling, zorgde. Na een halve dag was ik erger uitgeput dan na een tiendaagse zakenreis. Natuurlijk hadden diverse moeders me dit al voorspeld en staat het in talloze handboeken voor ouders. Maar dat had me allemaal koud gelaten. Pas door het te doen ging ik het begrijpen.

Het is verbazingwekkend hoe zelden we deze eenvoudige truc gebruiken. 'We moeten vanuit de klant denken,' staat in elke bedrijfshandleiding. Dat is weliswaar nobel gedacht, maar niet voldoende. 'We moeten klanten zijn,' zou er moeten staan. Er zijn bedrijven die dat begrepen hebben. Schindler is marktleider in liften en roltrappen. In het eerste jaar moet iedere nieuwe Schindler-medewerker – van secretaresse tot bedrijfsleider – drie weken met de monteurs mee. Hij of zij trekt een blauwe overall aan en helpt op de bouwplaats bij het installeren van de liften of roltrappen. Zo leren de Schindler-nieuwelingen niet alleen het gecompliceerde innerlijke leven van hun producten kennen, maar ervaren ze ook hoe het is om op een bouwterrein te werken. Daarnaast geven ze een statement af: 'Kijk, ik voel me niet te goed om mijn handen vuil te maken.' Alleen die daad kweekt rijkelijk goodwill tussen de afzonderlijke afdelingen.

Je onder het personeel begeven is iets wat graag gestimuleerd wordt. Je kent het wel: er is nauwelijks een jaarverslag waarop de dames en heren van het topmanagement niet voor een lopende band poseren. Slechts in een op de honderd jaarverslagen tref je een ander beeld aan: topmanagers die écht aan de lopende band werken, in werkkleding en met een veiligheidshelm op. Die zich klaarblijkelijk niet te goed voelen hun kapsel in ieder geval voor de foto te ruïneren. Van zulke ondernemers koop ik trendmatig aandelen.

Nadenken en doen zijn twee totaal verschillende manieren om de wereld te begrijpen. Veel mensen verwisselen nadenken met doen. Een studie bedrijfseconomie is ideaal om hoogleraar bedrijfseconomie te worden, maar niet om ondernemer te worden. Een literatuurstudie is perfect als je professor in de literatuur wilt worden. Maar geloof maar niet dat een talenstudie een goede auteur van je maakt.

Werkt de overdracht van nadenken naar doen ten minste bij abstracte dingen, bijvoorbeeld op het gebied van de moraal? Eric Schwitzgebel en Joshua Rust hebben die vraag getest. Zijn professors in de ethiek die zich dag in dag uit bezighouden met morele kwesties betere mensen? Dat zou je toch wel mogen verwachten. De onderzoekers vergeleken ethiekdocenten met andere professors met betrekking tot zeventien handelswijzen. Dit varieerde van bloed doneren, deuren dichtslaan tot het opruimen van hun afval bij conferenties. En wat bleek? De specialisten op het gebied van moraalfilosofie gedroegen zich geen haar beter dan de anderen.

Als je accepteert dat nadenken en doen afzonderlijke terreinen zijn, kun je van deze kennis profiteren. Kerken, legers en universiteiten behoren tot de stabielste organisaties ter wereld. Ze hebben meerdere eeuwen getrotseerd en duizenden oorlogen overleefd. Wat is het geheim van hun stabiliteit? Ze rekruteren van binnenuit. Elke leidinggevende trap bezit strikt persoonlijke, praktische kennis hoe het 'daaronder' aanvoelt. Om bisschop te worden moet je ooit helemaal onderaan als predikant begonnen zijn. Elke generaal is ooit als soldaat begonnen. En directeur van een universiteit word je alleen als je eens een nietige assistent van een professor bent geweest. Geloof je dat bijvoorbeeld de CEO van Walmart – per slot van rekening een man die de leiding heeft over twee miljoen medewerkers – een geschikte generaal van een leger van twee miljoen soldaten zou zijn? Bepaald niet. Geen leger ter wereld zou op het idee komen hem te rekruteren.

Conclusie: het gaat erom dat je in de schoenen van anderen stapt en daar daadwerkelijk in rondloopt. Doe dat met je belangrijkste partners: je levenspartner, je klanten, je medewerkers, je kiezers (als je politicus bent). Het verwisselen van de rollen is verreweg de efficiëntste, snelste en goedkoopste manier om wederzijds begrip op te bouwen. Wees de spreekwoordelijke koning die zich als bedelaar verkleed onder het volk begeeft. En omdat dit niet altijd mogelijk is, nog een advies. Lees romans. Zoveel mogelijk, liefst goede romans. In een goede roman duiken en het lot van de hoofdpersoon met alle hoogte- en dieptepunten meebeleven is een efficiënte tussenoplossing tussen nadenken en doen.

41

# DE WERELD-VERANDERINGSILLUSIE – DEEL 1

## Val niet ten prooi aan de 'grote mannen'-theorie

'We kunnen de wereld veranderen. We kunnen de wereld verbeteren. Het ligt in jouw macht dit te doen.' (Nelson Mandela)
'Wie gek genoeg is te geloven dat hij de wereld zou kunnen veranderen, zal het doen.' (Steve Jobs)

Dat zijn prikkelende zinnen die onze fantasie op gang brengen. Ze geven ons een gevoel van betekenis, vitaliteit en hoop.

Maar kunnen we de wereld werkelijk veranderen? Ondanks de einde-van-de-wereldstemming die kranten graag opwekken, werden boodschappen zoals hierboven nog nooit zo mantra-achtig herhaald als tegenwoordig. Nog nooit werd er zo veel optimisme verspreid wat betreft de invloed van het individu. De mensen in de middeleeuwen, de antieke oudheid of de steentijd zouden de beide bovenstaande citaten niet eens begrepen hebben. Voor hen was de wereld hoe die altijd al was. Als het tot ingrijpende omwentelingen kwam, dan waren het koningen die oorlogen beraamden of ontstemde goden die wraak namen met aardbevingen. Dat een enkele burger, een enkele boer, een enkele slaaf de wereld zou hebben kunnen veranderen, op zulke absurde gedachten kwam niemand.

Wat dat betreft zijn we tegenwoordig heel anders. We zien onszelf niet alleen als wereldburgers maar veel meer als wereldsmeders. We zijn bezeten van de overtuiging dat we met onze start-ups, crowdfundings- en liefdadigheidsprojecten de wereld kunnen omploegen. Precies zoals de fantastische, succesvolle ondernemers in Silicon Valley of de geniale uitvinders uit de wereldgeschiedenis ons hebben voorgedaan. Het is niet voldoende dat we ons leven veranderen. We willen de wereld veranderen. We werken voor organisaties die zich dit als doel hebben gesteld en zijn – dankbaar voor dit betekenisvolle aanbod – bereid voor de helft van het loon te werken.

Het enige wat de wereld kan veranderen is een van de grootste ideologieën van onze eeuw – en gelijktijdig een grandioze illusie. Twee denkfouten vloeien hier ineen. Ten eerste de focusseringsillusie (zie hoofdstuk 11), die Nobelprijswinnaar Daniel Kahneman als volgt uitlegt: 'Niets in het leven is zo belangrijk als je denkt op het moment dat je erover nadenkt.' Als je met een loep over een landkaart gaat, wordt het stukje kaart vergroot. Onze aandacht werkt als een loep. Als we ons verdiepen in onze verander-de-wereldprojecten lijkt de betekenis hiervan veel groter dan die daadwerkelijk is. We overschatten het belang van ons voornemen.

De tweede denkfout wordt *intentional stance* genoemd. Dit begrip heeft de Amerikaanse filosoof Daniel Dennett geformuleerd. Intentional stance (intentionele houding) betekent dat we achter elke verandering opzet vermoeden. Het maakt niet uit of er werkelijk opzet achter zit of niet. Als het IJzeren Gordijn valt, zoals in 1989 gebeurde, dan moet iemand daar doelbewust naartoe gewerkt hebben. Dat de apartheid in Zuid-Afrika verdween zou zonder een voorvechter als Nelson Mandela niet mogelijk zijn geweest. Gandhi was nodig zodat India onafhankelijk kon worden. Voor smartphones was Steve Jobs nodig. Zonder Oppenheimer geen atoombom. Zonder Einstein geen relativiteitstheorie. Zonder Benz geen automobiel. Zonder Tim Berners-Lee geen world wide web. Bij elke grootse verandering vermoeden we dat iemand die verandering voor de wereld wilde bewerkstelligen.

Het vermoeden dat er opzet schuilt achter de ontwikkelingen stamt uit ons evolutionaire verleden. Liever een keer te veel denken dat er opzet in het spel is dan een keer te weinig. Je kunt er beter een keer te veel van uitgaan dat het geritsel in de bosjes een hongerige sabeltandtijger of vijandige krijger is dan dat het de wind is. Natuurlijk waren er ook mensen die regelmatig dachten dat het de wind was. In 99 procent van de gevallen konden ze weliswaar besparen op de calorieën voor het wegrennen, maar ze werden vroeg of laat onverhoeds en weinig fraai uit de genenpoel verwijderd. Wij huidige mensen zijn de biologische afstammelingen van die hominiden met een hyperactieve intentionele houding. Deze houding is stevig verankerd in onze hersenen. Vandaar dat we ook opzet vermoeden en spionnen zien als die er niet zijn. Maar hoe kon zoiets als de beëindiging van de apartheid zonder Nelson Mandela op gang zijn gekomen? Hoe kon iemand anders dan de visionair Steve Jobs zoiets als de iPhone ontwerpen?

De intentionele houding leidt ertoe dat de wereldgeschiedenis als de geschiedenis van de 'grote mannen' (het waren helaas hoofdzakelijk mannen) wordt geïnterpreteerd. In zijn boek *De evolutie van alles* maakt de geniale Britse auteur en politicus Matt Ridley radicaal een eind aan de 'grote mannen'-

theorie. 'We hebben de neiging elke slimme persoon die op het juiste moment op de juiste plek was te bedelven onder veel lof.' Dat wisten de vertegenwoordigers van de verlichting al. Montesquieu schreef: 'Maarten Luther wordt verantwoordelijk gehouden voor de reformatie... maar die moest plaatsvinden. Als het Luther niet was geweest dan was het iemand anders geweest.'

Rond 1500 onderwierpen een handjevol Portugese en Spaanse veroveraars heel Midden- en Zuid-Amerika. De wereldrijken van de Azteken, de Maya's en de Inca's stortten in korte tijd ineen. Waarom? Niet omdat 'grote mannen' als Cortés uitermate slim en begaafd waren, maar omdat deze waaghalzige avonturiers ongewild vanuit Europa ziektes meebrachten waarvoor ze zelf immuun waren, maar die voor de inheemse bevolking dodelijk bleken te zijn. Virussen en bacteriën zijn de reden waarom een half continent tegenwoordig Spaans of Portugees spreekt en een katholieke god aanbidt.

Maar als het niet de 'grote mannen' waren, wie hebben dan de wereldgeschiedenis geschreven? Antwoord: niemand. Actuele gebeurtenissen zijn een toevaltreffer van oneindig veel stromingen en invloeden. Het werkt eerder als wegverkeer dan als één auto. Niemand dirigeert het. De wereldgeschiedenis is fundamenteel wanordelijk, toevallig en onvoorspelbaar. Als je uitgebreid historische documenten bestudeert, zul je vaststellen dat alle grote veranderingen iets toevalligs hebben. En je zult begrijpen dat ook de eminente figuren uit de wereldgeschiedenis marionetten waren van de actuele gebeurtenissen. Het behoort tot het goede leven dat je geen 'grote mannen' vereert. En niet de illusie hebt dat je er zelf eentje zou kunnen zijn.

R.I.P.

42

# DE WERELD-VERANDERINGSILLUSIE – DEEL 2

## Waarom je niemand op een voetstuk moet plaatsen – en jezelf al helemaal niet

We hebben in het vorige hoofdstuk de theorie van de 'grote mannen' als denkfout ontmaskerd. Nu kun je tegenwerpen: maar er waren toch wel een paar 'grote mannen'? Sommige hebben de geschiedenis van hele continenten bepaald! Deng Xiaoping bijvoorbeeld. Hij voerde in 1978 in China de markteconomie in en bevrijdde daarmee miljoenen mensen van de armoede. Het succesvolste ontwikkelingsproject aller tijden. Zonder Deng Xiaoping zou China tegenwoordig geen wereldmacht zijn.

Echt niet? De analyse van de Britse auteur Matt Ridley laat een ander beeld zien. Het was een ontwikkeling van onderaf. In het afgelegen dorp Xiaogang besloten achttien wanhopige boeren het land van de staat onder elkaar te verdelen. Ieder moest voor zichzelf kunnen produceren. Alleen met deze criminele daad, geloofden ze, zouden ze genoeg uit het land kunnen halen om hun familie te voeden. En inderdaad produceerden ze al in het eerste jaar meer dan in de voorgaande vijf jaar samen. De overvloedige oogst trok de aandacht van een lokale partijfunctionaris. Hij stelde voor om het experiment uit te breiden naar andere boerderijen. Uiteindelijk kreeg Deng Xiaoping het papier in handen. Hij besloot de proef nog verder uit te breiden. Een minder pragmatische partijleider als Deng 'had misschien de landhervormingen op de lange baan geschoven, maar ze zouden er vroeg of laat gekomen zijn,' schrijft Ridley.

Dat kan wel zijn, denk je misschien, maar er zijn ook uitzonderingen. Zonder Gutenberg geen boeken. Zonder Edison geen gloeilamp. Zonder de gebroeders Wright geen vakantievluchten.

Ook dat klopt niet. Ook die drie zijn slechts figuren van hun tijd. Als het Gutenberg niet gelukt was, dan had iemand anders wel de boekdrukkunst ontwikkeld. Of dan had de technologie vroeg of laat vanuit China (waar die al lang bekend was) zijn weg naar Europa gevonden. Net als met de gloeilamp. Na de ontdekking van de elektriciteit was het slechts een kwestie van tijd tot het eerste kunstlicht aanging. En het ging niet eens voor het eerst aan in huize Edison. Er waren 23 andere knutselaars die hun draden tot schijnen brachten. Ridley: 'Ondanks zijn virtuositeit was Thomas Edison geheel overbodig. Nemen we het feit dat Elisha Gray en Alexander Graham Bell de patentaanvraag voor de uitvinding van de telefoon op dezelfde dag indienden. Stel dat een van hen beiden op weg naar het patentbureau door een paard zou zijn doodgetrapt. De wereld zou vandaag de dag dezelfde zijn geweest.' Net zo goed waren ook de gebroeders Wright slechts één team van de vele mensen die wereldwijd zweefvliegtuigen met een motoropzetstuk combineerden. Als de gebroeders Wright er nooit waren geweest, betekent dat niet dat je tegenwoordig de veerboot naar Mallorca zou moeten nemen. Iemand anders zou de motorvliegerij hebben ontwikkeld. En zo is het met bijna alle uitvindingen en ontdekkingen. 'Technologie vindt zijn uitvinder,' bewijst Ridley, 'niet andersom.'

Zelfs grote wetenschappelijke doorbraken zijn niet afhankelijk van personen. Zodra meetinstrumenten de nodige precisie bezitten, volgen de ontdekkingen vroeg of laat vanzelf. Dat is de vloek van de wetenschap. De afzonderlijke onderzoeker is eigenlijk irrelevant. Alles wat er te ontdekken valt, wordt ooit door iemand ontdekt.

Datzelfde geldt voor ondernemers en managers in het bedrijfsleven. Toen de zogenaamde homecomputers in de jaren tachtig op de markt kwamen was het absoluut noodzakelijk dat iemand er een bedrijfssysteem voor ontwikkelde. Toevallig was dit Bill Gates. Misschien zou iemand anders minder succesvol zijn geweest, maar we zouden soortgelijke softwareoplossingen hebben. Misschien zou de smartphone er zonder Steve Jobs tegenwoordig minder elegant uitzien, maar het toestel zou op dezelfde wijze functioneren.

In mijn vriendenkring heb ik een paar CEO's. Sommige geven leiding aan grote ondernemingen met honderdduizend medewerkers. Ze nemen hun werk serieus. Sommigen werken tot ze erbij neervallen en verdienen flink. Toch zijn ze feitelijk vervangbaar. Al een paar jaar nadat ze zijn gestopt met werken is er niemand meer die zich hun naam herinnert. Natuurlijk hadden gigantische bedrijven als General Electric, Siemens of Volkswagen eens uitstekende CEO's. Maar wie kent tegenwoordig nog hun naam? Ze zijn niet alleen vervangbaar, ook de eruit springende resultaten van hun bedrijven hangen minder van hun beslissingen af dan van de toevallige ontwikkelingen van de gehele markt. Warren Buffett drukt het zo uit: 'Een goed zakelijk resultaat is veel afhankelijker van de boot waarin je zit dan van de efficiëntie waarmee je roeit.' Nog frappanter ziet Matt Ridley het: 'De meeste CEO's zijn goed betaalde profiteurs die surfen op de golf die hun medewerkers in beweging hebben gezet... De illusie dat ze feodale koningen zijn wordt door de media in stand gehouden. Maar dat is een hersenschim.'

Mandela, Jobs, Gorbatsjov, Gandhi, Luther, de uitvinders en grote CEO's waren kinderen van hun tijd, niet de ouders van de tijd. Natuurlijk hebben ze met hun eigen tactiek belangrijke processen gestuurd. Maar als zij er niet waren geweest, hadden andere mensen wel iets soortgelijks gedaan. We zouden dus terughoudend moeten zijn wat betreft het op een voetstuk plaatsen van 'grote mannen' of 'grote vrouwen'. En bescheiden blijven als het om onszelf gaat.

Hoe buitengewoon je prestaties ook mogen zijn, de waarheid is: het gaat ook zonder jou. Je persoonlijke invloed op de wereld is piepklein. Het maakt niet uit hoe geniaal je bent – als ondernemer, onderzoeker, CEO, generaal of president –, in het grote wereldgebeuren ben je onbetekenend, overbodig en vervangbaar. Het enige gebied waarop je werkelijk een beslissende rol speelt, is je eigen leven. Concentreer je daarop. Concentreer je op je eigen omgeving. Je zult zien: grip op je leven krijgen is ambitieus genoeg. Waarom zou je je aanmatigen de wereld te veranderen? Bespaar jezelf deze teleurstelling.

Natuurlijk, misschien brengt het toeval je van tijd tot tijd in een positie met grote verantwoordelijkheid. Dan neem je die verantwoordelijkheid en speel je de jou toebedeelde rol met groot vakmanschap. Wees de beste ondernemer, de slimste politicus, de bekwaamste CEO en de geniaalste onderzoeker die je kunt zijn. Maar val niet ten prooi aan de vergissing dat de hele mensheid op jou heeft gewacht.

Ik twijfel er geen moment aan dat mijn boeken als stenen in de oceaan van de wereldgeschiedenis zullen ondergaan. Na mijn dood zullen mijn zonen nog wel een tijdje over me spreken. Mijn vrouw hopelijk ook. Misschien zelfs mijn kleinkinderen. Maar dan is het voorbij. Dan zal Rolf Dobelli vergeten zijn. En zo zou het ook moeten zijn. Jezelf niet al te belangrijk vinden is een van de waardevolste strategieën voor een goed leven.

3+
5
1-
1
4
6
2
2

43

# HET GELOOF IN EEN 'EERLIJKE WERELD'

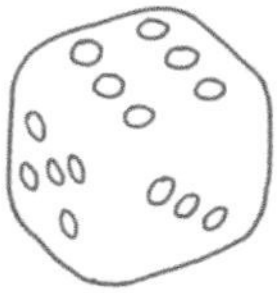

## Waarom ons leven geen klassieke misdaadroman is

Twee misdaadromans. In de eerste vindt de detective na een opwindende speurtocht eindelijk de moordenaar en arresteert hij hem. De moordenaar wordt voor de rechter geleid en veroordeeld. In de tweede misdaadroman vindt de detective na een opwindende speurtocht de moordenaar niet. De detective sluit het dossier en stort zich op de volgende zaak. Welke van de twee misdaadromans is voor jou als lezer bevredigender? Vast en zeker de eerste. Onze wens naar gerechtigheid is zo groot dat we de gedachte aan ongerechtigheid nauwelijks kunnen verdragen.

Toch is deze wens veel meer dan een wens. We rekenen er ook op dat deze in vervulling gaat. Als dat niet nu is, dan later. De meeste mensen zijn er heilig van overtuigd dat de wereld in principe rechtvaardig is. Dat goede daden beloond worden en slechte daden bestraft. Dat slechte mensen eens voor hun daden moeten boeten en dat moordenaars achter de tralies verdwijnen.

In werkelijkheid ziet het er helaas heel anders uit. De wereld is niet rechtvaardig, maar tamelijk onrechtvaardig. Wat doen we met dit onaangename feit? Ik ben ervan overtuigd dat je een beter leven zult hebben als je de onrechtvaardigheid in de wereld als feit accepteert en stoïcijns verdraagt. Je bespaart jezelf daardoor een hoop teleurstellingen op je tocht door het leven.

Een van de sappigste Bijbelverhalen is dat van Job. Job is een zeer geliefde, succesvolle, vrome ondernemer die fier in het leven staat, een man van formaat met een intact huwelijk, tien fantastische kinderen. Kortom, hij is een van die benijdenswaardige mensen die alles voor elkaar hebben. De duivel zegt tegen God: 'Het is geen wonder dat Job zo vroom is. Het gaat voortreffelijk met hem. Als het slechter met hem zou gaan, zou zijn geloof snel gaan wankelen.'

God is beledigd. Hij wil de bewering van de duivel weerleggen en staat hem toe Jobs leven een beetje overhoop te halen. Job verliest in een keer al zijn geld. De duivel doodt al zijn kinderen; zeven zonen en drie dochters (vandaar het begrip 'jobstijding' voor nieuws met een verschrikkelijke inhoud). Zelfs zijn slaven sterven. Ten langen leste krijgt hij ook nog een ziekte. Zijn lichaam is van zijn kruin tot zijn voetzolen bedekt met pijnlijke etterbuilen. Hij wordt uitgelachen en verstoten. Job is aan het einde van zijn Latijn, zit op de as van zijn afgebrande huis en zijn vrouw raadt hem aan: 'Veracht God en sterf.' Maar Job prijst God net als voorheen. Hoe graag zou hij willen sterven, alleen om te ontkomen aan de pijn. Maar dat laat God niet toe. Uiteindelijk steekt er een wervelwind op. Het is God en Hij legt uit dat Zijn handelingen voor mensen onbegrijpelijk zijn en dat altijd zullen blijven. Hem, God, kan men met de beste wil van de wereld niet doorgronden. Omdat Job heeft volgehouden, omdat zelfs de meest erbarmelijke straffen hem niet aan God deden twijfelen, krijgt hij alles weer terug. Zijn gezondheid, zijn rijkdom, zijn hele familie met de schare kinderen. God overlaadt hem met geluk en Job bereikt een gezegende leeftijd.

Vergeleken met een standaardmisdaadroman waarin de moordenaar gepakt en veroordeeld wordt is het verhaal van Job iets ingewikkelder. Maar het eindigt hetzelfde. Job beleeft dan wel eerst fundamentele ongerechtigheid, maar aan het einde komt alles toch nog goed. Met andere woorden: de wereld kan soms wel onrechtvaardig líjken, maar dat komt alleen doordat we niet begrijpen hoe God denkt en handelt. Je moet de onrechtvaardigheid verdragen, zegt de Bijbel. Het duurt niet eeuwig. Achter alles gaat een rechtvaardig plan schuil dat jullie mensenkinderen, zo beperkt als jullie zijn, gewoon niet begrijpen.

Dat is, psychologisch uitgedrukt, een perfecte coping-strategie hoe je met zware beproevingen moet omgaan. Ontslag, diagnose van kanker, dood van je kinderen. Allemaal zeer tragisch, maar in het grote geheel zal het zin hebben en het is niet aan mij dit te begrijpen. God stelt me op de proef. En als ik nog steeds onwankelbaar in Hem geloof zal Hij me daar eens voor belonen.

Tot zover is het allemaal heel troostend. Maar wie gelooft er tegenwoordig nog oprecht in God? En al helemaal in een die verschrikkelijke wandaden toelaat, hoewel hij alles toch perfect zou kunnen regelen? Steeds meer mensen schudden daar vol ongeloof hun hoofd over. En toch klampen we ons stilletjes en krampachtig vast aan een rechtvaardig wereldplan. We willen geloven in een soort karma. Dat goede daden worden beloond en slechte bestraft. Is het niet in dit leven, dan toch in het volgende.

De Engelse filosoof John Gray schrijft: 'In het oude Griekenland was het duidelijk dat ieders leven werd geregeerd door puur toeval en door het lot. Ethiek was weliswaar een kwestie van goedheid, wijsheid en dapperheid, maar zelfs de moedigste en wijste mensen werden onverhoeds getroffen door ondergang en verderf. Wij geven er de voorkeur aan, in ieder geval in het openbaar, om te doen alsof goed handelen uiteindelijk de moeite loont. Maar we geloven het niet werkelijk. In principe weten we dat het ons niet kan beschermen tegen het toeval.'

Hier de waarheid. Er bestaat geen rechtvaardig wereldplan. Er bestaat niet eens een onrechtvaardig plan. Er bestaat helemaal geen plan. De wereld is fundamenteel amoreel. We hebben hier dusdanig moeite mee dat de wetenschap er inmiddels een naam voor heeft gevonden: *Just-world fallacy* (de misvatting van de rechtvaardige wereld). Dit betekent geenszins dat we niet moeten strijden tegen onrechtvaardigheid, bijvoorbeeld door verzekeringen of sociale herverdeling. Er is echter veel wat je niet kunt verzekeren of herverdelen.

Een van mijn leraren aan het gymnasium gaf willekeurig cijfers, zonder dat die betrekking hadden op de prestaties. Deze at random, te hooi en te gras gegeven cijfers kwamen direct op het rapport. Wij scholieren protesteerden luidkeels. Toen dat niets opleverde, renden we naar de directeur. Deze koesterde eerbied voor een leraar met een doctorstitel en ondernam niets. We riepen uit dat het absoluut oneerlijk was. Maar de leraar bleef rustig. 'Het leven is niet eerlijk. Hoe vroeger jullie dat leren, hoe beter!' We konden hem wel vermoorden. Nu ik erop terugkijk, besef ik dat het in die acht jaar op het gymnasium een van de belangrijkste lessen is geweest.

Nadat de Duitse filosoof Leibniz driehonderd jaar geleden beweerd had dat we in de beste van alle werelden leefden (omdat God niet expres een slechte gebouwd kon hebben), diende Voltaire hem een paar decennia later van repliek en schreef hij de satirische roman *Candide*. Onder de indruk van een nietsontziende aardbeving in Lissabon die in 1755 de hele stad verwoestte, kon niemand meer in een rechtvaardig wereldplan geloven. De utopie van een zorgeloos leven voor iedereen was verdwenen. De hoofdpersoon heet Candide. Hij maakt een leven vol ellende door en eindigt met het besef: 'Je moet je eigen tuintje wieden.' Conclusie: er bestaat geen rechtvaardig wereldplan. Het hoort bij het goede leven dat je dit geheel en al accepteert. Concentreer je op je eigen tuin, dat wil zeggen op je dagelijks leven. Daar is nog genoeg onkruid dat je zeer succesvol kunt wieden. Wat je in de loop van je leven nog kan overkomen, vooral de zware beproevingen, heeft niets te maken met of je een goed of een slecht mens bent. Accepteer je ongeluk en je mislukkingen stoïcijns en bezonnen. Hetzelfde geldt overigens ook voor de fantastische successen en meevallers.

44

# DE CARGO-CULT

## Bouw geen vliegtuig van stro

In de Tweede Wereldoorlog waren de piepkleine eilandjes in de Stille Oceaan het toneel van de heftigste gevechten tussen de Japanse en Amerikaanse troepen. De inheemse bevolking, die nog nooit eerder soldaten had gezien, laat staan jeeps en zendapparatuur, bekeek het donderende spektakel dat zich voor hun strohutten afspeelde met verbazing. Mensen in vreemde uniformen hielden botten bij hun gezicht en spraken erin. Reusachtige vogels cirkelden in de lucht en lieten pakketten vallen die aan bol staande doeken naar beneden zweefden. De pakketten zaten vol met conservenblikken.

Niets kwam dichter bij het beeld van het paradijs dan eten dat uit de lucht naar beneden zweefde. De soldaten deelden de conservenblikken met de inheemse bevolking. Niemand had deze vreemde mensen ooit zien jagen of verzamelen. Kennelijk deden ze iets heel goed. Hoe konden ze anders deze cargovogels lokken?

Na de oorlog, toen de troepen afgemarcheerd waren en de

inheemse bevolking weer onder elkaar was, gebeurde er iets merkwaardigs. Op veel eilanden vestigde zich een nieuwe cult, de *cargo-cult*. Op de heuveltoppen brandden ze het struikgewas af en zetten ze de gewonnen vlaktes af met stenen. Ze bouwden op ware grootte vliegtuigen van stro en zetten ze op de nagemaakte landingsbaan. Ernaast bouwden ze zendmasten van bamboe. Uit hout sneden ze koptelefoons en ze aapten de bewegingen van de soldaten die ze in de oorlog hadden gezien na. Ze ontstaken vuur waarmee ze de seinlampen imiteerden. En ze tatoeëerden emblemen die ze op de oorlogsuniformen hadden gezien in hun huid. Kortom: ze speelden vliegveldje in de hoop dat ze zo de reusachtige vogels konden lokken die hen in de oorlog zo rijkelijk met eten hadden bedeeld.

Winnaar van de Nobelprijs voor de Natuurkunde, Richard Feynman, hield een keer een toespraak waarin hij refereerde aan de cargo-cult. 'Op de Samoa-eilanden hebben de inheemsen niet begrepen hoe het zat met de vliegtuigen... Ze deden alles goed. Uiterlijk alles foutloos. Alles zag er precies zo uit als toen. Maar het zette geen zoden aan de dijk. Er landde geen enkel vliegtuig.' Daarmee stelde Feynman het formalisme aan de kaak, dat zelfs in de wetenschap huishoudt: het zich vastklampen aan het formele, zonder dat de inhoud werkelijk begrepen wordt.

Niet alleen oorspronkelijke bewoners en wetenschappers laten zich beetnemen door de cargo-cult. Een vriend van mij droomde ervan een succesvol schrijver te worden. Na zijn studie anglistiek sprak hij over niets anders. Hemingway was zijn grote idool. Geen slecht voorbeeld. Hemingway zag er fantastisch uit, had vele vrouwen en zijn boeken bereikten een miljoenenoplage. Hemingway was de eerste supersterauteur die wereldwijd media-aandacht kreeg. Wat deed mijn vriend? Hij liet een snor groeien, droeg ongestreken, ver opengeknoopte overhemden en experimenteerde uitgebreid met cocktails. Hij sloeg een voorraad Moleskine-notitieboekjes in omdat Hemingway die kennelijk gebruikt had (wat niet eens klopt). Tragisch. Al die formaliteiten hadden geen invloed op zijn succes, of beter gezegd zijn gebrek aan succes. Mijn vriend was het slachtoffer geworden van de cargo-cult.

Je kunt lachen om de cargo-cult, maar deze is verbazingwekkend wijdverbreid. Ook in de economie. Hoeveel bedrijven zijn er niet die zich coole kantoren in de stijl van Google – inclusief glijbanen, massageruimtes en gratis eten – permitteren in de hoop dat ze daarmee topmedewerkers aantrekken? Hoeveel ambitieuze ondernemers komen er in een hoodie naar een vergadering met investeerders in de hoop dat ze de volgende Mark Zuckerberg worden?

Een bijzonder stevig gevestigd cargo-cultritueel tref je bij accountants aan. Jaarlijks wordt de checklist afgevinkt. Zijn er ondertekende notulen van elke vergadering van de raad van commissarissen? Is elke onkostenkwitantie juist geboekt? Is de omzet chronologisch juist afgebakend? Formeel klopt alles. Als de bedrijven een paar maanden later op de fles gaan of in de problemen raken – zoals Enron, Lehman Brothers, AIG of UBS – zijn de accountants hoogst verbaasd. Kennelijk zijn ze ontzettend goed in het opsporen van onvolmaaktheden, maar niet in het vinden van de ware risico's.

Een bijzonder mooi voorbeeld stamt uit de muziekwereld. Nadat Jean-Baptiste Lully een carrièreladder vol intriges was opgeklommen en de *compositeur de la musique instrumentale du Roi* was geworden, dus de hoofdcomponist en latere muziekdirecteur van de Zonnekoning in Versailles, bepaalde hij tot in de kleinste details hoe de hofmuziek gecomponeerd diende te worden. Zo moest de ouverture van een bepaalde opera een zeer precieze structuur volgen. Sequensen moesten op een bepaalde manier en niet anders herhaald worden. De takt van de eerste zin moest gepunteerd zijn ('ta-daa'). Daarna moest een fuga volgen. Enzovoort. Mettertijd overtuigde Lully de koning ervan dat hij hem niet alleen het monopolie over de opera's in Parijs, maar in heel Frankrijk moest geven. Hij maakte daar ijverig gebruik van en ruimde zijn concurrenten zonder scrupules uit de weg. Zo klom Lully weliswaar aan de ene kant op tot 'meest gehate musicus aller tijden' (Robert Greenberg), maar tegelijkertijd verlangden plotseling alle Europese hoven naar muziek à la Lully. Zelfs in de meest afgelegen en armoedigste kasteeltjes in de Zwitserse Voor-Alpen werd het formalisme uit Parijs overgenomen. Cargo-cult in zijn puurste vorm, waarmee de kasteelheren zich een beetje in Versailles konden wanen. Tussen twee haakjes: op het hoogtepunt van zijn macht dirigeerde Lully een concert zoals het toentertijd gebruikelijk was. Hij tikte daarbij met een zware stok (bâton) op de grond. Op een onhandig moment vermorzelde hij daarbij zijn teen. Die ging ontsteken. Hij liep koudvuur op, waar hij drie maanden later, tot grote opluchting van de Franse muziekscene, aan overleed.

Conclusie: loop niet elke Lully achterna. Ga elke vorm van cargo-cult uit de weg. En wees op je hoede. Leeg formalisme komt vaker voor dan we denken. Ontmasker dit en verban het uit je leven als je een goed leven wilt hebben. Formalisme is pure tijdverspilling en vernauwt je zienswijze. Loop met een grote boog om personen en organisaties heen die aan de cargocult ten prooi gevallen zijn. Mijd bedrijven waar je niet door je prestaties maar door aanstellerij en gezwam verder komt. En vooral: aap niet het gedrag van succesvolle mensen na zonder dat je werkelijk begrijpt wat deze mensen zo succesvol maakt.

45

# WIE ZIJN EIGEN WEDSTRIJD LOOPT, WINT

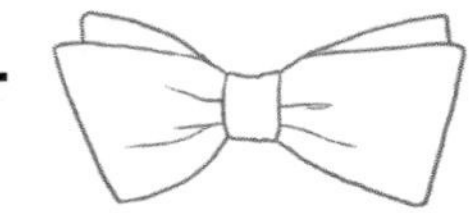

## Waarom algemene ontwikkeling alleen nog deugt als hobby

Wat weet je tegenwoordig als grafisch ontwerper, lijnvluchtpiloot, hartchirurg of personeelschef? Een hele hoop. Je hersenen puilen uit van de feiten die te maken hebben met je vakgebied. Zelfs als je nog aan het begin van je carrière staat, weet je waarschijnlijk al meer dan je voorgangers geweten hebben. Als piloot moet je al lang niet meer alleen de aerodynamica en een reeks analoge instrumenten beheersen. Elk jaar word je met nieuwe technologieën en vluchtregels geconfronteerd die je naast de oude moet kennen. Als grafisch ontwerper moet je niet alleen de softwarepakketten Photoshop en InDesign beheersen, maar ook inzicht hebben in de afgelopen vijftig jaar aan reclame-esthetica. Anders loop je namelijk het gevaar dat je oude ideeën recyclet of, nog erger, dat je zelfs niet meer kunt meekomen. Jaarlijks verschijnt er nieuwe software op de markt (en dus op je werkplek) en je klanten verlangen steeds meer: social media, video's, virtual reality.

Hoe ziet het er buiten je vakgebied uit? Weet je meer of minder dan je voorgangers? Ik durf te beweren dat je minder weet. Hoe kan het ook anders? Je hersenen hebben maar een beperkte capaciteit en hoe meer je jouw hersenen vult met dingen uit je specialisme, hoe minder ruimte er overblijft voor algemene kennis. Misschien protesteer je nu verontwaardigd. Ik, een vakidioot? Dat wil niemand zijn. We noemen onszelf liever generalist, beheerder (althans ik) of koppelaar. We geven hoog op over hoe breed ons werk is, hoe groot ons klantenportfolio is, hoe opwindend elk nieuw project is. Ieder ziet zich als vrouw of man voor het grote geheel, niet als bekrompen specialist.

Als je echter het oneindige aantal vakgebieden bekijkt – van computerchipontwerper tot cacaobonenhandelaar –, dan daalt ons vermeende kennisuniversum plotseling tot een piepkleine niche. We weten steeds meer over steeds minder. Anders geformuleerd: terwijl onze vakkennis trapsgewijs stijgt, explodeert onze algemene onwetendheid als het ware. We zijn voor ons overleven aangewezen op talrijke andere nichewerkers, die op hun beurt voor hun werk weer aangewezen zijn op andere nichewerkers. Of acht je jezelf in staat om even snel je eigen mobieltje te bouwen?

De niches schieten als paddenstoelen uit de grond. Deze reusachtige vermeerdering is een noviteit in de geschiedenis van de mensheid. De enige arbeidsverdeling die er sinds miljoenen jaren is, is die tussen mannen en vrouwen. Dit om de biologische reden dat mannen groter en sterker zijn en vrouwen zwangerschappen moeten doorstaan. Als we zouden kunnen observeren hoe onze voorouders vijftigduizend jaar geleden leefden en werkten, zouden we verbaasd zijn hoe goed iedereen bijna alles beheerste. Er waren geen specialisten op het gebied van ontwerp, reparatie, marketing, klantenservice, het leren van het gebruik of communitymanagement van stenen bijlen. Er was niet eens iemand die zich beperkte tot het rondzwaaien ermee. Iedereen maakte zijn eigen bijl en wist hoe hij ermee moest omgaan. De jager-verzamelaars kenden geen 'beroepen'.

Dat veranderde pas zo'n tienduizend jaar geleden, toen steeds meer mensen een vaste woon- en verblijfplaats kregen. Plotseling ontstond er specialisering. Veefokker, akkerbouwer, pottenbakker, landmeter, koning, soldaat, waarzegster, kok, schrijver. Het beroep, de carrière, de deskundigheid was uitgevonden en daarmee de vakidiotie.

Iemand in de steentijd kon alleen overleven als allrounder. Als specialist had hij geen enkele kans. Sinds tienduizend jaar is het precies omgekeerd. Tegenwoordig kun je alleen als specialist overleven. Als allrounder maak je geen schijn van kans. De laatste allrounders, de allesschrijvers onder de journalisten, hebben de waarde van hun ambacht in een bodemloze afgrond zien vallen. Het is verbazingwekkend hoe razendsnel algemene kennis onbruikbaar is geworden. Evolutionair gezien is tienduizend jaar een oogwenk. Daarom voelen we ons in de niche nog steeds niet op ons gemak. Als de specialisten die we nu eenmaal zijn voelen we ons incompleet, onzeker en kwetsbaar. Bij alle trots die bijvoorbeeld een callcentermanager voelt, geneert hij zich er soms voor, ja, schaamt hij zich er af en toe zelfs voor dat hij slechts een callcentermanager is. Hij denkt dat hij zich moet verontschuldigen als hij iets wat buiten zijn vakgebied ligt niet begrijpt. Terwijl het heel natuurlijk is. Het wordt tijd dat we stoppen met het romantiseren van het generalistendom. Sinds tienduizend jaar leidt de enige weg tot een succesvol beroep en tot maatschappelijke welstand via specialisatie. Daarbij zijn er twee dingen gebeurd die niemand kon voorzien. Als gevolg van de globalisering smolten niches samen die vroeger geografisch gescheiden waren. De tenor van de ene stad en de tenor van de volgende stad die beiden goed verdienden en niet in elkaars vaarwater kwamen, bevonden zich met de opkomst van de grammofoonplaat plotseling in dezelfde, globale, niche. Opeens had de wereld geen tienduizend tenoren nodig. Drie was genoeg. Het *the winner takes it all*-effect leidde tot een schrille, ongelijke inkomensverdeling. Een paar winnaars grazen bijna de hele markt af en de overgrote rest leidt een kommervol randbestaan.

Er gebeurde nog iets anders. De niches deelden zich onophoudelijk verder op in subniches en sub-subniches. Het aantal vakgebieden explodeerde. Wat vroeger regionaal gescheiden maar vaktechnisch verenigd was, is nu globaal verenigd maar vaktechnisch gescheiden. De concurrentie binnen een vakgebied is reusachtig, het aantal gebieden echter ook. 'Er is een onbeperkt aantal winnaars,' zegt technologie-expert Kevin Kelly, 'zolang je niet probeert de wedstrijd van iemand anders te winnen.'

Wat betekent dat nu voor jou en mij? Ten eerste specialiseren we ons niet radicaal genoeg en zijn we vervolgens verbaasd als anderen ons inhalen. De radioloog in het ziekenhuis is tegenwoordig alleen nog wat waard als gespecialiseerd radioloog. Bijvoorbeeld als nucleair radioloog, interventieradioloog of neuroradioloog. Blijf daarom niet bij je leest, maar vraag jezelf af bij welke leest precies. Dat hoeft niet te betekenen dat je je hoofd niet af en toe boven het maaiveld moet uitsteken. Je kunt via analogie veel bruikbaars uit andere gebieden importeren. Maar doe dat steeds met het oog op je eigen niche, op je eigen competentiecirkel (zie hoofdstuk 14).

Ten tweede: het the winner takes it all-effect werkt alleen als je in je niche de beste bent en wel wereldwijd. Is dat niet het geval, dan moet je je verder specialiseren. Je moet je eigen wedstrijd lanceren en deze wedstrijd winnen.

En ten derde: stop met het vergaren van alle mogelijke kennis met de bedoeling je kansen op de arbeidsmarkt te vergroten. Economisch gezien ligt daar geen kracht meer in. Algemene ontwikkeling is tegenwoordig alleen nog maar zinvol als hobby. Lees rustig een boek over mensen uit de steentijd als dat je werkelijk interesseert. Maar pas op dat je er zelf niet een bent.

46

# DE WAPENWEDLOOP

## Waarom je slagvelden moet vermijden

Kun je je nog de copyshops van tien of twintig jaar geleden herinneren? Dat waren eenvoudige winkelruimtes waarin een paar kopieermachines stonden. Sommige apparaten kon je zelf bedienen: ze hadden een gleuf die munten inslikte. De huidige copyshops kun je daar niet mee vergelijken. Het zijn eigenlijk drukkerijen in het klein. Er wordt kleurendruk aangeboden en er zijn honderd verschillende kwaliteiten papier. Hightech machines binden je papieren automatisch in, desgewenst zelfs met een hardcover. Nu zou je kunnen denken dat deze technologische tovenarij ook de winstmarges van de copyshopexploitanten wonderbaarlijk heeft doen toenemen. Helaas niet. De winstmarge die jaren geleden al gering was, is zelfs nog kleiner geworden. En dan vraag je je af: waar is de tegenwaarde voor de dure machines gebleven?

Veel jonge mensen geloven dat je voor een glansrijke carrière een dure studie nodig hebt. De instaplonen na een universitaire studie zijn over het algemeen hoger dan het starterssalaris voor mensen zonder studie. Maar onder de streep, na aftrek van de studiekosten en de langere studietijd, staat menig student er nauwelijks beter of zelfs slechter voor dan zijn minder lang opgeleide tegenhanger. Waar is de tegenwaarde gebleven voor de immense investering in tijd en geld?

Na de wereldbestseller *Alice in Wonderland* schreef auteur Lewis Carroll in 1871 het vervolg *Door de spiegel*. In dat boek zegt de Rode Koningin (een schaakstuk) tegen de kleine Alice: 'In dit land moet je zo snel rennen als je kunt, wil je op dezelfde plek blijven.' En daarmee beschrijft ze precies de dynamiek waar ook copyshops en studenten door meegesleurd worden. In beide gevallen hebben we met een *wapenwedloop* te maken. Dit begrip stamt weliswaar uit het krijgswezen, maar de perfide dynamiek die eraan ten grondslag ligt, kan zich overal ontwikkelen. Het is de dwang de bewapening op te voeren omdat anderen het ook doen, zelfs als het in zijn geheel gezien onzinnig is.

Keren we terug naar de beide voorbeelden en de vraag: waar is de tegenwaarde heen gevloeid voor de investeringen in tijd en geld? Nou, enerzijds naar de klanten. Anderzijds voornamelijk naar de aanbieders van kopieermachines en naar de universiteiten. 'Als bijna iedereen een universitair diploma heeft, spring je er niet meer uit met een universitair diploma. Voor je droombaan moet je nu op een elite-universiteit hebben gezeten. Opleiding wordt een wapenwedloop waar hoofdzakelijk de wapenleveranciers van profiteren, in dit geval de universiteiten,' schreef John Cassidy in *The New Yorker*.

Als je je in een wapenwedloop bevindt, herken je dit slechts zelden. Het verraderlijke is dat elke stap, elke investering zinvol lijkt, maar dat de totale balans nul of negatief is. Kijk er dus secuur naar. Mocht je je onverwachts in een wapenwedloop bevinden, stap er dan uit. Je vindt het goede leven zo gegarandeerd niet.

Hoe stap je eruit? Zoek een activiteit op een gebied waar geen wapenwedloop gaande is. Toen ik met vrienden het bedrijf getAbstract oprichtte, was dat een van onze criteria. Geen wapenwedloopdynamiek. Concreet betekent dat een niche zonder concurrentie. Wij waren inderdaad tien jaar lang de enige aanbieders van samenvattingen van boeken. Een fantastisch mooie situatie.

In het vorige hoofdstuk hebben we gezien hoe belangrijk specialisatie is. Maar specialisatie alleen is niet genoeg, omdat in zelfs de kleinste niches vaak een verborgen wapenwedloop heerst. Je hebt dus een niche nodig waarin je met vakmanschap werkzaam kunt zijn maar die tegelijkertijd vrij is van de wapenwedloopdynamiek.

Opvallend is de wapenwedloop in de werkhouding van veel mensen. Hoe langer je collega's werken, hoe langer jij moet werken zodat je niet negatief opvalt. En zo verdoe je tijd, ver voorbij het punt van zinvolle productiviteit. Vergelijk je dit met je voorouders, de jager-verzamelaars, dan valt op dat zij tussen de vijftien en twintig uur per week werkten, de rest van de tijd was vrije tijd. Paradijselijke verhoudingen waar wij zonder de wapenwedloop ook van zouden kunnen genieten. Het is niet verbazingwekkend dat antropologen de tijd van de jager-verzamelaars de 'oorspronkelijke welvaartsmaatschappij' noemen. De wapenwedloop om goederen kon nog helemaal niet op gang komen omdat deze mensen geen vaste woon- of verblijfplaats hadden. Als nomade had je al genoeg spullen om mee te slepen. Pijlen, bogen, dierenhuiden, kleine kinderen. Waarom zou je dan nog meer spullen op je schouders laden? Nee, dank je. Er was gewoon geen aanleiding voor een wapenwedloop.

Dat is tegenwoordig anders. En niet alleen in het beroepsleven. Ook in je privéleven bevind je je als je niet oppast algauw in de wurggreep van de wapenwedloop. Hoe meer anderen tweeten, hoe meer je zelf moet tweeten, anders tel je op Twitter niet meer mee. Hoe meer moeite anderen doen om hun Facebookpagina bij te houden, hoe meer energie jij erin moet steken zodat je er op social media nog wel bij hoort. Hoe meer vriendinnen een schoonheidsoperatie ondergaan, hoe meer je zelf de druk voelt onder het mes te gaan. Dito met mode, accessoires, je huis, sportprestaties (marathons, triatlons, *gigathlons*) in je vrije tijd, pk's van je auto en andere sociale graadmeters.

Elk jaar worden er twee miljoen wetenschappelijke onderzoeken gepubliceerd. Honderd jaar geleden was dat nog niet eens een procent van deze hoeveelheid. Toch is het aantal doorbraken in de wetenschap ongeveer gelijk gebleven. Ook de wetenschap heeft de perverse dynamiek van de wapenwedloop overgenomen. Academici worden betaald en bevorderd aan de hand van het aantal publicaties en de frequentie waarmee ze geciteerd worden. Hoe meer anderen publiceren en hoe vaker anderen geciteerd worden, hoe meer alle anderen moeten publiceren om niet uit de toon te vallen. Deze wedloop heeft alleen nog maar marginaal te maken met het zoeken naar kennis. De profiteurs zijn de wetenschapstijdschriften.

Als je een carrière als musicus nastreeft, kies dan in geen geval voor piano of viool. Pianisten en violisten zijn de ongelukkigste musici op deze planeet. De concurrentiedruk bij deze instrumenten is meedogenloos. En de druk neemt alleen maar toe. Dat komt omdat jaarlijks duizenden virtuoze pianisten en violisten uit Azië de muziekzalen van de wereld overspoelen. Kies voor een niche-instrument. Zo word je makkelijker aangenomen in een orkest. En men is snel enthousiast over je kunnen, ook als je niet van wereldklasse bent. Als pianist of violist zul je altijd worden vergeleken met Lang Lang of Anne-Sophie Mutter. En ook jij vergelijkt jezelf met hen. Daar word je niet gelukkiger van.

Conclusie: probeer de dynamiek van de wapenwedloop te ontvluchten. Deze wedloop is echter lastig te herkennen omdat elke afzonderlijke bewapeningsstap zinvol lijkt. Neem daarom af en toe afstand van de troepen en bekijk de slagvelden van het leven van bovenaf. Word geen slachtoffer van deze waanzin. Wapenwedlopen zijn een aaneenschakeling van pyrrusoverwinningen waar je je maar beter verre van houdt. Het goede leven vind je alleen daar waar mensen er geen ruzie om maken.

47

# NEEM EEN FREAK ALS VRIEND

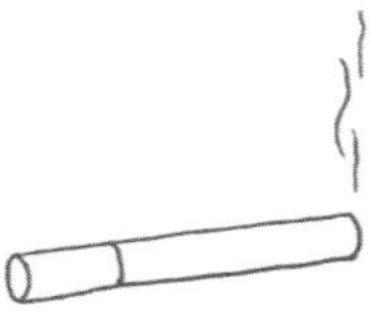

## Waarom je outsiders moet kennen maar er zelf geen moet zijn

'De heren van de raad van commissarissen maken het volgende bekend: met alle verwensingen die in de wet geschreven zijn, verbannen, verstoten, verwensen en vervloeken we Baruch Spinoza. Vervloekt is hij bij dag en vervloekt is hij bij nacht. Vervloekt is hij als hij zich te ruste legt, vervloekt is hij als hij opstaat. Vervloekt is hij als hij naar binnen gaat en vervloekt is hij als hij naar buiten gaat. Moge de Heer hem geen vergiffenis schenken. We waarschuwen iedereen om noch mondeling, noch schriftelijk met hem te communiceren, noch hem een of ander plezier te doen, noch met hem onder één dak te zijn, noch dichter bij hem te zijn dan vier el, noch een of ander door hem geschreven blad te mogen lezen.'

De banvloek werd in 1656 gepubliceerd en was in de onverkorte versie vier keer zo lang en vijf keer zo scherp. Met deze banvloek werd de toen 23-jarige teergevoelige Spinoza verstoten uit de Joodse gemeenschap in Amsterdam. Hij werd hoogst officieel tot 'persona non grata', tot outsider, gedegradeerd. Hoewel Spinoza op dat moment nog niets gepubliceerd had, waren de vrijdenkende opvattingen van de jonge denker een doorn in het oog van de gevestigde orde. Tegenwoordig wordt Spinoza gezien als een van de grootste filosofen aller tijden.

We kunnen nu over zo'n banvloek gniffelen. De arme Baruch vond het niet zo grappig. Stel je eens voor dat de autoriteiten je op het *Journaal*, in de kranten, op aanplakbiljetten en op alle socialmediakanalen vervloeken en dat er overal agenten staan die ervoor zorgen dat niemand in je buurt komt of je aanspreekt. Zo moet het hem destijds vergaan zijn.

Mocht je lid zijn van een businessclub, dan ken je de voordelen van een lidmaatschap. Je hebt vrije toegang tot de clubruimtes, de pluchen stoelen zitten zo lekker dat je erop in slaap zou kunnen vallen, op de tafels liggen de nieuwste tijdschriften en je vindt er altijd wel een gelijkgestemd persoon die zin heeft in een praatje. Kortom, de hele infrastructuur is afgestemd op jouw behoeften.

De meeste mensen zijn lid van een of meerdere 'clubs'. Als medewerker van een bedrijf, als leerling op een school, als professor aan de universiteit, als burger van een stad, als lid van een vereniging. Al die verenigingen komen onze behoeften tegemoet. We voelen ons er thuis, geborgen.

Toch zijn er steeds weer mensen die wegblijven bij elke club. Ze gaan er uit eigen vrije wil niet heen, worden niet binnengelaten, of zijn er net als Spinoza uit gegooid. De meeste van deze outsiders zijn fantasten. Maar niet allemaal. Af en toe zit er iemand tussen die, helemaal alleen, de wereld verder brengt. Een verbazingwekkend groot aantal doorbraken in de wetenschap, economie en cultuur staan op rekening van outsiders. Einstein vond geen baan aan de universiteit en leidde in Bern een slecht betaald bestaan als patentbeambte derde klasse. In zijn vrije tijd revolutioneerde hij de natuurkunde. De jonge Newton ontwikkelde tweehonderd jaar eerder de wetten van de zwaartekracht en vond en passant een hele wiskundetak uit. Zijn club (het Trinity College in Cambridge) moest vanwege de heersende pest sluiten en hij woonde twee jaar lang op het platteland. Charles Darwin was een vrije onderzoeker. Hij heeft nooit op de loonlijst van een instituut gestaan en is nooit werkzaam geweest als professor. Margaret Thatcher, een van de sterkste Britse premiers, was huisvrouw en katapulteerde zichzelf vanuit het niets de politiek in. Jazz is een muziekrichting die compleet door outsiders is geschapen. Net als rapmuziek. Onder de grote auteurs, denkers en kunstenaars tref je een heleboel non-conformisten aan: Kleist, Nietzsche, Wilde, Tolstoj, Solzjenitsyn, Gauguin. En voordat we het vergeten: alle oprichters van religies waren zonder uitzondering outsiders. Natuurlijk mogen we de 'grote mannen en vrouwen' niet overschatten (zie hoofdstuk 41). Als zij er niet waren geweest waren er anderen in hun plaats getreden met gelijksoortige opvallende werken. Maar het punt is dat outsiders trendmatig sneller en daarmee eerder zijn dan insiders.

Outsiders hebben een tactisch voordeel. Ze hoeven zich niet aan de protocollen van de gevestigde orde te houden en verliezen daardoor geen tijd. Ze hoeven niet mee te doen aan alle bullshit die in de meeste clubs tot het vaste programma behoort. Ze hoeven hun intelligentie niet te laten beledigen met grafisch gepimpte maar stompzinnige PowerPointslides. Ze kunnen de zenuwslopende machtsspelletjes in vergaderingen omzeilen. Ze kunnen gerust al het formalisme negeren. Ze hoeven geen uitnodigingen aan te nemen, hoeven aan geen enkel evenement deel te nemen alleen om hun gezicht te laten zien. Want ze worden niet eens uitgenodigd. Ze hoeven niet politiek correct te zijn om te voorkomen dat ze eruit gegooid worden, want ze liggen er al uit.

Nog een voordeel is dat de positie vanaf de zijlijn het zicht verscherpt op de gebreken en tegenstellingen van het heersende systeem waar de clubleden blind voor zijn geworden. Outsiders kijken verder. Hun kritiek op de status quo is daarom niet cosmetisch maar fundamenteel.

Aan het leven als outsider kleeft een romantisch beeld. Toch zou je geen outsider moeten worden. De krachten van de maatschappij werken tegen je. De tegenwind giert scherp en onverbiddelijk. Bijna alle outsiders lopen stuk op een wereld die uit alle macht tegen ze is. Slechts enkelen lichten helder als een komeet op. Nee, voor een filmplot is een outsiderbestaan zeer geschikt, maar niet voor een goed leven.

Wat moet je doen? Blijf met één been stevig verankerd in de gevestigde orde. Daardoor verzeker je jezelf van alle voordelen die een clublidmaatschap met zich meebrengt. Ga met het andere been op trektocht. Ik weet dat dit onmogelijk klinkt, maar het werkt wel. Onderhoud vriendschappen met outsiders. Dat is gemakkelijker gezegd dan gedaan. Dit zijn de regels om goed met ze overweg te kunnen. 1) Geen vleierij, maar eerlijke belangstelling voor hun werk. 2) Geen ophef over je status. Het zal outsiders worst wezen of je een doctorstitel bezit of de voorzitter van de Rotary Club bent. 3) Tolerantie. Outsiders komen zelden op tijd. Ze zijn soms ongewassen of dragen bonte overhemden. 4) Reciprociteit. Geef iets terug. Ideeën, geld, connecties.

Als je deze spagaat eenmaal beheerst, kun je misschien zelfs het verbindende element worden. Net als Steve Jobs en

Bill Gates dat konden. Ze waren beide lid van de gevestigde orde en hadden sterke verbindingen met de toentertijd gekke techniekfreaks. Tegenwoordig kom je maar weinig CEO's tegen die contact onderhouden met outsiders. Het is dus geen wonder dat het in veel bedrijven aan ideeën schort.

Conclusie: je kunt beter een Van Gogh aan de muur hebben hangen dan dat je zelf een Van Gogh bent. Het allerbeste is dat je jezelf omringt met zo veel mogelijk Van Goghs. Hun frisse kijk zal je beïnvloeden en bijdragen aan een goed leven.

48

# HET SECRETARESSEN-PROBLEEM

## Waarom de steekproeven van ons leven te klein zijn

Stel dat je een secretaresse (pardon: assistent) in dienst wilt nemen. Er hebben honderd vrouwen gesolliciteerd. Je nodigt ze in willekeurige volgorde een voor een uit voor een gesprek. Na elk gesprek moet je een beslissing nemen of je de kandidaat aanneemt of afwijst. Je mag er niet nog een nachtje over slapen, mag de beslissing niet op de lange baan schuiven tot je alle sollicitanten hebt gezien. En de beslissing die je direct na het sollicitatiegesprek hebt genomen, kun je niet herroepen. Hoe ga je te werk?

Neem je de eerste de beste sollicitant aan die een verstandige indruk op je maakt? Dan loop je het gevaar dat je de beste kandidaten misloopt omdat er waarschijnlijk nog veel vrouwen op gesprek komen die even goed of zelfs beter zijn. Of interview je de eerste 95 kandidaten zodat je een gevoel krijgt voor de kwaliteit van de sollicitanten, en pluk je vervolgens uit de laatste vijf eentje die het dichtst in de buurt komt van de beste kandidate die je tot dan toe hebt gezien? En wat als de laatste vijf kandidaten alleen nog teleurstellingen zijn?

Deze vraagstelling is bij wiskundigen bekend onder het politiek incorrecte label *secretaressenprobleem*. Verbazingwekkend genoeg is er voor het secretaressenprobleem maar één goede oplossing. Je interviewt de eerste 37 kandidaten en keurt ze allemaal af. Je onthoudt wel wat de kwaliteiten waren van de beste kandidaat van die 37 sollicitanten. Je gaat door met de interviews en neemt de eerste kandidate aan die de beste van de eerste 37 kandidaten overtreft. Daarmee maak je een voortreffelijke keuze. Je neemt weliswaar niet de allerbeste van de honderd sollicitanten aan, maar maakt gegarandeerd een zeer goede keuze. Elke andere handelswijze levert statistisch bewezen slechtere resultaten op.

Waarom het getal 37? 37 is honderd gedeeld door de wiskundige constante *e* (2,718). Stel dat er maar vijftig sollicitanten zijn, dan wijs je de eerste achttien (50:*e*) af en neem je vervolgens de eerste kandidaat aan die de beste sollicitant van de eerste achttien overtreft.

Oorspronkelijk heette het secretaressenprobleem overigens het verloofdenprobleem. Het ging om de vraag hoeveel potentiële vrouwen/mannen je moet 'uitproberen', voordat je met die ene trouwt. Maar omdat het aantal mogelijke levenspartners niet vooraf bekend is, werkt deze handelswijze niet optimaal. Vandaar dat de wiskundigen het probleem anders noemden.

Nu is het goede leven geen spel van wiskundige exactheid. In de woorden van Warren Buffett: 'We hebben het liever ongeveer bij het juiste eind, dan dat we het exact mis hebben.' Zoals Buffett investeringsbeslissingen neemt, zo zou jij ook met levensvragen moeten omgaan. Waarom is het secretaressenprobleem daarbij dan toch relevant? Omdat het aangeeft hoe lang je het bij belangrijke thema's moet blijven proberen tot je uiteindelijk een beslissing neemt. Proeven met het secretaressenprobleem hebben namelijk aangetoond dat de meeste mensen te vroeg een beslissing nemen voor de keuze van een kandidaat. Het is van belang dat je deze tendens tegenstuurt. Als je een beslissing moet nemen voor een carrière, beroep, levenspartner, woonplaats, lievelingsauteur, muziekinstrument, lievelingssport of de ideale vakantieplek, dan loont het zich als je aanvankelijk in korte tijd veel verschillende opties uitprobeert. Meer opties dan je lief zijn. En dat je pas daarna een definitief besluit neemt. Het is onverstandig als je je vastlegt voordat je een goed beeld van de mogelijkheden hebt.

Waarom beslissen we trendmatig te vroeg? Waar komt ons ongeduld vandaan? Steekproeven zijn omslachtig. Waarom honderd sollicitatiegesprekken voeren als je na vijf gesprekken klaar kunt zijn? Tien verschillende sollicitatieprocedures doorlopen voordat je voor een baan kiest? Dat kost moeite. Te veel moeite, naar ons idee. Bovendien blijven we na één steekproef vaak plakken. Hoe makkelijk blijf je niet in een branche hangen alleen omdat je daar in je jonge jaren een beetje aan geroken hebt. Natuurlijk, je hebt carrière gemaakt, maar dat had je waarschijnlijk ook in een andere branche. Misschien zelfs met meer succes en met nog meer geluksgevoelens, als je een beetje meer plezier in experimenteren had gehad. De derde reden waarom we ons trendmatig zo snel vastleggen is dat we graag een opgeruimd hoofd hebben. We willen een thema afvinken en overgaan op het volgende. Dat is prima als het om onbelangrijke beslissingen gaat. Bij belangrijke beslissingen is het echter contraproductief.

Onze oppas van twintig klopte een tijdje geleden tamelijk

terneergeslagen bij ons aan. Haar eerste en tot dan toe enige vriend had haar in de steek gelaten. Er stonden tranen in haar ogen. We probeerden haar op te peppen met rationele nuchterheid. 'Je bent nog jong, je hebt nog zo veel tijd! Probeer tien of twintig mannen uit. Dan weet je wat er zoal op de markt is. Pas dan zul je weten wie er werkelijk langdurig bij je past en bij wie jij past.' Op haar versomberde gelaatsuitdrukking tekende zich een karig lachje af. Ik geloof niet dat we haar konden overtuigen. In ieder geval niet op dat moment.

Helaas gedragen we ons allemaal vaak net als dit meisje. We nemen te weinig steekproeven. We nemen overhaaste beslissingen. Of in de taal van statistici: onze beslissingen zijn niet representatief. We vertrouwen op een verkeerd beeld van de realiteit. We geloven dat we met twee, drie proeven de man of vrouw voor het leven, de ideale baan, de allerbeste woonplaats vinden. Natuurlijk, het kan wel eens zo werken. Als het jou zo vergaat, dan gun ik je dat van harte. Maar als het lukt, is het puur toeval en daar moet je niet op hopen.

De wereld is veel groter, veelomvattender en gevarieerder dan we denken. Probeer als je jong bent zo veel mogelijk steekproeven te nemen. Het gaat in de eerste jaren van volwassen zijn niet om geld verdienen of carrière maken. Het gaat erom dat je het basisgeheel van het leven leert kennen. Sta extreem open. Probeer uit wat het toeval je voorschotelt. Lees veel, want romans en korte verhalen zijn fantastische levenssimulators. Pas als je ouder bent wissel je van modus. Dan word je extreem selectief. Je weet dan wat je bevalt en wat niet.

49

# VERWACHTINGS-MANAGEMENT

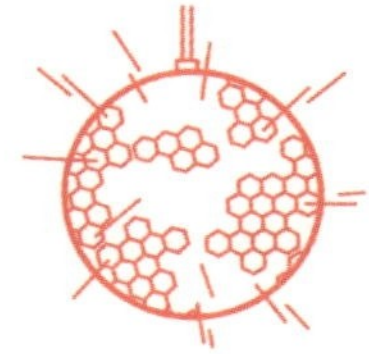

## Hoe geringer je verwachtingen, hoe groter je geluk

Oudjaar 1987. Mijn vriendin, mijn allereerste, had me een half jaar daarvoor verlaten, en sindsdien dreef ik tamelijk eenzaam rond. Ik hing in mijn sjofele studentenkamer rond (zolderkamer met een verdieping lager gezamenlijk toilet) of begroef me in de bibliotheek. Zo kon het niet doorgaan! Er moest een nieuwe vriendin komen! Het plakkaat boven de ingang van restaurant Rütli in Luzern kondigde een mega-oudjaarsfeest aan. Vol verwachting en met nog meer gel in mijn haar tikte ik een kaartje op de kop. Vannacht zou het lukken.

Terwijl ik zo cool mogelijk maar wel tamelijk onhandig de discopasjes afraffelde, vloog mijn blik rusteloos van het ene eind van de rokerige zaal naar het andere einde. Alle knappe meisjes waren daar met hun vriend. En als ze zich ook maar een seconde losmaakten uit de klauwen van hun mannen en ik de ene of andere dame een lach kon toewerpen, deden ze alsof ik lucht was. Hoe meer de uren naar het einde van het jaar toe liepen, hoe meer het voelde alsof iemand langzaam draaiend een kurketrekker in mijn hart schroefde. Kort voor middernacht verliet ik het feest. De avond was een puur fiasco. Ik was twintig Zwitserse franken armer en had nog steeds geen bruid aan de haak geslagen.

Onze hersenen werken niet zonder verwachtingen. Feitelijk zijn het pure verwachtingsmachines. Als we een deurklink naar beneden drukken, verwachten we dat de deur opengaat. Als we de kraan opendraaien, verwachten we dat er water uit stroomt. Als we in een vliegtuig stappen, verwachten we dat de aerodynamische wetten het toestel in de lucht houden. We verwachten dat de zon 's morgens opgaat en 's avonds weer onder. Van al deze verwachtingen zijn we ons geheel niet bewust. De regelmaat van het leven is in je hersenen vastgelegd. We hoeven er niet actief aan te denken.

Helaas genereert het brein ook verwachtingen voor de onregelmatige situaties van het leven, zoals ik tijdens de oudjaarsparty pijnlijk moest ervaren. Als ik een beetje de tijd had genomen en me mijn verwachtingen over deze gebeurtenis realistisch had voorgesteld, was me deze teleurstelling bespaard gebleven.

Wetenschappelijk onderzoek bevestigt dat verwachtingen het geluksgevoel op doorslaggevende wijze beïnvloeden. Onrealistische verwachtingen horen bij de effectiefste gelukskillers. Een voorbeeld. Een stijgend inkomen bevleugelt het geluk slechts tot een waarde van honderdduizend euro per jaar. Daarboven speelt geld nauwelijks meer een rol (zie hoofdstuk 13). Maar zelfs onder deze grens kan geluk op paradoxale wijze vernietigd worden. Namelijk wanneer de verwachting van het inkomen sneller stijgt dan het inkomen zelf. Dit constateerde psycholoog Paul Dolan, die lesgeeft aan de London School of Economics.

Hoe ga je het beste met verwachtingen om? Mijn advies is dat je je gedachten ordent zoals een noodarts dat doet bij een triage. Maak steeds onderscheid tussen: 'Ik moet het hebben', 'Ik wil het hebben' en 'Ik verwacht het'. De eerste zin drukt noodzakelijkheid uit, de tweede een wens (een voorkeur, een doel) en de derde een verwachting. Laten we het rijtje af gaan.

Vaak hoor je: 'Ik móét absoluut CEO worden' of 'Ik móét die roman schrijven' of 'Ik móét per se kinderen krijgen'. Nee, dat moet je allemaal niet. Behalve ademen, eten èn drinken moet je helemaal niets! Er zijn maar weinig wensen die echt noodzakelijk zijn. Zeg liever: 'Ik wil CEO worden', 'Ik wil graag een roman schrijven' en 'Het is mijn doel kinderen te krijgen'. Als je wensen als levensnoodzakelijk beschouwt, maakt dat je slechts een nors, onaangenaam medemens. En het zet je aan tot idiote handelingen. Hoe vroeger je dingen waarvan je denkt dat ze levensnoodzakelijk zijn uit je repertoire schrapt, hoe beter.

Komen we nu bij de wensen. Een leven zonder wensen (doelen en voorkeuren) is een verspilling. Maar je moet je er niet op vastpinnen. Wees je ervan bewust dat je wensen soms niet in vervulling gaan, want veel ligt niet binnen je macht. Of je CEO wordt, wordt – naast de raad van commissarissen – bepaald door de concurrentie, de beurskoers, de pers, je familie: allemaal instanties waar je geen volledige controle over hebt. Hetzelfde geldt voor het schrijven van een roman en kinderen krijgen. De Griekse filosofen hadden een briljante uitdrukking. Ze bestempelden dingen die we wensen als *bij voorkeur indifferent* ('indifferent' in de zin van 'onbelangrijk'). Dat wil zeggen: ik heb weliswaar een voorkeur (ik verkies bijvoorbeeld een Porsche boven een VW Golf), maar het is uiteindelijk onbelangrijk voor mijn geluk.

Na de dingen die levensnoodzakelijk zijn en de wensen komen we ten slotte bij het derde punt van de triage, de verwachtingen. Veel van je ongelukkigste momenten zijn de schuld van onachtzaam gemanagede verwachtingen. Vooral verwachtingen die je hebt van anderen. Je kunt niet verwachten dat anderen aan jouw verwachtingen voldoen. Net zomin als je kunt verwachten dat het weer zich aan je verwachtingen houdt.

Je verwachtingen hebben een zeer beperkte kracht naar buiten toe. Maar een ongelooflijke kracht naar binnen toe. Omdat we zo nonchalant met onze verwachtingen omgaan, staan we toe dat anderen ze beïnvloeden. Reclame is niets anders dan verwachtingsengineering. Verkoop net zo. Als een bankier je bijvoorbeeld een financieel product verkoopt en je daarbij ingewikkelde prognoses op basis van eerste gegevens van toekomstige cashflows presenteert, is dat niets anders dan verwachtingsengineering. Niet alleen onze eigen verwachtingen zijn op zand gebouwd, we openen ook nog deuren en poorten zodat anderen mee kunnen scheppen in de zandbak. Laat dit niet toe.

Hoe ontwikkel je realistische verwachtingen? Eerste stap: maak voor elke ontmoeting, date, project, feest, vakantie, boek en plan een scherpe scheiding tussen noodzakelijkheden, wensen en verwachtingen. Tweede stap: geef je verwachtingen een cijfer tussen de 0 en 10. Verwacht je een catastrofe (0) of de vervulling van je levensdroom (10)? Derde stap: trek twee punten van de waarde af en stel je in gedachten op deze waarde in. Die hele procedure duurt hooguit tien seconden. Wanneer je nadenkt over een getal doorbreek je daarmee het automatisme dat je verwachtingen zomaar uit de lucht grijpt. En je geeft jezelf zo te zeggen een veiligheidsmarge. Je verwachtingen zijn nu niet alleen gematigd, maar liggen zelfs lichtjes onder de passende waarde. Ik voer deze drie stappen enkele keren per dag uit, met een benijdenswaardig resultaat voor mijn geluk.

Conclusie: we gaan met onze verwachtingen om als luchtballonnen. We laten ze op en laten ze steeds hoger gaan tot ze uiteindelijk knappen en als verschrompelde flarden uit de lucht vallen. Stop met het op één hoop gooien van noodzakelijkheden, doelen en verwachtingen. Scheid ze strikt. Bij een goed leven hoort de vaardigheid om bewust verwachtingen te vormen.

50

# DE WET VAN STURGEON

## Hoe je je bullshitdetector afstelt

Sciencefictionschrijvers hebben het zwaar. Vooral als ze voor de grote massa schrijven. Ze worden door literatuurcritici als oud vuil behandeld. En ja, het grootste deel van de grote output aan sciencefictionverhalen is derderangs. Des te moeilijker is het voor de paar kwalitatief hoogstaande verhalen om het genre aanzien te geven.

Ted Sturgeon was in de jaren vijftig en zestig van de vorige eeuw een van de productiefste Amerikaanse sciencefictionauteurs. Met het succes kwamen ook de hatelijkheden. Telkens weer kreeg hij van literatuurcritici te horen dat negentig procent van alle sciencefictionverhalen rotzooi is. Het antwoord van Sturgeon: ja, dat klopte wel, maar negentig procent van álles wat uitgegeven wordt, is rommel, ongeacht het genre. Zijn antwoord is de geschiedenis in gegaan onder het label *De wet van Sturgeon*.

Op het eerste gezicht lijkt de inschatting van Sturgeon een beetje hard – maar alleen op het eerste gezicht. Denk er maar eens over na hoe weinig boeken je vol genot uitleest en hoe veel boeken je al na een paar seconden teleurgesteld aan de kant legt. Of denk aan hoe weinig films op tv je tot het einde afkijkt en hoeveel je er wegzapt. De verhouding zou zo'n beetje kunnen overeenstemmen met de wet van Sturgeon.

Volgens de Amerikaanse filosoof Daniel Dennett geldt de wet van Sturgeon niet alleen voor boeken en films. '90 procent van álles is onzin. Het maakt niet uit of het gaat om natuurkunde, scheikunde, evolutionaire psychologie, sociologie, geneeskunde [...] rock- of countrymuziek.' Of het nu precies die 90 procent is, slechts 85 procent of zelfs 95 procent, daarover kun je van mening verschillen, maar dat is niet de moeite waard en het maakt ook niet uit. Laten we het gemakshalve houden op negentig procent.

Toen ik de eerste keer over de wet van Sturgeon hoorde, was dat een grote opluchting voor me. Ik ben opgegroeid met de overtuiging dat het meeste dat de mensheid voortbrengt belangrijk, weloverwogen en waardevol is. Als iets me als ontoereikend voorkwam, zocht ik de fout bij mezelf. Tegenwoordig weet ik dat het niet aan mijn gebrekkige opleiding ligt als ik een opera-enscenering compleet mislukt vind. Het ligt niet aan mijn gebrekkige commerciële inzicht als een businessplan een armzalige indruk wekt. Het ligt niet aan mijn ontbrekende menslievendheid als negentig procent van de gasten bij een galadiner me vervelen. Nee, het ligt niet aan mij, maar het ligt aan de wereld. Je mag het rustig hardop zeggen: negentig procent van alle producten is rotzooi. Negentig procent van alle reclame is troep. Negentig procent van alle e-mailtjes is pure blabla. Negentig procent van alle tweets is nonsens. Negentig procent van alle vergaderingen is tijdverspilling. Negentig procent van alles wat er gezegd wordt in die vergaderingen is hol gepraat. Negentig procent van alle uitnodigingen is een valstrik die we beter kunnen ontwijken. Kortom, negentig procent van alles wat er aan materiële en geestelijke dingen de wereld in wordt gebracht is bullshit.

Als je de wet van Sturgeon voor ogen houdt, leef je beter. De wet van Sturgeon is een uitstekend gedachtenwerktuig omdat het je 'in staat stelt' het meeste van wat je ziet, hoort of leest zonder slecht geweten over te slaan. De wereld is gevuld met kletspraatjes, maar je hoeft er niet naar te luisteren.

Probeer nu maar niet de wereld te bevrijden van nonsens. Dat zal je niet lukken. De wereld kan langer irrationeel blijven dan dat jij bij je verstand blijft. Beperk daarom je keuzes, volsta met de weinige waardevolle dingen en laat al het andere terzijde.

Investeerders begrepen dit al decennia voor Ted Sturgeon. In zijn klassieker *De intelligente belegger* uit 1949 drukt Benjamin Graham de beurs uit in het beeld van een irrationele persoon, namelijk *Mr. Market.* Graham beschrijft deze 'meneer Markt' als een manisch-depressieve partner. Meneer Markt schreeuwt je dagelijks nieuwe prijzen toe waarvoor hij bereid is aandelen te kopen of te verkopen. Soms is meneer Markt euforisch optimistisch, soms panisch pessimistisch. Zijn stemmingen gaan op en neer als een jojo. Het goede daaraan is dat je als investeerder de offertes van meneer Markt niet hoeft aan te nemen. Je kunt gewoon wachten en het marktgeschreeuw aan je voorbij laten gaan tot meneer Markt je zo'n goed aanbod doet dat je dom zou zijn als je het niet aannam. Bijvoorbeeld als er paniek is uitgebroken op de beurs en meneer Markt je tegen een extreem lage prijs een kwaliteitsaandeel aanbiedt. 90 procent, ja 99 procent, van wat meneer Markt luid kenbaar maakt kun je gerust negeren. Helaas zien veel investeerders de beurs niet als een irrationele, manisch-depressieve schreeuwlelijk, maar als een weerspiegeling van de werkelijkheid. Ze verwarren de prijs en de waarde van aandelen en verliezen zo hun geld met speculeren.

Schreeuwlelijken heb je natuurlijk niet alleen op de beurs. Andere markten bieden je dagelijks nieuwe producten, films, games, levensstijlen, nieuws, persoonlijke kennismakingen, vrijetijdsbestedingen, vakantiebestemmingen, restaurants, sportwedstrijden, tv-sterretjes, grappige YouTube-filmpjes, politieke meningen, carrièremogelijkheden en gadgets aan. Over het meeste moet je heen kijken, net als over rotte appels bij de groentekraam. Negentig procent ervan is nonsens, derderangs en gewoonweg troep. Hou je oren dicht of loop verder als het geschreeuw al te luid wordt. De markt is geen graadmeter voor relevantie, kwaliteit of de waarde van deze dingen.

Dat is makkelijker gezegd dan gedaan, en de oorzaak daarvan ligt zoals zo vaak in het verleden. Stel je je voorouders voor, dertigduizend jaar geleden. Ze waren als jager-verzamelaars onderweg en leefden in kleine groepen van ongeveer vijftig personen. Het meeste wat ze aantroffen was zeer relevant. Planten die ofwel eetbaar ofwel giftig waren. Dieren waar ze op jaagden of die op hen jaagden. Leden van hun stam die hun het leven redden of in gevaar brachten. Toentertijd gold precies het tegenovergestelde van de wet van Sturgeon, namelijk: negentig procent van alles was relevant. De tien procent onzin bestond hooguit uit een of ander verhaal dat bij het kampvuur werd verteld, uit slechte dierentekeningen op de wand van een grot of een of andere gewoonte van sjamanen waar jij als intelligent lid van de stam je neus voor optrok. Negentig procent relevantie, tien procent bullshit.

Laten we ten slotte schaamteloos eerlijk zijn. De wet van Sturgeon geldt niet alleen voor de wereld daarbuiten, maar ook voor onszelf. Ik kan alleen voor mezelf spreken. Negentig procent van mijn ideeën zijn niet bruikbaar. Negentig procent van mijn gevoelens zijn ongegrond. Negentig procent van mijn wensen zijn nonsens. Omdat ik dat weet, ben ik veel voorzichtiger in welke van mijn 'innerlijke producten' ik serieus neem en welke ik met een glimlach negeer.

Conclusie: tast niet gelijk toe bij elke onzin die je aangeboden wordt. Geef niet aan elk instinct toe alleen omdat je net ergens zin in krijgt. Probeer niet elk gadget uit alleen omdat het er is. Slechts weinig is waardevol, eersteklas of essentieel.

De wet van Sturgeon bespaart je veel tijd en ergernissen. Herken het verschil tussen ideeën en goede ideeën, tussen investeringen en goede investeringen. Herken het als iets bullshit is. Ah, en nog een kleine aanvullende regel die naar mijn eigen ervaring waar blijkt te zijn: als je niet zeker weet of het om bullshit gaat, dan is het bullshit.

51

# LOF VOOR BESCHEIDENHEID

## Hoe minder belangrijk je jezelf vindt, hoe beter je leven is

Boulevard Haussmann, avenue Foch, rue du dr. Lanceraux, avenue Paul Doumer, rue Théodule Ribot, avenue Kléber, boulevard Raspail. Dit zijn allemaal grote straatnamen in Parijs. Wie weet tegenwoordig nog aan wie ze opgedragen zijn? Probeer te raden wie deze mensen waren.

Ongetwijfeld waren het in hun tijd allemaal belangrijke persoonlijkheden. Stedenbouwkundigen, generaals, wetenschappers. Een uitnodiging voor een diner van Georges-Eugène Haussmann bijvoorbeeld had je als toenmalige tijdgenoot in extase gebracht.

En tegenwoordig? Tegenwoordig stap je uit de Galeries Lafayette naar buiten de boulevard Haussmann op en denk je er geen seconde over na. Aan de binnenkant van je ellebogen bungelen boodschappentassen vol met dingen die je niet echt nodig hebt. Het is zomer. Boven de boulevard siddert de lucht als vloeibaar gas. Het vanille-ijs druppelt op je T-shirt en van daar op je korte broek. Je vingers kleven en je windt je op over de drommen toeristen waar jij er eentje van bent. Maar vooral het agressieve verkeer dat langs je voorbijraast op het wegdek van de eerbiedwaardige stedenbouwkundige wiens naam je totaal niets kan schelen, werkt je op je zenuwen. Haussmann, wie? Door de mijten van de geschiedenis opgevreten.

Als de houdbaarheidsdatum van belangrijke namen als Haussmann, Foch of Raspail ongeveer vier generaties bedraagt, dan zullen ook de huidige kolossale namen over een paar generaties verdwenen zijn. Kortom, over honderd of tweehonderd jaar zal nauwelijks nog iemand weten wie Bill Gates, Donald Trump of Angela Merkel was. En naar ons beiden, naar jou, beste lezer en naar mij, zal over een paar decennia geen haan meer kraaien.

Stel je hypothetisch twee mensensoorten voor, A en B. De individuen van mensensoort A bezitten een grenzeloos gevoel van eigenwaarde. De individuen van mensensoort B hebben een beperkt gevoel van eigenwaarde. Als iemand hun voedsel steelt, ruziemaakt om de grot of een paringspartner afpakt, reageren de B's beheerst. Zo is het leven nu eenmaal, zeggen ze. Ik vind wel ander voedsel, een andere grot, een andere partner. Mensensoort A reageert tegenovergesteld. De A's worden woedend en verdedigen hun bezit fel. Welke mensensoort heeft een grotere kans dat zijn genen overgaan op de volgende generatie? A natuurlijk. En zo is het inderdaad onmogelijk om te leven zonder een bepaalde mate aan ego. Probeer maar eens een dag lang niet de woorden 'ik' of 'mijn' uit te spreken. Ik heb het geprobeerd en heb jammerlijk gefaald. Kortom, wij zijn mensensoort A.

Het probleem daarvan is dat ons gevoel van eigenwaarde dat we van onze A-voorouders hebben geërfd, ons leven heeft verpest omdat het te gevoelig is afgesteld. We exploderen bij de minste of geringste belediging, zelfs als deze in vergelijking met de bedreigingen in de steentijd onbeduidend is. We krijgen niet genoeg lof, anderen reageren niet gepast op onze geldingspogingen, we krijgen geen uitnodiging. In de meeste gevallen hebben de anderen gelijk. We zijn niet zo belangrijk als we denken.

Een goede raad: bekijk je betekenis vanuit het perspectief van de volgende eeuw, vanuit het tijdstip dat de waarde van je naam tot nul gedaald zal zijn, ongeacht hoe geweldig je nu ook moge zijn. Het past fundamenteel bij het goede leven dat je jezelf niet zo belangrijk vindt. Er bestaat zelfs een omgekeerde correlatie. Hoe minder belangrijk je jezelf vindt, hoe beter je leven is. Waarom? Drie redenen.

Ten eerste: jezelf belangrijk vinden kost energie. Als je jezelf belangrijk vindt, moet je gelijktijdig zendapparatuur en een radarinstallatie bedienen. Aan de ene kant stuur je je eigen presentatie de wereld in. Tegelijkertijd ben je als een radar permanent bezig met registreren hoe je omgeving hierop reageert. Bespaar je deze moeite. Schakel de zendapparatuur en de radarinstallatie uit en concentreer je op je werk. Wees geen dwaas. Hou je fantastische successen voor je en schep niet op. Het maakt totaal niet uit of je zojuist van een privé-audiëntie bij de paus komt. Als dat het geval is, wees daar dan blij mee, maar hang er alsjeblieft geen foto's van op in je huis. Mocht je miljonair zijn, ga dan niet uit jouw naam gebouwen, leerstoelen of voetbalstadions sponsoren. Dat is pronkzuchtig. Waarom niet gelijk tv-spotjes voor je persoonlijke verheerlijking uitzenden? Haussmann en zijn soortgenoten kregen hun straten tenminste gratis.

Ten tweede: hoe belangrijker je jezelf vindt, hoe sneller je je laat beetnemen door de *self-serving bias* (zelfdienende bevooroordeling). Je doet dingen niet omdat je een doel wilt bereiken, maar om jezelf op te waarderen. Bij investeerders zie je dit vaak. Deze beleggers kopen aandelen van hotels met veel glamour of van hippe techbedrijven. Niet omdat het goede waardepapieren zijn, maar omdat ze zich daarmee persoonlijk willen 'opwaarderen'. Daar komt nog bij dat mensen die zichzelf belangrijk vinden hun kennis en vaardigheden systematisch overschatten (*overconfidence*), wat leidt tot ernstige beslissingsfouten.

Ten derde: je kweekt zo vijanden. Als je jezelf belangrijk vindt, laat je niet toe dat anderen ook belangrijk zijn. Dat zou je relatieve positie in waarde doen verminderen. Op zijn laatst als je succesvol bent zullen mensen die zichzelf ook belangrijk vinden op je schieten. Geen goed leven.

Je merkt het: je ego is eerder een tegenstander dan een vriend. Natuurlijk is dit niet nieuw. Het is zelfs de standaardzienswijze van de afgelopen 2500 jaar. De stoïcijnen verzetten zich al tegen het overdreven gevoel van eigenwaarde. Een klassiek voorbeeld hiervan is Marcus Aurelius. Hij vond het haast onaangenaam dat hij een Romeinse keizer was. Door het schrijven van dagboeken (zijn 'zelfbespiegelingen') dwong hij zichzelf steeds opnieuw bescheiden te blijven. Geen gemakkelijke opgave als je de machtigste persoon op aarde bent. Maar niet alleen in de filosofie, ook in de religie zijn er gedachtenwerktuigen die het ego een halt toeroepen. In veel religies geldt het gevoel van eigenwaarde zelfs als manifestatie van de duivel. De afgelopen tweehonderd jaar versoepelen de culturele ego-remmers echter. En tegenwoordig schijnt iedereen zijn eigen kleine brandmanager te zijn.

Laten we eraan denken dat ieder van ons slechts een van de miljarden mensen is. Iedereen leeft in een piepklein tijdsbestek met een toevallig begin- en eindpunt. En iedereen (ook ik) heeft in deze korte periode al heel veel domme dingen gedaan. Wees blij dat er geen straat naar je is vernoemd. Je zou er alleen maar stress van krijgen. Als je bescheiden bent leef je beter, heel veel beter. Zelfbewustzijn is makkelijk, dat kan iedereen. Bescheidenheid daarentegen is moeilijk, maar wel meer compatibel met de realiteit. En bescheidenheid kalmeert het emotionele golfslagbad.

Veel mensen geloven dat bescheidenheid gestraft wordt. Nodig je daarmee juist niet uit dat anderen over je heen lopen? Het tegendeel is waar. Als je een duidelijke persoonlijke buitenlandse politiek nastreeft (zie hoofdstuk 9), zullen anderen je alleen maar meer respecteren als je bescheiden bent. Dat lukt je het beste als je eerlijk bent, vooral naar jezelf toe.

Jezelf overschatten heeft zich ontwikkeld tot een ware welvaartsziekte. We hebben ons vastgebeten in ons ego als een hond in een schoen. Laat de schoen los. Hij heeft geen voedingswaarde. Bovendien smaakt hij algauw bedorven.

52

# Innerlijk succes

## Waarom je input belangrijker is dan je output

Elk land kent deze lijsten: in Nederland is het de *Quote 500.* Daarop staan de vijfhonderd rijkste Nederlanders. In Duitsland publiceert *manager magazin* jaarlijks een lijst met de vijfhonderd rijkste Duitsers. Het tijdschrift *Challenges* publiceert jaarlijks een lijst met de rijkste Fransozen. Het Amerikaanse tijdschrift *Forbes* stelt elk jaar een lijst samen van alle miljardairs ter wereld. De indruk is steeds hetzelfde. Dit zijn dus de succesvolste mensen ter wereld, allemaal ondernemers of erfgenamen van ondernemers.

Soortgelijke rankings bestaan er voor de machtigste CEO's, de bestbetaalde kunstenaars, de succesvolste musici, de sporters die het duurst verhandeld worden en de acteurs en actrices die het meeste verdienen. Elke branche heeft zijn eigen succesrankings. Maar hoe succesvol zijn succesvolle mensen werkelijk? Dat hangt ervan af wat je onder succesvol verstaat.

Door de manier waarop een maatschappij succes meet en prestige verleent kan deze sturen hoe individuele mensen hun tijd investeren. 'Het is geen toeval,' schrijft de Amerikaanse professor in de psychologie Roy Baumeister, 'dat in kleine maatschappijen waar mensen moeten vechten om te overleven prestige verleend wordt aan degenen die de meeste proteïne naar huis brengen (jagers) of die de meeste vijanden doden (krijgers). Zo stijgt en daalt ook het aanzien van moeders afhankelijk van of een samenleving een hoger bevolkingsaantal nodig heeft of niet.' Moderne samenlevingen zwaaien met de *Forbes*-lijsten (zoals we al deze rankings samen voor het gemak maar even noemen) als stralende vlaggetjes die ons moeten tonen: zo moet het!

Waarom proberen moderne samenlevingen hun schaapjes in de richting van materiële successen te sturen en niet bijvoorbeeld naar meer innerlijke rust? Waarom zijn er wel lijsten met de rijkste maar geen lijsten met de meest tevreden mensen? Heel eenvoudig. Omdat economische groei een samenleving bijeenhoudt. 'De kans op een betere levensstandaard, hoe ver dit vooruitzicht ook mag zijn, verkleint de druk op de vermogensverdeling,' schrijft bankier Satyajit Das. Hij citeert daarmee de vroegere gouverneur van de Amerikaanse centrale bank Henry Wallich: 'Zolang de economie groeit, leeft de hoop en hoop maakt grote inkomensverschillen draaglijk.'

Om je niet gek te laten maken door de *Forbes*-lijsten moet je twee dingen begrijpen. Ten eerste dat definities van succes een product van hun tijd zijn. Duizend jaar geleden was een *Forbes*-lijst ondenkbaar. Warren Buffett, die samen met Bill Gates al jarenlang boven aan de *Forbes*-lijst staat, geeft toe dat hij nooit de *Forbes*-lijst van het stenen tijdperk zou hebben gehaald. 'Als ik duizenden jaren eerder ter wereld zou zijn gekomen, zou ik de perfecte snack zijn geweest voor een of ander dier.' Al naargelang de eeuw waarin je geboren bent, zwaait de samenleving met andere succesvlaggetjes. Steeds met de bedoeling om je te overtuigen van de definitie van succes. Loop niet blindelings deze vlaggetjes achterna. Het goede leven wacht vrij zeker ergens anders op je.

Bovendien is materieel succes voor honderd procent een kwestie van toeval. We houden absoluut niet van toeval als verklaring. Toch is het nu eenmaal zo. Je genen, de stad of de omgeving waar je geboren bent, je intelligentie, je wilskracht. Daar kun je in principe niets aan doen, zoals we in hoofdstuk 7 hebben gezien. Uiteraard werken succesvolle ondernemers hard en nemen zij intelligente beslissingen. Toch zijn ze het resultaat van hun genen, hun herkomst en hun biotoop. Zie de *Forbes*-lijsten dus als toevalslijsten. En stop met het ophemelen van deze mensen.

Onlangs vertelde een vriend trots dat hij was uitgenodigd voor een diner met multimiljardair die en die. Ik haalde mijn schouders op. Waarom trots zijn? Waarom happig zijn op een ontmoeting met een multimiljardair? De kans dat deze man hem geld schenkt is nihil. Dus komt het er alleen op aan of deze persoon een interessante gesprekspartner is of niet. Zijn vermogen is totaal irrelevant.

Laat me je een compleet andere definitie op het hart drukken. Een die minstens tweeduizend jaar oud is. Volgens deze definitie hangt succes niet af van hoe een maatschappij prestige verleent en is succes ook niet geschikt voor vulgaire rankings. Dit is de definitie: echt succes is innerlijk succes. Dat heeft niets te maken met wierookstokjes, contemplatie of yoga. Het streven naar innerlijk succes is in alle opzichten een van de verstandigste houdingen. Het is tegelijkertijd een wortel van het westerse denken. De Griekse en Romeinse filosofen noemden deze vorm van succes *ataraxie*. Wie ataraxie, oftewel zielenrust bereikt heeft, blijft kalm als het noodlot toeslaat. Anders geformuleerd: je bent succesvol als je je niet uit je evenwicht laat brengen, noch door hoge vluchten noch door crashes.

Hoe word je innerlijk succesvol? Door je uitsluitend op dingen te concentreren die je kunt beïnvloeden en al het andere consequent uit te schakelen. Input in plaats van output. We hebben de controle over onze input, niet over de output, want daar heeft slechts het toeval de macht over. Geld, macht en populariteit zijn dingen waar je slechts beperkt controle over hebt. Als je je daarop concentreert, zal het verlies van deze dingen je in het ongeluk storten. Heb je daarentegen gelijkmoedigheid, onwankelbaarheid en zielenrust getraind, dan zul je meestal gelukkig zijn, ongeacht wat het noodlot je voor de voeten werpt. Kortom, innerlijk succes is stabieler dan uiterlijk succes.

John Wooden was verreweg de succesvolste basketbaltrainer in de geschiedenis van de vs. Wooden verlangde van zijn spelers dat ze succes anders definieerden: 'Succes is de zielenrust die over je komt als je alles hebt gegeven om de beste te zijn die je maar kunt zijn.' Succes niet zien als het winnen van titels of medailles of als hoge transferbedragen, maar als een houding. Ironisch genoeg eerde de toenmalige president George W. Bush hem met de Vrijheidsmedaille, de hoogste onderscheiding voor burgers in de vs. Waarschijnlijk ontroerde Bush dit meer dan Wooden zelf.

Laten we eerlijk zijn. Er is geen mens die voor honderd procent innerlijk succes nastreeft en lak heeft aan uiterlijk succes. Maar door dagelijks te oefenen kunnen we in de buurt komen van het ideaal van ataraxie. Evalueer jezelf aan het einde van elke dag. Waarvoor ben je gezakt? Op welk gebied heb je je dag door toxische emoties laten vergiftigen? Door welke tegenslagen die buiten je controle liggen heb je je van je stuk laten brengen? En welke mentale werktuigen moest je voor de dag halen om jezelf te verbeteren? Je hoeft niet de rijkste persoon op de begraafplaats te zijn. Het is fijner als je innerlijk in het hier en nu de succesvolste bent. 'Maak elke dag tot je meesterwerk,' prentte Wooden zijn spelers telkens weer in. Doe dat ook. Je kunt geen compleet innerlijk succes bereiken, maar wel iets waar we ons hele leven op oefenen. Niemand zal dat werk voor je doen.

In werkelijkheid proberen mensen die naar uiterlijk succes streven – naar rijkdom, CEO-posities, gouden medailles of huldigingen – eveneens innerlijk succes te bereiken. Ze zijn zich hier alleen niet van bewust. Met een bonus koopt de CEO voor tweehonderdduizend euro een IWC Grande Complication. Misschien omdat hij er blij van wordt als hij naar zijn pols kijkt, maar misschien nog wel meer omdat hij erom benijd wordt. Hoe dan ook, hij gunt zichzelf die IWC zodat hij zich goed voelt. Anders zou hij zo'n horloge niet kopen.

Hoe je het ook wendt of keert: mensen willen uiterlijk winnen om innerlijk te winnen. De vraag die je dan kunt stellen is overduidelijk. Waarom zou je dit doen via de omweg van uiterlijk succes? Neem de directe weg naar geluk.

# NAWOORD

De opvatting dat het leven makkelijk is, is een val waar alle mensen af en toe in trappen. Vooral in hun jonge jaren, maar niet alleen dan. Het goede leven is geen triviale opgave. Zelfs intelligente mensen lukt het vaak niet. Waarom niet?

We hebben een wereld geschapen die we niet meer begrijpen. Een wereld waarin intuïtie geen betrouwbaar kompas meer is. Een complexe, instabiele wereld. In deze ondoorzichtige wereld proberen we met behulp van onze hersenen te navigeren. Maar de hersenen zijn voor een heel andere wereld gebouwd, namelijk voor de steentijd. De evolutie heeft geen tijd om onze hersenen aan te passen aan de zich zeer snel ontwikkelende beschaving. Terwijl onze buitenwereld in de laatste tienduizend jaar radicaal is veranderd, zijn de software en hardware van onze innerlijke wereld, onze hersenen dus, nog dezelfde als in de tijd dat er mammoeten graasden. Zo gezien is het niet verrassend dat wij niet alleen in het abstracte denken, maar ook in hoe we concreet ons leven leiden, systematisch fouten maken. Daarom is het onontbeerlijk dat je een gereedschapskist met mentale denkhoudingen paraat hebt waar je steeds weer gebruik van kunt maken. Met denkgereedschappen kun je de wereld objectiever zien en op lange termijn verstandig handelen. Als we ons deze mentale werktuigen eigen maken, dus dagelijks oefenen, veranderen en verbeteren we geleidelijk de structuur van onze hersenen. Deze denkmodellen, in de psychologie vaak *heuristieken* genoemd, garanderen je weliswaar geen goed leven, maar ze helpen je doorgaans beter te beslissen en beter te handelen dan wanneer je op je intuïtie afgaat. Ik ben ervan overtuigd dat mentale werktuigen belangrijker zijn dan geld. Dat ze belangrijker zijn dan relaties. En dat ze zelfs belangrijker zijn dan intelligentie.

Sinds ik begonnen ben met schrijven over het goede leven, vragen mensen me wat dat dan precies is. Hoe luidt de definitie? Mijn antwoord? Ik weet het niet. Mijn begrip komt overeen met de negatieve theologie van de middeleeuwen. Op de vraag: 'Wie of wat is God?' antwoordden de theologen: je kunt niet precies zeggen wat God is, je kunt alleen zeggen wat God níét is. Dit geldt ook voor het goede leven. Je kunt niet precies zeggen wat het goede leven is, je kunt alleen met zekerheid zeggen wat het níét is. Als je geen goed leven leidt, merk je dat beslist. Als je vriend geen goed leven heeft, herken je dat direct. Het stoort veel lezers dat ik over het goede leven schrijf, maar geen definitie lever. Nou, ik vind de noodzaak van definities niet erg zinvol. In de woorden van Nobelprijswinnaar Richard Feynmann: 'Als je de naam van een vogel in alle talen van de wereld kent, weet je absoluut niets over deze vogel... Laten we hem daarom samen nauwkeurig bekijken en observeren hoe hij zich gedraagt. Dat is wat werkelijk telt. Ik leerde toen ik zeer jong was het verschil tussen "van iets de naam kennen" en "iets weten".'

Waaruit zijn de 52 mentale werktuigen afkomstig? Uit drie grote bronnen. De eerste bron is wetenschappelijk onderzoek uit de afgelopen veertig jaar. Daartoe behoren de mentale psychologie, sociale psychologie, het onderzoek naar geluk, zogenoemd heuristisch onderzoek (*heuristics and biases*), de gedragseconomie (*behavorial economics*) en enige uitgangspunten uit de klinische psychologie, met voorop de succesvolle *cognitive behavioral therapy* (CBT).

Een tweede bron is de Stoa, ook stoïcisme genoemd. Het is een uiterst praktische filosofie die in Griekenland ontstond en in het Romeinse Rijk in de tweede eeuw na Christus haar hoogtepunt bereikte. Grote namen zijn Zeno (oprichter van deze denkrichting), Chrysippos (de belangrijkste vertegenwoordiger van de stoïcijnse wijsbegeerte in het antieke Griekenland), Seneca (voor mijn gevoel de 'Charlie Munger van het antieke Rome'), Musonius Rufus (een succesvolle leraar die bij tijd en wijle door Nero werd verbannen), Epictetus (leerling van Rufus en voormalig slaaf) en de Romeinse keizer Marcus Aurelius. Hij schreef een boek met korte samenvattingen uit zijn notities aan zichzelf die hij zelfbespiegelingen noemde. Helaas verdween de betekenis van de stoïcijnse wijsbegeerte met de val van het Romeinse Rijk. Het stoïcisme heeft zich nooit meer volledig hersteld, gold echter gedurende de laatste achttienhonderd jaar steeds als geheimtip voor mensen die op zoek waren naar een filosofie voor het praktische leven. De stoïcijnen hechtten veel waarde aan praktische oefeningen die ik hier ook gedeeltelijk heb voorgesteld, en aan basisregels. Basisregels zijn waardevol omdat ze ongecompliceerd zijn en ons als een lint dat de weg verspert behoeden voor ondoordachte stappen. Op het gevaar af simpel over te komen, heb ik me veroorloofd ook een paar grondregels van mezelf naar voren te brengen.

De derde bron is gebaseerd op een lange traditie van investmentliteratuur. Zo geldt Charlie Munger, zakenpartner van Warren Buffett, als een van de succesvolste value-investeerders ter wereld en (niet alleen voor mij) als een van de grootste denkers van onze eeuw. Ik heb mezelf daarom gepermitteerd hem vaak te citeren. Investeerders hebben een bijzondere drijfveer de opake wereld te doordringen. Ondanks alle onwetendheid moeten ze proberen de toekomst zo goed mogelijk in te schatten. De resultaten van hun denken komen tot uitdrukking in winsten of verliezen. Daarom zijn sinds Benjamin Graham investeerders verzot op een zo objectief mogelijke zienswijze van de wereld en op een innerlijke houding die je beschermt tegen impulsieve beslissingen. En zo hebben investeerders de afgelopen honderd jaar een uiterst bruikbare kist met mentale werktuigen ontwikkeld. Deze gelden ook ver buiten de wereld van het geld. Het is verbazingwekkend hoeveel levenswijsheid je kunt halen uit de grondregels en denkwijzen van de value-investeerders.

Deze drie bronnen – de moderne psychologie, het stoïcisme en de 'denkschool' van de value-investeerders – passen perfect bij elkaar. Zo perfect dat je zou denken dat ze van één hand kwamen. Maar ze zijn onafhankelijk van elkaar ontstaan. Er zijn niet veel eureka-momenten in een leven, maar dit was een van mijn heel grote: toen ik begreep hoe perfect en soepel deze drie tandwielen in elkaar grepen.

Tot slot vier opmerkingen. Ten eerste: er zijn meer dan 52 mentale werktuigen. Ik heb gekozen voor het getal 52 omdat dit boek een bepaalde overeenkomst heeft met mijn vorige boeken *De kunst van het heldere denken* en *De kunst van het verstandige handelen*, die eveneens 52 hoofdstukken bevatten. In die boeken ging het om denkfouten, in dit boek gaat het om denkwerktuigen. Bovendien ben je met deze 52 goed geholpen. Je hebt er al naargelang de situatie toch maar twee of hooguit drie nodig.

Ten tweede: veel van de vorige hoofdstukken verschenen in de *Neuen Zürcher Zeitung* en in het *Handelsblatt*. Columns moeten kort en bondig zijn. Daarom zijn diepgaandere notities en bronnen niet in de tekst zelf maar in de bijlage opgenomen.

Ten derde: ik heb voor de eenvoud meestal de traditionele mannelijke vorm gekozen, maar uiteraard zijn zowel mannen als vrouwen bedoeld. Vrouwen minachten is het verkeerde recept voor een goed leven.

Ten vierde: voor alle fouten en onvolledigheden in dit boek ben alleen ik verantwoordelijk.

Rolf Dobelli, Bern, 2017

# DANKWOORD

Mijn dank gaat uit naar Koni Gebistorf die de teksten met vaste hand redigeerde en ze de finishing touch gaf. Dit boek zou er niet zijn zonder de wekelijkse druk om mijn eigen gedachten in een leesbaar formaat te gieten. Ik bedank René Scheu, chef van de culturele bijlage van de *Neuen Züricher Zeitung* die een deel van dit boek als wekelijkse column publiceerde. Er was enig lef voor nodig om een column over de praktische vormgeving van het dagelijks leven in een anders zo bijzonder intelligent milieu van de culturele bijlage van de *NZZ* te publiceren. Ook dank ik Gabor Steingart en Thomas Tuma, die het mogelijk maakten dat mijn teksten een mooie plek kregen in het *Handelsblatt*. Hartelijk dank aan grafisch kunstenaar El Bocho voor zijn illustraties bij de afzonderlijke hoofdstukken.

Ik ken geen professionelere redacteur voor non-fictie dan Martin Janik van Piper Verlag. Nadat hij al als redacteur werkte aan mijn vorige boeken *Die Kunst des klaren Denkens* (Nederlandse vertaling: *De kunst van het heldere denken*) en *Die Kunst des klugen Handels* (Nederlandse vertaling: *De kunst van het verstandige handelen*) ben ik blij dat hij ook dit boek heeft aangenomen. Ik bedank Christian Schumacher-Gebler, de CEO van Bonnier Deutschland, Felicitas von Lovenberg, de uitgeefster en alle fantastische mensen bij Piper Verlag. Er is geen uitgeverij waar ik ooit hartelijker welkom werd geheten.

Ik dank Guy Spier die me een veertig kilo wegend bronzen borstbeeld van Charlie Munger cadeau heeft gedaan dat nu onze tuin verfraait. Het hoofd van Munger is omringd door klimop, zodat hij er een beetje uitziet als een Romeinse keizer.

Peter Bevelin heeft jaren geleden mijn ogen geopend voor de levenswijsheden van de klassieke value-investeerders. Daar ben ik hem dankbaar voor. Zijn boeken zijn ware schatkisten waar ik uitgebreid uit heb geput.

Dit boek zou er niet zijn geweest zonder de talloze gesprekken en correspondentie die ik de afgelopen jaren gevoerd heb over het thema het goede leven. Ik bedank (in willekeurige volgorde) de volgende personen voor hun goede ideeën: Thomas Schenk, Kevin Heng, Bruno Frey, Alois Stutzer, Frederike Petzschner, Manfred Lütz, Urs Sonntag, Kipper Blakeley, Rishi Kakar, Schoscho Rufener, Peter Bevelin, Matt Ridley, Michael Hengartner, Tom Ladner, Alex Wassmer, Marc Walder, Ksenija Sidorova, Avi Avital, Uli Sigg, Numa & Corinne Bischof Ullmann, Holger Ried, Ewald Ried, Marcel Rohner, Raffaello D'Andrea, Lou Marinoff, Tom Wujec, Jean-Rémy von Matt, Urs Baumann, Erica Zanzin, Simone Schürle, Rainer Marc Frey, Michael Müller, Tommy Matter, Adriano Aguzzi, Viola Vogel, Nils Hagander, Christian Jund, André Frensch, Marc & Monika Bader Zurbuchen, Georges & Monika Kern, Martin Hoffmann,

Markus & Irene Ackermann, Robert Cialdini, Dan Gilbert, Carel van Schaik, Markus Imboden, Jonathan Haidt, Joshua Greene, Martin Walser, Angela & Axel Keuneke, Guy Spier, Franz Kaufmann en Dan Dennett. Ik voel überhaupt een diepe dankbaarheid naar mijn vrienden toe, alsmede naar de vermelde denkers, auteurs en onderzoekers. Al het wezenlijke in dit boek is niet van mij afkomstig maar van hen.

Mijn ouders Ueli en Ruth zijn een lichtend voorbeeld voor hoe een goed leven in de loop van vele jaren mogelijk is. Oneindige dank voor alles.

Mijn grootste dank gaat uit naar mijn vrouw. Veel van de hier besproken denkwerktuigen stammen uit Bines werk als psychologe en haar levenservaring. Ze is mijn eerste redactrice. Haar meedogenloze rode pen is een geschenk voor alle lezers van deze teksten. En haar levenswijsheid is een geschenk voor ons gezin.

Ik dank onze driejarige tweeling Numa en Avi. Ook al beroofden ze me van mijn slaap tijdens het schrijven van dit boek, toch had ik dit boek, zo paradoxaal als het misschien klinkt, niet zonder die schattige mannetjes kunnen schrijven.

# DE ILLUSTRATOR

El Bocho – illustratie en ontwerp

El Bocho woont in Berlijn. Hij illustreerde na zijn grafische opleiding voor de muziekbranche en de zondagskrant van de *FAZ*. Hij is zowel in galeries als in de urban scene vertegenwoordigd. Bij tentoonstellingen en televisieoptredens in Japan, Rusland en Brazilië neemt hij de rol aan van observerende observator. Hij communiceert al jarenlang door middel van zijn tot vijf meter grote illustraties die hij in openbare ruimtes installeert en is daarmee een vast bestanddeel geworden van het urbane kunstwereldje.

El Bocho is een romanticus en wijst met zijn werken op de vergankelijkheid van het streven.

www.elbocho.net

# Bijlage

Bij bijna elk mentale werktuig zijn er talrijke wetenschappelijke studies op het gebied van de cognitieve psychologie en sociale sociologie. Ik heb me hier beperkt tot de belangrijkste citaten, technische informatie, leesaanbevelingen en commentaren. De meeste citaten heb ik in de originele taal laten staan. Ik zie mezelf hoofdzakelijk als vertaler in alledaagse taal van de hier vermelde wetenschappelijke studies. Mijn doel is de filosofische ideeën en wetenschappelijke inzichten bruikbaar te maken voor het dagelijks leven. Ik heb groot respect voor de onderzoekers die deze denkwerktuigen wetenschappelijk onderzocht hebben.

### Voorwoord

Charlie Munger is de zakenpartner van de legendarische investeerder Warren Buffett en voor mij een van de grootste denkers van onze eeuw. Bill Gates zegt over Charlie Munger: 'Hij is echt de meest veelomvattende denker die ik ooit heb ontmoet.' / *'He is truly the broadest thinker I have ever encountered.'* (Griffin, Tren: *Charlie Munger – The Complete Investor*, Columbia Business School Press, 2015, p. 46.)

In het kader van een voordracht voor studenten in 1994 verraadde Charlie Munger het geheim van zijn denken: 'Je hebt mentale modellen nodig. En je moet de talrijke ervaringen uit je leven aan dit raster van mentale modellen bevestigen. Je zult vastgesteld hebben dat enkele studenten alles gewoon uit hun hoofd leren. Nou, deze mensen zullen niet slagen voor hun studie en het niet redden in het leven.'/ '*You've got to have models in your head. And you've got to array your experience – both vicarious and direct – on this latticework of models. You may have noticed students who just try to remember and pound back what is remembered. Well, they fail in school and in life. You've got to hang experience on a latticework of models in your head.*' (Charlie Munger, Toespraak aan de USC Business School met de titel 'A Lesson on Elementary Worldly Wisdom', 1994. In: Griffin, Tren: *Charlie Munger – The Complete Investor*, Columbia Business School Press, 2015, p. 44.)

Munger heeft het over *mental models* – letterlijk vertaald 'mentale modellen'. Toch klopt deze vertaling niet precies. Het gaat bij Munger niet om modellen in de zin van architectuurmodellen of simulatiemodellen, dus afbeeldingen op een schaal van de realiteit. Munger bedoelt eerder denkwerktuigen, denktactieken, denkstrategieën en houdingen. Ik gebruik in dit boek daarom de begrippen 'mentale werktuigen' en 'denkwerktuigen'.

Ik ben ervan overtuigd dat de kans dat ons leven mislukt zeer groot is als we niet kunnen teruggrijpen op een voorraad solide denkwerktuigen. Ik kan me ook niet voorstellen hoe je als leidinggevende succesvol kunt zijn als je niet beschikt over een denkgereedschapskist.

**Mentale boekhouding**

Bij *mental accounting*: Richard Thaler geldt als de grondlegger van de mental-accounting-theorie. (Heath, Chip; Soll, Jack B.: 'Mental Budgeting and Consumer Decisions'. In: *Journal of Consumer Research*, 1996, Vol. 23, nr. 1, p. 40–52.)

Ik heb de denkfout van de mental accounting kort aangestipt in het boek *De kunst van het verstandige handelen* (De Bezige Bij, 2013), onder het kopje: 'Waarom geld niet naakt is; het house-money-effect'.

Bij de peak-end-regel: Kahneman Daniel; Fredrickson, Barbara L.; Schreiber, Charles A. en Redelmeier, Donald A.: 'When More Pain Is Preferred to Less: Adding a Better End'. *Psychological Science*, november 1993, Vol. 4, nr. 6, p. 401–405.

Bij de constructieve interpretatie van feiten: vroeger werd ik nerveus van koersdalingen en -stijgingen van mijn aandelenportfolio. Tegenwoordig niet meer. Ik gebruik mentale boekhouding: als mijn portfolio zich verdubbelt of halveert, is dat geen tragedie. Het portfolio is slechts een klein deel van mijn ware vermogen. Mijn familie, mijn werk als auteur, de stichting WORLD.MINDS en mijn vrienden betekenen voor mij minstens negentig procent van mijn werkelijke vermogen. Als mijn portfolio zich bijvoorbeeld door een beurskrach halveert, verlies ik in werkelijkheid net vijf procent aan vermogen. Omgekeerd zal ik niet gaan jubelen als mijn aandelen zich verdubbelen. Mijn ware vermogen stijgt dan slechts met ongeveer vijf procent.

**De grote vaardigheid van het corrigeren**

Bij Dwight Eisenhowers opmerking past de observatie van Charlie Munger: '*At Berkshire there has never been a master plan. Anyone who wanted to do it, we fired because it takes on a life of its own and doesn't cover new reality. We want people taking into account new information.*' (Clark, David: *Tao of Charlie Munger*, Scribner, 2017, p. 141.)

Nog een citaat bij de fragiliteit van plannen: 'In het leven is het net als bij een schaakspel: voor beide maken we weliswaar een plan, maar het blijft geheel afhankelijk van wat je tegenstander in het schaakspel doet en van wat het noodlot je in het leven toespeelt. De modificaties zijn daardoor meestal van zo'n grote betekenis dat ons oorspronkelijke plan bij uitvoering nauwelijks nog te herkennen is.' (Schopenhauer, Arthur, *Die Kunst, glücklich zu sein*, Verlag C.H. Beck, 1999, p. 61.) Nederlandse vertaling: *De kunst om gelukkig te zijn: uiteengezet in vijftig leefregels*, Boom, 2011.

Bij samenhang tussen diploma's en zakelijk succes: '*Education is an important determinant of income – one of the most important – but it is less important than most people think. If everyone had the same education, the inequality of income would be reduced by less than 10%. When you focus on education you neglect the myriad other factors that determine income. The differences of income among people who have the same education are huge.*' (Kahneman, Daniel: 'Focusing Illusion'. In: Brockman, John: Edge Annual Question 2011, *This Will Make You Smarter*, HarperCollins, 2012, p. 49. Zie ook: https://www.edge.org/response-detail/11984 (bekeken op 7 juli 2017).

## De gelofte

In gesprek met *The New Yorker Magazine* legt Clayton Christensen uit waarom veel managers ontwrichte gezinnen hebben. '*In three hours at work, you could get something substantial accomplished, and if you failed to accomplish it you felt the pain right away. If you spent three hours at home with your family, it felt like you hadn't done a thing, and if you skipped it nothing happened. So you spent more and more time at the office, on high-margin, quick-yield tasks, and you even believed that you were staying away from home for the sake of your family. He had seen many people tell themselves that they could divide their lives into stages, spending the first part pushing forward their careers, and imagining that at some future point they would spend time with their families – only to find that by then their families were gone. Christensen had made a pledge to God not to work on Sundays, and a pledge to his family not to work on Saturdays and to be home during the week early enough for dinner and to play ball with the kids while it was still light. Sometimes, in order to keep these commitments, he would go to work at three in the morning.*' (MacFarquhar, Larissa: 'When Giants Fail'. In: *The New Yorker Magazine*, 14 mei 2012.)

In gesprek met Oliver Sacks zegt Nobelprijswinnaar Robert John over het naleven van de sabbat: 'Het gaat er niet om dat je de maatschappij vooruithelpt, maar dat je je eigen levenskwaliteit verbetert.' (Sacks, Oliver: *Dankbarkeit*, Rowohlt, 2015, p. 52f.) Nederlandse vertaling: *Dankbaarheid*, De Bezige Bij, 2016/2015. Oliver Sacks schrijft over Robert John: 'Hij vertelde me allemaal onderhoudende verhalen over de Nobelprijzen en de feestelijke plechtigheid in Stockholm, hechtte echter grote waarde aan de constatering dat als men van hem verlangd had dat hij op zaterdag naar Stockholm moest reizen hij de prijs zou hebben geweigerd Zijn onvoorwaardelijk vasthouden aan de sabbat, zijn behoefte aan diepe vrede en het op die dag ver weg zijn van het gewoel van de wereld had zelfs de betekenis van de Nobelprijs in de schaduw gesteld.' (ibidem, p. 53)

Bij beslissingsmoeheid, zie: Dobelli, Rolf: *De kunst van het verstandige handelen*, Hanser, 2012.

Het voorbeeld met de vrachtwagen vol dynamiet: Schelling, Thomas C.: 'An Essay on Bargaining'. In: *The American Economic Review*, 1956, Vol. 46, nr. 3, p. 281–306.

Het is makkelijker je voor 100 procent aan je geloftes te houden dan voor 99 procent. Clayton Christensen heeft het over 98 procent in plaats van 99 procent: '*He told them about how at Oxford he had refused to play basketball on a Sunday, even though it was the national championships, because he had promised God he wouldn't; and how much pressure his coach and teammates had put on him to compromise just that one time. Later, he realized that if he had said yes that time he would have had no standing to say no another time, and what he learned – one of the most important lessons of his life – was that it was easier to do the right thing a hundred per cent of the time than ninety-eight per cent of the time.*' (MacFarquhar, Larissa: 'When Giants Fail'. In: *The New Yorker Magazine*, 14 mei 2012.)

**Black-box-denken**

Over De Havilland Comet 1 zie: https://de.wikipedia.org/wiki/De_Havilland_Comet (bekeken op 7 juli 2017).

Over de onderzoeker van de ongevallen, David Warren, de uitvinder van de black box, zie: https://de.wikipedia.org/wiki/David_Warren (bekeken op 7 juli 2017).

De uitdrukking black-box-denken stamt van Matthew Syed. Hij heeft een uitstekend boek geschreven met die titel. Syed, Matthew: *Black Box Thinking: The Surprising Truth About Success*, Hodder, 2015. Nederlandse titel: *Black Box-denken*, Kosmos Uitgevers, 2015. Het zwaartepunt ligt in dit boek bij organisatorische fouten. Maar de mentale strategie van het black-box-denken kan uitstekend toegepast worden in je privéleven.

Sullenberger: '*Everything we know in aviation, every rule in the rule book, every procedure we have, we know because someone somewhere died ... We have purchased at great cost, lessons literally bought with blood that we have to preserve as institutional knowledge and pass on to succeeding generations. We cannot have the moral failure of forgetting these lessons and have to relearn them.*' (Syed, Matthew: 'How Black Box Thinking Can Prevent Avoidable Medical Errors'. In: *WIRED UK Magazine*, 12 november 2015. Zie ook: http://www.wired.co.uk/ article/preventing-medical-error-deaths (bekeken op 7 juli 2017).

'Een aandeel weet niet dat je het bezit.' Zie Warren Buffett: '*One of the important things in stocks is that the stock does not know that you own it. You have all these feelings about it: you remember what you* *paid. You remember who told you about it – all these little things. And it doesn't give a damn. It just sits there. If a stock's at $ 50, somebody's paid $ 100 and feels terrible, somebody else has paid $ 10 and feels wonderful – all these feelings. And it has no impact whatsoever...*' (Bevelin, Peter: *Seeking Wisdom*, PCA Publications, 2007, p. 60.)

Paul Dolan beschrijft hoe mensen die in gewicht toenemen, beetje bij beetje hun focus verplaatsen: '*As people put on weight, they shift the focus of their attention away from parts of their lives that are associated with weight, like health, toward aspects where their weight is less important, like work. This shift in attention explains some of the behaviors we observe; many of us gain weight but do not lose it. The effort needed to lose weight may be greater than the effort required to shift the attention you give to your health and weight.*' (Dolan, Paul: *Happiness by Design*, Penguin, 2015, E-Book Location 1143.)

Hersenonderzoeker Christof Koch schrijft: '*Nobody is immune from self-deception and self-delusion. We all have intricate, subliminal defense mechanisms that allow us to retain beliefs that are dear to us, despite contravening facts.*' (Koch, Christof: *Consciousness – Confessions of a Romantic Reductionist*, MIT Press, 2012, p. 158.)

Bij Russells citaat zie: Russell, Bertrand: *Eroberung des Glücks*, Suhrkamp Verlag, 1977, p. 166 en p. 84. Russell, Bertrand, *De verovering van het geluk*, Bright Lights 2007.

'*If you won't attack a problem while it's solvable and wait until it's unfixable, you can argue that you're so damn foolish that you deserve the problem.*' (Bevelin, Peter: *Seeking Wisdom*, PCA Publications, 2007, p. 93.)

Alex Haley: '*If You Don't Deal with Reality, then Reality Will Deal with You.*' In: *Jet Magazine*, 27 maart 1980, p. 30. Zie ook: http://bit.ly/2sXCndR (bekeken op 7 juli 2017) of in: Bevelin, Peter: *Seeking Wisdom*, PCA Publications, 2007, p. 92.

'*We've done a lot of that – scrambled out of wrong decisions. I would argue that that's a big part of having a reasonable record in life. You can't avoid wrong decisions. But if you recognize them promptly and do something about them, you can frequently turn the lemon into lemonade.*' (Bevelin, Peter: *Seeking Wisdom*, PCA Publications, 2007, S. 101.)

'Problemen zijn niet als grote Bordeaux-wijnen...' zie Buffett: '*You see, your problem won't improve with age.*' (Bevelin, Peter: *Seeking Wisdom*, PCA Publications, 2007, p. 93.)

**Antiproductiviteit**
Bij Ivan Illich, zie: https://en.wikipedia.org/wiki/Ivan_Illich (bekeken op 7 juli 2017). Sepandar Kamvar van MIT Media Lab heeft me op Ivan Illich en het concept van de *counterproductivity* gebracht. Zie Kamvars Talk op: https://www.youtube.com/watch?v=dbB5na0g_6M. (bekeken op 7 juli 2017). Illich heeft zelfs nog de kans op een verblijf in het ziekenhuis door een verkeersongeval meegerekend, wat ook tijd kost – niet in de laatste plaats werktijd in het ziekenhuis.

Bij de kosten van e-mailtjes zie: '*But modern technology has brought a few costs, too, the biggest of which is distraction. A recent study estimated the combined cost of distractions for US businesses to be around $ 600 billion per year.*' (Dolan, Paul: *Happiness by Design*, Penguin, 2015, E-Book Location 2644). En: '*[...] e-mail alone costs UK businesses about £ 10,000 ($ 16,500) per employee per year.*' (ibidem, E-Book Location 2633.)

**De negatieve kunst van het goede leven**
Marks, Howard: *The Most Important Thing*, Columbia University Press, 2011, p. 172 f. Howard Marks refereert aan een artikel van Charles D. Ellis met de titel 'The Loser's Game', dat in 1975 in *The Financial Analyst's Journal* verschenen is. Zie ook: http://www.cfapubs.org/doi/pdf/10.2469/faj.v51.n1.1865 (gekeken op 7 juli 2017).

'In het hobbytennis worden wedstrijden niet gewonnen, maar verloren.' De Amerikaanse admiraal Samuel Morison heeft ontelbare oorlogen geanalyseerd. Hij komt tot de slotsom: oorlog is een beetje als amateurtennis. 'De kant die minder strategische fouten maakt wint de oorlog.' / '*Other things being equal, the side that makes the fewest strategic errors wins the war.*' (Morison, Samuel Elison: *Strategy and Compromise*, Little Brown, 1958.)

Ontelbare onderzoeken hebben laten zien dat het effect van deze klappen (dwarslaesie, lichamelijke gebreken, scheiding) sneller in rook oplossen dan we denken. Het belangrijkste onderzoek: Brickman, Philip; Coates, Dan; Janoff-Bulman Ronnie: 'Lottery Winners and Accident Victims: Is Happiness Relative?'. In: *Journal of Personality and Social Psychology*, augustus 1978, Vol. 36, nr. 8, p. 917–927.

'*Charlie generally focuses first on what to avoid – that is, on what NOT to do – before he considers the affirmative steps he will take in a given situation.*' (Peter D. Kaufman in: Munger, Charles T.: *Poor Char-*

*lie's Almanack*, The Donning Company Publishers, 2006, p. 63.)

'It is remarkable how much long-term advantage people like us have gotten by trying to be consistently not stupid, instead of trying to be very intelligent.' (Munger, Charlie: *Wesco Annual Report* 1989.)

'*All I want to know is where I'm going to die, so I'll never go there.*' (Munger, Charles T.: *Poor Charlie's Almanack*, The Donning Company Publishers, 2006, p. 63.). Deze zin is ook de titel van een van de beste boeken over Buffett en Munger: Bevelin, Peter: *All I Want to Know Is Where I'm Going to Die so I'll Never Go There: Buffett & Munger – A Study in Simplicity and Uncommon, Common Sense*, PCA Publications, 2016.

**De eicellenloterij**

Bij Buffetts gedachtenexperiment: '*Imagine there are two identical twins in the womb, both equally bright and energetic. And the genie says to them: "One of you is going to be born in the United States, and one of you is going to be born in Bangladesh. And if you wind up in Bangladesh, you will pay no taxes. What percentage of your income would you bid to be the one that is born in the United States?" It says something about the fact that society has something to do with your fate and not just your innate qualities. The people who say: "I did it all myself?" and think of themselves as Horatio Alger – believe me, they'd bid more to be in the United States than in Bangladesh. That's the Ovarian Lottery.*' (Schroeder, Alice: *The Snowball*, Bantam Books, 2008, E-Book Location 11073.)

Zes procent van alle mensen die ooit de aarde bevolkt hebben leeft op dit moment. Zie: https://www.ncbi.nlm.nih.gov/pubmed/12288594 (bekeken op 7 juli 2017).

Buffett: '*If I'd been born thousands of years ago I'd be some animal's lunch because I can't run very fast or climb trees. So there's so much chance in how we enter the world.*' Zie: http://www.businessinsider.com/warren-buffett-nails-it-on-the-importance-of-luck-in-life-2013-10 (bekeken op 7 juli 2017).

Als je elke dag een dankbaarheidsoefening doet, lost het effect op je geluksgevoel gedeeltelijk op omdat de hersenen eraan wennen. In hun essay 'It's a Wonderful Life: Mentally Subtracting Positive Events Improves People's Affective States, Contrary to Their Affective Forecasts?' (*Journal of Personality and Social Psychology*, november 2008,

Vol. 95, nr. 5, p. 1217–1224. doi:10.103) schrijven de auteurs Minkyung Koo, Sara B. Algoe, Timothy D. Wilson en Daniel T. Gilbert: '*Having a wonderful spouse, watching one's team win the World Series, or getting an article accepted in a top journal are all positive events, and reflecting on them may well bring a smile; but that smile is likely to be slighter and more fleeting with each passing day, because as wonderful as these events may be, they quickly become familiar – and they become more familiar each time one reflects on them. Indeed, research shows that thinking about an event increases the extent to which it seems familiar and explainable.*'

### De introspectie-illusie

In het Duits zijn er rond de 150 bijvoeglijke naamwoorden, die verschillende emoties omschrijven. In het Engels zijn het er zelfs twee keer zo veel. Zie: http://www.psychpage.com/learning/library/assess/feelings.html (bekeken op 7 juli 2017).

Schwitzgebels citaat: '*The introspection of current conscious experience, far from being secure, nearly infallible, is faulty, untrustworthy, and misleading – not just possibly mistaken, but massively and pervasively. I don't think it's just me in the dark here, but most of us.*' (Schwitzgebel, Eric: *Perplexities of Consciousness*, MIT Press, 2011, p. 129.)

'*Because no one ever scolds us for getting it wrong about our experience and we never see decisive evidence of error, we become cavalier. This lack of corrective feedback encourages a hypertrophy of confidence. Who doesn't enjoy being the sole expert in the room whose word has unchallengeable weight?*' (Schwitzgebel, Eric: 'The Unreliability of Naïve Introspection', 7 september 2007. Zie: http://www.faculty.ucr.edu/~eschwitz/SchwitzPapers/Naive070907.htm (bekeken op 7 juli 2017).

### De authenticiteitsvalkuil

Bij de begrafenis van Charles Darwin: '*He was sitting in the front seat as eldest son and chief mourner, and he felt a drought on his already bald head; so he put his black gloves to balance on the top of his skull, and sat like that throughout the service with the eyes of the nation upon him.*' (Blackburn, Simon: *Mirror, Mirror*, Princeton University Press, 2016, p. 25.) Blackburn citeert Gwen Raverat, de kleindochter van Charles Darwin, die over Darwins zoons schrijft. Zie: Acocella, Joan: 'Selfe'. In: *The*

*New Yorker Magazine*, 12 mei 2014. Zie: http://www.newyorker.com/magazine/2014/05/12/selfe (bekeken op 7 juli 2017).

'*Eisenhower was never a flashy man, but two outstanding traits defined the mature Eisenhower, traits that flowed from his upbringing and that he cultivated over time. The first was his creation of a second self. Today, we tend to live within an ethos of authenticity. We tend to believe that the "true self" is whatever is most natural and untutored. That is, each of us has a certain sincere way of being in the world, and we should live our life being truthful to that authentic inner self, not succumbing to the pressures outside ourself. To live artifcially, with a gap between your inner nature and your outer conduct, is to be deceptive, cunning, and false. Eisenhower hewed to a different philosophy.*' (Brooks, David: *The Road to Character*, Random House, 2015, p. 67.)

### Het vijf-seconden-nee

Mungers citaat: '*The other thing is the five-second no. You've got to make up your mind. You don't leave people hanging.*' (Lowe, Janet: *Damn Right, Behind the Scenes with Berkshire Hathaway Billionaire Charlie Munger*, John Wiley & Sons, 2000, p. 54.)

'*Charlie realizes that it is difficult to find something that is really good. So, if you say "No" ninety percent of the time, you're not missing much in the world.*' (Otis Booth over Charlie Munger, In: Munger, Charlie: *Poor Charlie's Almanack*, Donning, 2008, p. 99.)

Buffett: '*The difference between successful people and very successful people is that very successful people say "no" to almost everything.' [...] 'You've got to keep control of your time. And you won't keep control of your time unless you can say no. You can't let other people set your agenda in life.*' (Bevelin, Peter: *All I Want to Know Is Where I'm Going to Die so I'll Never Go There: Buffett & Munger – A Study in Simplicity and Uncommon, Common Sense*, PCA Publications, 2016, p. 51.)

### De focusseringsillusie

Kahnemans definitie van de focusseringsillusie in Kahneman, Daniel: 'Nothing in life is as important as you think it is while you are thinking about it.' Zie: https://www.edge.org/response-detail/11984 (bekeken op 7 juli 2017). Zie ook: Brockman, John: *This Will Make You Smarter*, Doubleday Books, 2012, p. 49.

Het verhaal over het ruiten krabben heb ik overgenomen uit een van de bekendste psychologie-onderzoeken met de titel 'Does Living in California Make People Happy' (Schkade, David A.; Kahneman, Daniel: 'Does Living in California Make People Happy? A Focusing Illusion in Judgments of Life Satisfaction'. In: *Psychological Science*, 2016, Vol. 9, nr. 5, p. 340 - 346.) Daarin hebben de professors Kahneman en Schkade voor het eerst de focusseringsillusie beschreven - waarbij het Midden-Westen van de VS en Californië met elkaar worden vergeleken. De conclusie: bij het vergelijken van twee alternatieven A en B overschatten mensen de verschillen en onderschatten ze de gemeenschappelijke kenmerken.

## Hoe aankopen in rook opgaan

Hoeveel plezier heb je van je auto? Schwarz, Norbert; Kahneman, Daniel; Xu, Jing: 'Global and Episodic Reports of Hedonic Experience'. In: Belli, Robert F., Stafford, Frank P. en Alwin, Duana F.: *Calendar and Time Diary*, SAGE Publications Ltd, p. 156-174.

Buffett: '*Working with people who cause your stomach to churn seems much like marrying for money - probably a bad idea under any circumstances, but absolute madness if you are already rich.*' (Connors, Richard: *Warren Buffett on Business: Principles from the Sage of Omaha*, John Wiley & Sons, 2010, p. 30.)

## Fuck-you-geld

Ik schat dat het voor Duitsland en Zwitserland honderdduizend euro is en voor de VS 75.000 dollar. '*The satiation level beyond which experienced well-being no longer increases was a household income of about $ 75 000 in high-cost areas (it could be less in areas where the cost of living is lower). The average increase of experienced well-being associated with incomes beyond that level was precisely zero.*' (Kahneman, Daniel: *Thinking Fast and Slow*, Farrar, Straus and Giroux, 2013, p. 397.)

Bij levenstevredenheid van loterijwinnaars, zie: Brickman, Philip; Coates, Dan; Janoff-Bulman, Ronnie: 'Lottery Winners and Accident Victims: Is Happiness Relative?'. In: *Journal of Personality and Social Psychology*, augustus 1978, Vol. 36, nr. 8, p. 917-927.

Richard Easterlin: 'Income and Happiness: Towards a Unified Theory'. In: *The Economic Journal*. Vol. 111, 2001, p. 465-484.

Andere onderzoeken zien het niet zo absoluut als Easterlin. De groei van het bnp verhoogt de levenstevredenheid, het effect is niet nul, maar is zeer gering, veel geringer in ieder geval dan veel mensen denken en politici ons willen doen geloven. Hagerty, Michael R.; Veenhoven, Ruut: 'Wealth and Happiness Revisited – Growing National Income Does Go with Greater Happiness'. In: *Social Indicators Research*, 2003, Vol. 64, p. 1–27.

Bijna een verdubbeling van de levensstandaard van 13.869 dollar per persoon in het jaar 1946 naar 23.024 dollar per persoon in het jaar 1970, weergegeven op basis van constante marktprijzen (2009). Zie: https://www.measuringworth.com/usgdp/ (bekeken op 7 juli 2017). Johnston, Louis; Williamson, Samuel H.: *What Was the U.S. GDP Then?*, MeasuringWorth, 2017.

Bij etymologie van fuck-you-geld zie: Wol-Mann, Ethan: 'How Much Money Would You Need to Ditch Your Job – Forever'. In: *Money Magazine*, 17 oktober 2016. Zie: http://time.com/money/4187538/f-u-money-defned-how-much-calculator/ (bekeken op 7 juli 2017).

Door fuck-you-geld kun je objectiever kijken en denken. Charlie Munger: '*Elihu Root, probably the greatest cabinet officer we ever had, said one of my favorite comments: No man is fit to hold public office who isn't perfectly willing to leave it at any time.*' En: *'Is a director really fit to make tough calls who isn't perfectly willing to leave the office at any time? My answer is no.*' (Bevelin, Peter: *All I Want to Know Is Where I'm Going to Die so I'll Never Go There*: *Buffett & Munger – A Study in Simplicity and Uncommon, Common Sense*, PCA Publications, 2016, p. 33.)

### De competentiecirkel

Een ander citaat van Charlie Munger bij de competentiecirkel: '*If you want to be the best tennis player in the world, you may start out trying and soon find out that it's hopeless – that other people blow right by you. However, if you want to become the best plumbing contractor in Bemidji, that is probably doable by two-thirds of you. It takes a will. It takes the intelligence. But after a while, you'd gradually know all about the plumbing business in Bemidji and master the art. That is an attainable objective, given enough discipline. And people who could never win a chess tournament or stand in center court in a respectable tennis tournament can rise quite high in life by slowly developing a circle of competence – which results partly from what they were born with and partly from what they slowly develop through work.*' In: Farnham Street

Blog: *The "Circle Of Competence" Theory Will Help You Make Vastly Smarter Decisions*, geciteerd in: *Business Insider*, 5 december 2013. Zie: http://www.businessinsider.com/the-circle-of-competence-theory-2013-12 (bekeken op 7 juli 2017).

Tom Watsons citaat: '*I'm no genius. I'm smart in spots – but I stay around those spots.*'

Evans, Dylan: *Risk Intelligence*, Atlantic Books, 2013, p. 198. Nederlandse vertaling: *RQ: hoe risico-intelligentie zorgt voor betere beslissingen in onzekere situaties*, Maven Publishing, 2012.

Debbie Millman: 'Expect anything worthwhile to take a long time'. Zie Brainpickings: http://explore.brainpickings.org/post/53767000482/the-ever-wise-debbie-millman-shares-10-things-she (bekeken op 8 juli 2017).

Anders Ericsson heeft de beroemde tienduizend-uren-regel onderzocht. Ericsson, Anders; Pool, Robert: *Peak. Secrets of the New Science of Expertise*, Eamon Dolan/Houghton Mifflin Harcourt, 2016. Nederlandse vertaling: *Hoe gewone mensen buitengewoon kunnen presteren*, Spectrum, 2017.

Kevin Kelly heeft uitgebreid over obsessie geschreven: '*Obsession is a tremendous force; real creativity comes when you're wasting time and when you're fooling around without a goal. That's often where real exploration and learning and new things come from.*' (Edge.org: 'The Technium. A Conversation with Kevin Kelly', met voorwoord van John Brockman, 2 maart 2014. Zie: https://www.edge.org/conversation/kevin_kelly-the-technium (bekeken op 8 juli 2017).

### Het geheim van bestendigheid

'*Charlie and I just sit around and wait for the phone to ring.*' (Hagstrom, Robert: *The Essential Buffett*, Wiley, 2001, p. 34.) 'Daarmee overschatten we systematisch het doen tegenover het niets doen, vlijt tegenover nadenken en actief zijn tegenover afwachten.' Dat heeft te maken met ons evolutionaire verleden: onze voorouders hebben niet overleefd door afwachten, volhouden en standvastig te blijven, maar door in actie te komen. Liever een keer te vaak dan te weinig wegrennen. De samenleving geeft de voorkeur aan handelen zonder nadenken boven zinvol afwachten. Vandaar de *action bias*, die ik in een van mijn vorige boeken, *De kunst van het heldere denken* (De Bezige Bij, 2012), beschreven heb.

Voor de bestsellers van alle tijden, zie: https://www.die-besten-aller-zeiten.de/buecher/meistverkaufen/ (bekeken op 8 juli 2017). Voor de meest verkochte producten, zie: http://www.businessinsider.com/10-of-theworlds-best-selling-items-2014-7 (bekeken op 8 juli 2017). Bij drankjes staat Coca-Cola aan de top. Coke heeft sinds de introductie in 1886 naar schatting dertigduizend miljard flessen resp. blikjes verkocht. Bij etenswaren ligt Lay's Chips voorop (naar schatting vierduizend miljard zakken sinds 1932). Bij de spelletjes Rubiks kubus (350 miljoen stuks verkocht sinds 1980).

'Langetermijnsuccessen ontwikkelen zich als taart met bakpoeder.' Dat wat in financieel vakjargon aangeduid wordt als 'rente op rente' en Einstein 'het achtste wereldwonder' noemde. Zie: http://www.goodreads.com/quotes/76863-compound-interest-is-the-eighth-wonder-of-the-world-he (bekeken op 8 juli 2018). Russell, Bertrand: *Eroberung des Glücks*, Suhrkamp Verlag, 1977, p. 45. Nederlandse vertaling: *De verovering van het geluk*, Bright Lights, 2007.

'Er is geen positieve correlatie tussen drukke gebaren en goede ideeën, tussen rusteloosheid en bezinning, tussen activiteit en resultaat. Zie hierover Warren Buffetts citaat: *'We don't get paid for activity, just for being right. As to how long we'll wait, we'll wait indefinitely.'* (Buffett, Warren: *Berkshire Hathaway Annual Meeting 1998*.)

Het laatste citaat van dit hoofdstuk is van Charlie Munger: '*You don't have to be brilliant, only a little bit wiser than the other guys, on average, for a long, long time*.' (Bevelin, Peter: *All I Want to Know Is Where I'm Going to Die so I'll Never Go There: Buffett & Munger – A Study in Simplicity and Uncommon, Common Sense*, PCA Publications, 2016, p. 7.)

**De tirannie van de roeping**

Bij Antonius zie: https://en.wikipedia.org/wiki/Anthony_the_Great (bekeken op 8 juli 2017). '*One of the symptoms of approaching nervous breakdown is the belief that one's work is terribly important*.' In: Russell, Bertrand: *The Conquest of Happiness*, 1930. Zie: https://en.wikiquote.org/wiki/The_Conquest_of_Happiness (bekeken op 8 juli 2017).

De *survivorship bias* en de *self-selection bias* heb ik in een ander boek uitgebreid beschreven. Zie: Dobelli, Rolf: *De kunst van het heldere denken*, De Bezige Bij, 2012, p. 13 e.v. en p. 154.

'Het is gunstig als je enthousiasme opbrengt voor een bezigheid waar je bovengemiddelde vaardigheden voor bezit. Als Warren Buffett besloten zou hebben balletdanser te worden zou niemand ooit iets van hem gehoord hebben.' / '*You'll do better if you have passion for something in which you have aptitude. If Warren had gone into ballet, no one would have heard of him.*' (Bevelin, Peter: *All I Want to Know Is Where I'm Going to Die so I'll Never Go There: Buffett & Munger – A Study in Simplicity and Uncommon, Common Sense*, PCA Publications, 2016, p. 75.)

**De gevangenis van een goede reputatie**

Bob Dylan citaat in: 'Dylan bricht sein Schweigen', *Die Zeit*, 29. Oktober 2016. Zie: http://www.zeit.de/kultur/literatur/2016-10/nobelpreis-bobdylan-interview-stockholm (bekeken op 8 juli 2018).

Buffett: '*Would you rather be the world's greatest lover, but have everyone think you're the world's worst lover? Or would you rather be the world's worst lover but have everyone think you're the world's greatest lover? Now, that's an interesting question. Here's another one. If the world couldn't see your results, would you rather be thought of as the world's greatest investor but in reality have the world's worst record? Or be thought of as the world's worst investor when you were actually the best? In teaching your kids, I think the lesson they're learning at a very, very early age is what their parents put the emphasis on. If all the emphasis is on what the world's going to think about you, forgetting about how you really behave, you'll wind up with an Outer Scorecard. Now, my dad: he was a hundred percent Inner Scorecard guy. He was really a maverick. But he wasn't a maverick for the sake of being a maverick. He just didn't care what other people thought. My dad taught me how life should be lived. I've never seen anybody quite like him.*' (Schroeder, Alice: *The Snowball*, Bantam Books, 2008, p. 30–31.)

'Let er maar eens op, de volgende keer dat je vrienden ontmoet: ze zullen voor negentig procent over andere mensen praten.' Waar praten wiskundigen over tijdens de lunch in de kantine van de universiteit? Wiskundige 'milleniumproblemen'? Verre van dat! Ze kletsen over hun collega's, wie met wie een affaire heeft, wie van wie een idee gestolen heeft, wie alweer geen eredoctoraat verdiend heeft.

Brooks, David: *The Road to Character*, Penguin, 2016, E-Book Location 4418.

## De 'einde van de geschiedenis'-illusie

Bij de 'einde van de geschiedenis'-illusie, zie: Quoidbach, Jordi; Gilbert, Daniel T.; Wilson, Timothy D.: 'The End of History Illusion'. In: *Science*, 4 januari 2013, Vol. 339 (6115), p. 96–98.

Lange tijd ging men er in de psychologie van uit dat je persoonlijkheid (vanaf de leeftijd van circa dertig jaar) in beton gegoten is. Men sprak van de zogenaamde vijf stabiele persoonlijkheidskenmerken, de *big five*: openheid voor nieuwe ervaringen, nauwgezetheid, extraversie, verdraagzaamheid en neuroticisme (emotionele labiliteit). Maar tegenwoordig weet men dat je karakter in de loop van je leven erg kan veranderen. Het valt ons zelf alleen niet op, wij merken de piepkleine veranderingen niet bij onszelf. Maar gedurende de decennia is er, net als bij een vliegveld, sprake van een aanzienlijke vernieuwing. Nee, onze persoonlijkheid is absoluut niet in beton gegoten. Overigens: als er al iets in beton gegoten is, dan zijn dat onze politieke meningen (zie Haidt, Jonathan: *The Righteous Mind: Why Good People Are Divided by Politics and Religion*, Pantheon, 2012). We leren dat de aarde om de zon heen draait, we accepteren nieuwe meningen, maar geen politieke. Mijn tip aan alle politici: geef geen geld uit aan pogingen om de mening van je kiezers te veranderen. Het zal je nooit lukken.

Je kunt zelf een beetje invloed uitoefenen op het veranderen van je karakter. '*My old boss, Ben Graham, when he was 12 years old, wrote down all of the qualities that he admired in other people and all the qualities he found objectionable. And he looked at that list and there wasn't anything about being able to run the 100-yard dash in 9.6 or jumping 7 feet. They were all things that were simply a matter of deciding whether you were going to be that kind of person or not [...]. Always hang around people better than you and you'll float up a little bit. Hang around with the other kind and you start sliding down the pole.*' (Warren Buffett geciteerd in: Lowe, Janet: *Warren Buffett Speaks: Wit and Wisdom from the World's Greatest Investor*, John Wiley & Sons, 2007, p. 36)

Een ander gedachtenexperiment van Warren Buffett: denk terug aan je schooltijd en aan je klas van toen. Stel dat de leraar je de volgende taak had gegeven: kies een scholier uit je klas uit van wie je voor de rest van je leven tien procent van zijn verdiende geld krijgt en aan wie jij tien procent van jouw verdiende inkomen geeft. Volgens welke criteria zou je deze opgave hebben opgelost? Laat de kennis die je tegenwoordig hebt, bijvoorbeeld dat je toenmalige medescholier miljardair is geworden, buiten beschouwing. Dat wist je toen niet. Het gaat hier om de criteria hoe je de opgave oplost. Zou je de topvoetballer van de klas hebben gekozen – een positie die destijds hoog in aanzien stond? Zou je de jongen met de flinke spierballen hebben gekozen? Of de rokkenjager? De medescholier met de rijkste ouders? Zou je de intelligentste klasgenoot hebben gekozen? Degene die je het aardigst vond? De lieveling van de leraar? De vlijtigste? Degene die je het meest kon vertrouwen? Bij dit gedachtenexperiment valt direct op dat de criteria die toen zo belangrijk waren en status gaven – voetbalvaardigheid, kracht, schoonheid, rijke ouders –, bij deze opgave geen rol spelen. Wat telt zijn criteria zoals of iemand te vertrouwen, vlijtig of intelligent is en vooral of je de persoon echt aardig vindt. Met uitzondering van intelligentie zijn dit allemaal criteria die niet aangeboren zijn en die iedereen probleemloos kan bereiken. '*You are all second year MBA students, so you have gotten to know your classmates. Think for a moment that I granted you the right – you can buy 10 % of one of your classmate's earnings for the rest of their lifetime. You can't pick someone with a rich father; you have to pick someone who is going to do it on his or her own merit. And I gave you an hour to think about it. Will you give them an IQ test and pick the one with the highest IQ? I doubt it. Will you pick the one with the best grades? The most energetic? You will start looking for qualitative factors, in addition to [the quantitative] because everyone has enough brains and energy. You would probably pick the one you responded the best to, the one who has the leadership qualities, the one who is able to get other people to carry out their interests. That would be the person who is generous, honest and who gave credit to other people for their own ideas. All types of qualities. Whomever you admire the most in the class. Then I would throw in a hooker. In addition to this person you had to go short one of your classmates. That is more fun. Who do I want to go short? You wouldn't pick the person with the lowest IQ, you would think about the person who turned you off, the person who is egotistical, who is greedy, who cuts corners, who is slightly dishonest. As you look at those qualities on the left and right hand side, there is one interesting thing about them, it is not the ability to throw a football 60 yards, it is not the ability to run the 100 yard dash in 9.3 seconds, it is not being the best looking person in the class, they are all qualities that if you really want to have the ones on the left hand side, you can have them. They are qualities of behavior, temperament, character that are achievable, they are not forbidden to anybody in this group. And if you look at the qualities on the right hand side the ones that turn you off in other people, there is not a quality there that you have to have. You can get rid of it. You can get rid of it a lot easier at your age than at my age, because most behaviors are habitual. The chains of habit are too light to be felt until they are too heavy to be broken. There is no question about it. I see people with these self-destructive behavior patterns at my age or even twenty years younger and they really are entrapped by them.*' (Connors, Richard: *Warren Buffett on Business: Principles from the Sage of Omaha*, John Wiley & Sons, 2010, p. 171–172.)

*Hire for attitude, train for skill*. In: Taylor, Bill: 'Hire for Attitude, Train for Skill'. In: *Harvard Business Review*, 1 februari 2011.

Buffett: '*We don't try to change people. It doesn't work well [...] We accept people the way they are.*' (Bevelin, Peter: *All I Want to Know Is Where I'm Going to Die so I'll Never Go There: Buffett & Munger – A Study in Simplicity and Uncommon, Common Sense*, PCA Publications, 2016, p. 107.)

Bij het feestbeest dat met een introverte vrouw trouwde: hij had naar Charlie Munger moeten luisteren. Die zegt: 'Als je gegarandeerd een miserabel leven wilt hebben, trouw dan met iemand die je wilt veranderen.'/ '*If you want to guarantee yourself a life of misery, marry somebody with the idea of changing them.*' (Bevelin, Peter: *All I Want to Know Is Where I'm Going to Die so I'll Never Go There: Buffett & Munger – A Study in Simplicity and Uncommon, Common Sense*, PCA Publications, 2016, p. 108.)

'*Oh, it's just so useful dealing with people you can trust and getting all the others the hell out of your life. It ought to be taught as a catechism. [...] But wise people want to avoid other people who are just total rat poison, and there are a lot of them.*' (Clark, David: *Tao of Charlie Munger*, Scribner, 2017, p. 177.)

**De kleine zin van het leven**
'*When I called Gary's house to thank him, I connected with an old-style answering machine with a new-style message: "Hi, this is Gary, and this is not an answering machine, it is a questioning machine! The two questions are, 'Who are you?' and 'What do you want?'" Then there was a*

*pause, and the message added: "and if you think those are trivial questions, consider that 95 % of the population goes through life and never answers either one?!"'* (Pearce, Terry: *Leading out Loud*, Jossey-Bass; 3e ed., 2013, p. 10.)

'Alles wat je doet, moet gericht zijn op een doel. Houd dit doel voortdurend voor ogen.' Met andere woorden: elke bezigheid moet dus een nut hebben, ergens mee in verband staan. '*Let all your efforts be directed to something, let it keep that end in mind.*' Seneca, *On the Tranquility of Mind*, 12.5 (Holiday, Ryan: *The Daily Stoic*, Portfolio, 2016, E-Book Location 215.)

'Levensdoelen zijn uiterst belangrijk': Nickerson, Carol; Schwarz, Norbert; Diener, Ed et al.: 'Happiness: Financial Aspirations, Financial Success, and Overall Life Satisfaction: Who? and how?'. In: *Journal of Happiness Studies*, december 2007, Vol. 8, p. 467–515.

'Een recept voor ontevredenheid in je leven zijn doelen die moeilijk bereikbaar zijn.' / '*The same principle applies to other goals – one recipe for a dissatisfied adulthood is setting goals that are especially difficult to attain.*' (Kahneman, Daniel: *Thinking Fast and Slow*, Farrar, Straus and Giroux, 2013, p. 402.)

### Je twee ikken

Daniel Kahneman heeft de begrippen 'experiencing self' (belevende ik) en 'remembering self' (herinnerende ik) geformuleerd. (Kahneman, Daniel: *Thinking Fast and Slow*, Farrar, Straus and Giroux, 2013, p. 380 e.v.)

Wetenschappers onderzochten het geluksgevoel van studenten tijdens hun vakantie. Zie: Wirtz, Derrick; Kruger, Justin; Napa Scollon, Christie; Diener, Ed: 'What to Do on Spring Break? The Role of Predicted, On-line, and Remembered Experience in Future Choice'. In: *Psychological Science*, september 2003, Vol. 14, nr. 5, p. 520–524.

Bij de peak-end-regel: Kahneman, Daniel; Fredrickson, Barbara L.; Schreiber, Charles A.; Redelmeier, Donald A.: 'When More Pain Is Preferred to Less: Adding a Better End'. In: *Psychological Science*, november 1993, Vol. 4, Nr. 6, p. 401–405.

### De herinneringsrekening

Zhang, Jia Wei en Howel, Ryan T.: 'Do Time Perspectives Predict Unique Variance in Life Satisfaction Beyond Personality Traits?'. In: *Personality and Individual Differences*, juni 2011, Vol. 50, nr. 8, p. 1261–1266.

**Levensverhalen zijn gelogen verhalen**
De Amerikaanse psycholoog Thomas Landauer heeft als eerste wetenschapper een these geformuleerd met betrekking tot de hoeveelheid informatie die een gemiddelde persoon kan opslaan. '*Every technique he tried led to roughly the same answer: 1 gigabyte. He didn't claim that this answer is precisely correct. But even if it's off by a factor of 10, even if people store 10 times more or 10 less than 1 gigabyte, it remains a puny amound. It's just a tiny fraction of what a modern laptop can retain. Human beings are not warehouses of knowledge.*' (Sloman, Steven; Fernbach, Philip: *The Knowlege Illusion*, Riverhead Books, 2017, p. 26.)

**Liever een goed leven dan een mooie dood**
Onderzoekers in de VS confronteerden studenten met soortgelijke levensverhalen. Zie: Diener, Ed; Wirtz, Derrick; Oishi, Shigehiro: 'End Effects of Rated Life Quality: The James Dean Effect'. In: *Psychological Science*, maart 2001, Vol. 12, nr. 2, p. 124–128.

'Over de dood nadenken is hoogstens de moeite waard als je je ergste vijand dood wenst. Ja, ja, dat mag je rustig doen.' (Seneca in: https://www.aphorismen.de/zitat/188497, bekeken op 8 juli 2017.)

**De zelfmedelijden-maalstroom**
*If you find yourself in a hole, stop digging*. Zie: https://en.wikipedia.org/wiki/Law_of_holes (bekeken op 8 juli 2017).

Munger: '*Self-pity can get pretty close to paranoia. And paranoia is one of the very hardest things to reverse. You do not want to drift into self-pity. I had a friend who carried a thigh stack of lignin-based cards. And when somebody would make a comment that reflected self-pity, he would slowly and portentously pull out his huge stack of cards, take the top one and hand it to the person. The card said "Your story has touched my heart. Never have I heard of anyone with as many misfortunes as you." Well, you can say that's waggery, but I suggest it can be mental hygiene. Every time you find you're drifting into self-pity, whatever the cause, even if your child is dying of cancer, self-pity is not going to help. Just give yourself one of my friend's cards. Self-pity is always counterproductive. It's the wrong way to think. And when you avoid it, you get a great advantage over everybody else, because self-pity is a standard response. And you can train yourself out of it.*' (Munger, Charlie: *Commencement Address at USC Law School*, 2007, in: Farnam Street: *The*

*Munger Operating System: How to Live a Life That Really Works*, 13 april, 2016. Zie: https://www.farnamstreetblog.com/2016/04/mungeroperating-system/ (bekeken op 8 juli 2017).

Vijfhonderd jaar geleden leefden er een miljoen directe voorouders van je op de aarde: vijf eeuwen à vier generaties per eeuw = twintig generaties.

Zelfs zware beproevingen in de kinderjaren correleren nauwelijks met het succes of de tevredenheid op volwassen leeftijd. Zie: Clarke, Ann M.: *Early Experience: Myth and Evidence*. Free Press; Rutter, Michael: 'The long-term effects of early experience'. In: *Developmental Medicine and Child Neurology*, 1980, Vol. 22, p. 800–815.

'*I think that the events of childhood are overrated; in fact, I think past history in general is overrated. It has turned out to be difficult to find even small effects of childhood events on adult personality, and there is no evidence at all of large – to say nothing of determining – effects.*' (Seligman, Martin: *Authentic Happiness*, Free Press, 2002, E-Book Location 1209 e.v.) Nederlandse titel: Seligman, Martin: *Gelukkig zijn kun je leren*, Spectrum, 2010.

'Het noodlot zal je dingen naar het hoofd slingeren. Het leven is niet voor slappelingen.' (Seneca, Brief 107 aan Lucilius) / '*Things will get thrown at you and things will hit you. Life's no soft affair.*' (Seneca, Letters to Lucilius, Letter 107.)

'Wat voor zin heeft het om ongelukkig te zijn omdat je eens ongelukkig was?' Seneca, geciteerd in: Irvine, William B.: *A Guide to the Good Life*, Oxford University Press, 2008, p. 220.

Charlie Mungers ijzeren regel luidt: '*Whenever you think that some situation or some person is ruining your life, it is actually you who are ruining your life [...] Feeling like a victim is a perfectly disastrous way to go through life. If you just take the attitude that however bad it is in any way, it's always your fault and you just fix it as best you can – the so-called iron prescription.*' Zie: http://latticeworkinvesting.com/quotes/ (bekeken op 9 juli 2017).

**Hedonisme en eudemonisme**

Plato en Aristoteles meenden dat de mens zo moedig, dapper, rechtvaardig en wijs mogelijk moest zijn. Zie: https://de.wikipedia.org/wiki/Eudaimonie (bekeken op 9 juli 2017).

Versie 2.0 van de zogenaamde kardinale deugden. Zie: Ambrosius von

Mailand: *De officiis ministrorum*. https://de.wikipedia.org/wiki/Kardinaltugend (bekeken op 9 juli 2017).

'*By muddling causes and consequences, philosophers have been forced to construct tortured defences of some truly astonishing claims – for example, that a Nazi war criminal who is basking on an Argentinean beach is not really happy, whereas the pious missionary who is being eaten alive by cannibals is.*' (Gilbert, Dan: *Stumbling on Happiness*, Vintage, 2007, p. 34.)

Paul Dolan: '*So experiences of pleasure and purpose are all that matter in the end. Hedonism is the school of thought that holds that pleasure is the only thing that matters in the end. By adding sentiments of purpose to pleasure, I define my position as sentimental hedonism. I am a sentimental hedonist and I think that, deep down, we all are.*' (Dolan, Paul: *Happiness by Design*, Penguin, 2015, E-Book Location 1442.)

'*I know it when I see it*' geldt als de bekendste zin in de gehele geschiedenis van het Amerikaanse Supreme Court. Toentertijd niet met betrekking tot 'lust', maar porno. Zie: https://en.wikipedia.org/wiki/I_know_it_when_I_see_it (bekeken op 9 juli, 2017).

Kahneman: '*The novel idea is to consider "meaningful" and "meaningless" as experiences, not judgments. Activities, in his view, differ in a subjective experience of purposefulness – volunteer work is associated with a sense of purpose that channel-surfing lacks. For Dolan, purpose and pleasure are both basic constituents of happiness. This is a bold and original move.*' (Paul Dolan, *Happiness by Design*, Penguin, 2015, voorwoord door Daniel Kahneman, E-Book Location 75.)

Bij nieuwer filmonderzoek: Oliver, Mary Beth; Hartmann, Tilo: 'Exploring the Role of Meaningful Experiences in Users' Appreciation of "Good Movies"'. In: *Projections*, Winter 2010, Vol. 4, nr. 2, p. 128–150.

**De cirkel van waardigheid – deel 1**

Het wonder van Duinkerken, zie: https://en.wikipedia.org/wiki/Dunkirk_evacuation (bekeken op 9 juli 2017).

Het verhaal met het radiotelegrafisch bericht, zie: Stockdale, Jim: *Thoughts of a Philosophical Fighter Pilot*, Hoover Institution Press, 1995, E-Book Location 653.

Een van Warren Buffetts principes volgens biograaf Alice Schroeder: '*Commitments are so sacred that by nature they should be rare.*' (Schroeder, Alice: *The Snowball*, Bantam Books, 2008, p. 158.)

Als het jouw missie is om de maatschappij te veranderen, zul je het met duizenden mensen en allerlei instituties aan de stok krijgen, die alles zullen doen om de status quo in stand te houden. Vat ook hier je missie zo nauw mogelijk op. Je kunt niet in alle aspecten tegen de heersende orde in opstand komen. De maatschappij is sterker dan jij. Persoonlijke overwinning bereik je alleen in duidelijk gedefinieerde morele niches.

'*If an individual has not discovered something that he will die for, he isn't fit to live.*' (Martin Luther King, toespraak bij de vredesmars in Detroit, 23 juni 1963.)

**De cirkel van waardigheid – deel 2**

Jim Stockdale vertelt in een filmpje over het neerhalen van zijn gevechtsvliegtuig en over zijn gevangenschap, zie: https://www.youtube.com/watch?v=Pc_6GDWI0s4 (bekeken op 9 juli 2017).

Stockdale: 'Ik ging liggen en huilde die nacht. Ik was zo gelukkig dat ik de kracht had hun weerstand te bieden. Zie: https://www.youtube.com/watch?v=Pc_6GDWI0s4 (tijdstip 9:50 en 13:30).

Vučić: 'Omdat hij boos was over denigrerende opmerkingen op een website, vroeg hij tijdens een interview de chef-redacteur van de staatstelevisie of hij deze onbeschaamdheden tijdens het interview zelf hardop wilde voorlezen. Die begon, merkte dat hij zichzelf in diskrediet bracht en weigerde verder te gaan.' Zie: https://www.nzz.ch/international/wahl-in-serbiendurchmarsch-von-vučić-ins-praesidentenamt-ld.155050 (bekeken op 10 juli 2017).

In zijn boek *The Road to Character* beschrijft David Brooks onder andere het leven van politica Frances Perkins. Franklin D. Roosevelt maakte haar in 1933 de eerste vrouwelijke minister van de VS. Perkins paste een soortgelijke strategie toe. 'Als tegenstanders haar op een boosaardige manier aanvielen, vroeg ze deze mensen of ze hun vraag wilden herhalen. Ze geloofde niet dat iemand twee keer achter elkaar zo gemeen kon zijn.' / '*When opponents made vicious charges against her, she asked them to repeat their question, believing that no person can be scurrilous twice.*' (Brooks, David: *The Road to Character*, Penguin, 2016, p. 44.)

**De cirkel van waardigheid – deel 3**
Een vrouw laat voor tienduizend dollar de naam van een bedrijf op haar voorhoofd tatoeëren. Zie: Sandel, Michael J.: *What Money Can't Buy*, Farrar, Straus and Giroux, 2012, p. 184.

**Het zorgenboek**
Experiment met de mussen, zie: Zanette, Liana Y.; White, Aija F.; Allen, Marek C.; Clinchy, Michael: 'Perceived Predation Risk Reduces the Number of Offspring Songbirds Produce per Year', Science, 9 december 2011, Vol. 334, nr. 6061, p. 1398–1401. Zie ook: Young, Ed: 'Scared to Death: How Intimidation Changes Ecosystems', In: *New Scientist*, 29 mei 2013. '"Don't worry, be happy" bromides are of no use; notice that people who are told to "relax" rarely do.' (Gold, Joel: *Morbid Anxiety*. In: Brockman, *What Should We Be Worried About?*, Harper Perennial, 2014, p. 373.)

Russell, Bertrand: *Eroberung des Glücks*, Suhrkamp, 1977, p. 56. Nederlandse vertaling: Russell, Bertrand: *De verovering van het geluk*, Bright Lights, 2007.

Mark Twain: '*I am an old man and have known a great many troubles, but most of them have never happened.*' Zie: http://quoteinvestigator.com/2013/10/04/never-happened/ (bekeken op 9 juli, 2017).

**De meningenvulkaan**
'*When people are given difficult questions to think about – for example, whether the minimum wage should be raised – they generally lean one way or the other right away, and then put a call in to reasoning to see whether support for that position is forthcoming.*' (Haidt, Jonathan: *The Happiness Hypothesis*, Basic Books, 2006, E-Book Location 1303.) Nederlandse vertaling: Haidt, Jonathan: *De gelukshypothese*, Spectrum, 2006.

Bij *affectheuristiek*: hierover heb ik in een van mijn vorige boeken geschreven: Dobelli, Rolf: *De kunst van het verstandige handelen*, De Bezige Bij, 2013 (p. 58 e.v.).

**De mentale vesting**
Boethius: *Trost der Philosophie*, Artemis & Winkler, 1990. Nederlandse vertaling: *Boëthius: De vertroosting van de filosofie,* Ambo, 2010.

**Afgunst**

Gore Vidal: '*Whenever a friend succeeds a little something in me dies*', geciteerd in: *The Sunday Times Magazine*, 16 september 1973.

Ter herinnering hier de korte samenvatting van het sprookje *Sneeuwwitje*. De stiefmoeder (en huidige koningin) benijdt de dochter om haar schoonheid. Eerst schakelt ze een beroepsmoordenaar (jager) in, maar die houdt zich niet aan de afspraak en laat Sneeuwwitje lopen. Die trekt het bos in naar de zeven dwergen. Slechte ervaringen met outsourcing (jager) dwingen de stiefmoeder de zaak zelf in de hand te nemen. Ze vergiftigt de mooie Sneeuwwitje.

Volgens Bertrand Russell is afgunst een van de belangrijkste oorzaken van ongeluk. Jaloezie is '[...] naar mijn mening een van de wijdverspreidste en diepst gewortelde menselijke neigingen'. (Russell, Bertrand: *Eroberung des Glücks*, Suhrkamp, 1977, p. 59.) Nederlandse vertaling: *De verovering van het geluk*, Bright Lights, 2007.

Eveneens Russell: 'In het tijdperk van de strenge sociale gelaagdheid waren de onderste lagen niet afgunstig op de lagen daarboven, zolang men geloofde dat God de scheiding tussen arm en rijk zo gewild heeft. De bedelaars waren niet jaloers op de miljonairs, maar op collega-bedelaars die betere zaken deden. Het gebrek aan stabiliteit in de sociale lagen in de moderne wereld heeft samen met het nivelleringsdenken van de democratie en het socialisme het gebied van jaloezie enorm verruimd [...] Zo is onze tijd een tijd waarin jaloezie een bijzonder grote rol speelt.' Ibidem.

'*Researchers recently made employees at the University of California feel worse off by providing them with a Web link to the salaries of their colleagues (made possible by the state's "right-to-know law"). Those who were earning less than the median wage were less satisfed with their jobs after they viewed that link.*' (Dolan, Paul: *Happiness by Design*, Penguin, 2015, E-Book Location 2352.)

'*We find that "envy" emerges as the category of the highest importance with 29.6 % of respondents mentioning it as a major reason behind frustration and exhaustion of "others". Feelings of envy by far surpass such causes, as "lack of attention" (19.5 %), "loneliness" (10.4 %), and "time loss" (13.7 %).*' (Krasnova, Hanna, et al.: 'Envy on Facebook: A Hidden Threat to Users' Life Satisfaction?', publicatie van TU Darmstadt, 2013, p. 1477 - 1491.)

Munger: '*The idea of caring that someone is making money faster than you are is one of the deadly sins. Envy is a really stupid sin because it's the one you could never possibly have any fun at. There's a lot of pain and no fun. Why would you want to get on that trolley?*' (Munger, Charles T.: *Poor Charlie's Almanack*, Donning 2008, p. 431.)

Ik heb in een ander boek al over afgunst geschreven. Zie: Dobelli, Rolf: *De kunst van het verstandige handelen*, De Bezige Bij, 2013.

**Preventie**

Albert Einstein: '*A clever person solves a problem. A wise person avoids it.*' Zie: http://www.azquotes.com/quote/345864 (bekeken op 11 juli 2017). Het is niet bewezen dat dit citaat van Einstein is.

Van een soortgelijke strekking is de spreuk '*An ounce of prevention is worth a pound of cure*', oftewel: voorkomen is beter dan genezen. Dit schreef multitalent (en een van de grondleggers van de VS) Benjamin Franklin in een anonieme brief aan de lezers van de *Philadelphia Gazette*. Hij gaf daarmee de aanzet tot de instelling van brandweerkorpsen op vrijwillige basis. Zie: https://de.wikipedia.org/wiki/Benjamin_Franklin#Gr.C3.BCndung_von_Freiwilligen_Feuerwehren (bekeken op 11 juli 2017).

Munger: '*I have a rule in life, if there is a big whirlpool you don't want to miss it with 20 feet – you round it with 500 feet.*' (Bevelin, Peter: *All I Want to Know Is Where I'm Going to Die so I'll Never Go There: Buffett & Munger – A Study in Simplicity and Uncommon, Common Sense*, PCA Publications, 2016, p. 58.)

Howard Marks: '*I tell my father's story of the gambler who lost regularly. One day he heard about a race with only one horse in it, so he bet the rent money. Halfway around the track, the horse jumped over the fence and ran away. Invariably things can get worse than people expect. Maybe "worst-case" means "the worst we've seen in the past". But that doesn't mean things can't be worse in the future.*' (Marks, Howard: *The Most Important Thing, Uncommon Sense for the Thoughtful Investor*, Columbia Business School Publishing, 2011, p. 55, geciteerd in: Bevelin, Peter: *All I Want to Know Is Where I'm Going to Die so I'll Never Go There: Buffett & Munger – A Study in Simplicity and Uncommon, Common Sense*, PCA Publications, 2016, p. 62.)

Munger: '*You may well say "Who wants to go through life anticipating trouble?" Well, I did, trained as I was. All my life I've gone through life anticipating trouble [...] It didn't make me unhappy to anticipate trouble all the time and be ready to perform adequately if trouble came. It didn't hurt me at all. In fact it helped me.'* (Bevelin, Peter: *All I Want to Know Is Where I'm Going to Die so I'll Never Go There: Buffett & Munger – A Study in Simplicity and Uncommon, Common Sense*, PCA Publications, 2016, p. 62.)

Bij pre-mortem zie: https://en.wikipedia.org/wiki/Pre-mortem (bekeken op 11 juli 2017).

**Mentale catastrofenwerk**

Bij *volunteer's fallacy* of *volunteer's folly* zie: Dobelli, Rolf: *De kunst van het verstandige handelen*, De Bezige Bij, 2013.

Richard Feynman: *'[John] von Neumann gave me an interesting idea: that you don't have to be responsible for the world that you're in. So I have developed a very powerful sense of social irresponsibility as a result of von Neumann's advice. It's made me a very happy man ever since. But it was von Neumann who put the seed in that grew into my active irresponsibility!'* (Feynman, Richard: *Surely, You're Joking, Mr. Feynman!*, W. W. Norton & Company, 1997, p. 132.) Nederlandse vertaling: Feynman, Richard: *Heel geestig, meneer Feynman!*, Aramith, 1990.

**De aandachtsvalstrik**

*'Then at dinner, Bill Gates Sr. posed the question to the table: What factor did people feel was the most important in getting to where they'd gotten in life? And I said, "Focus" and Bill said the same thing. It is unclear how many people at the table understood "focus" as Buffett lived that word. This kind of innate focus couldn't be emulated. It meant the intensity that is the price of excellence. It meant the discipline and passionate perfectionism that made Thomas Edison the quintessential American inventor, Walt Disney the king of family entertainment, and James Brown the Godfather of Soul. It meant single-minded obsession with an ideal.'* (Schroeder, Alice: *The Snowball*, Bantam Books, 2008, E-Book Location 19788.)

*'Wenn man dem Erstbesten Gewalt über deinen Leib gäbe, das würde dich entrüsten. Scheust du dich denn nicht, jedem beliebigen, der dir begegnet, Gewalt über dein Gemüt zu geben?'* (Epictetus: *Handbüchlein der Moral*, Hoofdstuk 28.)

Kevin Kelly: *'Here's something else that's interesting. Everybody who's watching me right now, you and I, we all spend four, maybe more, five years with deliberate study and training to learn how to read and write, and that process of learning how to read and write actually has rewired our brains. We know that from plenty of studies of literate and illiterate people from the same culture – that reading and writing changes how your brain works. That only came about because of four or five years of deliberate practice and study, and we shouldn't expect necessarily that the real mastery of this new media is something we can deduce by hanging around. You can't learn calculus just hanging around people who know calculus, you actually have to study it. It may be that for us to really master the issues of attention management, critical thinking, learning how technological devices work and how they bite back, all this techno-literacy may be something that we have to spend several years being trained to do. Maybe you can't just learn it by hanging around people who do it or else just hanging around trying to learn it by osmosis. It may require training and teaching, a techno-literacy, and learning how to manage your attention and distractions is something that is probably going to require training.*' In: Edge.org: *The Technium, A Conversation with Kevin Kelly*, 2 maart 2014, Voorwoord door John Brockman. Zie: https://www.edge.org/conversation/kevin_kelly-the-technium (bekeken op 8 juli 2017).

'*Your happiness is determined by how you allocate your attention. What you attend to drives your behavior and it determines your happiness. Attention is the glue that holds your life together.*' (Dolan, Paul: *Happiness by Design*, Penguin, 2015, E-Book Location 224.)

'*The production process for happiness is therefore how you allocate your attention [...]. The same life events and circumstances can affect your happiness a lot or a little depending on how much attention you pay to them.*' (Dolan, Paul: *Happiness by Design*, Penguin, 2015, E-Book Location 891.)

Munger: 'Mijn succes is geen teken van intelligentie. Mijn succes komt door mijn standvastige concentratievermogen [...] Ik ben nooit overtuigd geweest van het idee dat je door multitasking succes, roem en eer bereikt.' / '*I did not succeed in life by intelligence. I succeeded because I have a long attention span [...] the idea of multitasking my way to glory has never occurred to me.*' (Bevelin, Peter: *All I Want to Know Is Where I'm Going to Die so I'll Never Go There: Buffett & Munger – A Study in Simplicity and Uncommon, Common Sense*, PCA Publications, 2016, p. 6.)

**Minder lezen maar uit principe dubbel**

Het in zich opnemen van Holbeins *Het lichaam van Christus in het graf* door Dostojevski in: *Literarischer Spaziergang in Basel* SRF, Schweizer Radio & Fernsehen. Zie: https://www.srf.ch/radio-srf-2-kultur/srf-kulturclub/streifzugliterarischer-spaziergang-in-basel (bekeken op 13 juli 2017).

**De dogma-valkuil**

Rozenblit, Leonid; Keil, Frank: 'The Misunderstood Limits of Folk Science: An Illusion of Explanatory Depth' In: *Cognitive Science*, 1 september 2002, Vol. 26, nr. 5, p. 521–562.

Hier een ander voorbeeld voor onweerlegbaarheid: 'De wereld werd geschapen door het niet aantoonbare vliegende Spaghettimonster. Het Spaghettimonster is barmhartig en almachtig. Bedank het Spaghettimonster als er goede dingen gebeuren. Slechte dingen lijken alleen vanuit het kortzichtige menselijke oogpunt erg, maar niet vanuit het almachtige perspectief van het Spaghettimonster. Geloof daarom onwrikbaar in het Spaghettimonster en je zult een goed leven hebben, zo niet op aarde, dan vast en zeker wel in het hiernamaals.' Het vliegende Spaghettimonster kun je niet weerleggen. Net zomin als het idee van God, Zeus of Allah. Dat lijkt op het eerste gezicht een sterk iets, maar het is een zwak punt. Het vliegende Spaghettimonster is overigens een door de Amerikaanse natuurkundige Bobby Henderson opgerichte parodie op religie. Zie: https://de.wikipedia.org/wiki/Fliegendes_Spaghettimonster (bekeken op 12 juli 2017).

Het citaat van Hans Küng, zie: Küng, Hans: Existiert Gott, dtv, 1981, p. 216. Nederlandse vertaling: *Bestaat God?,* Gooi en Sticht, 1978.

Munger: '*When you announce that you're a loyal member of some cult-like group and you start shouting out the orthodox ideology, what you're doing is pounding it in, pounding it in, pounding it in.*' (Bevelin, Peter: *All I Want to Know Is Where I'm Going to Die so I'll Never Go There: Buffett & Munger – A Study in Simplicity and Uncommon, Common Sense*, PCA Publications, 2016, p. 113.)

Voor een soortgelijke heuristiek als mijn voorbeeld met de fictieve televisietalkshow, zie Munger: '*I have what I call an "iron prescription" that helps me keep sane when I drift toward preferring one intense ideology over another. I feel that I'm not entitled to have an opinion unless I can state the arguments against my position better than the people who are in opposition. I think that I am qualified to speak only when I've reached that state.*' (Bevelin, Peter: *All I Want to Know Is Where I'm Going to Die so I'll Never Go There: Buffett & Munger – A Study in Simplicity and Uncommon, Common Sense*, PCA Publications, 2016, p. 114.) Deze aanpak staat algemeen bekend als recept tegen de zogenaamde *confirmation bias*, die ik in een van mijn boeken heb beschreven. Zie: Dobelli, Rolf: *De kunst van het heldere denken,* De Bezige Bij, 2012.

**Mentale substractie**

Praktische oefening bij mentale substractie: mijn vrouw had dit idee jaren geleden toen ze topmanagers therapeutisch begeleidde.

Bij psychologisch immuunsysteem: '*Human beings have the ability to make the best of a bad situation. After anticipating a devastating divorce, say, people find that their spouses were never really right for them. I like to say that people have a psychological immune system. We suffer the slings and arrows of outrageous fortune more capably than we might predict.*' (Gilbert, Daniel: *Forecasting the Future*, interview met Susan Fiske, in: *Psychology Today*, 1 november 2002. Zie: https://www.psychologytoday.com/articles/200211/forecasting-the-future (bekeken op 11 juli 2017).

Bij gewenning door dankbaarheid: in hun essay 'It's a Wonderful Life: Mentally Subtracting Positive Events Improves People's Affective States, Contrary to Their Affective Forecasts' (*Journal of Personality and Social Psychology*, november 2008, Vol. 95, nr. 5, p. 1217–1224. doi: 10.103) schrijven Minkyung Koo, Sara B. Algoe, Timothy D. Wilson en Daniel T. Gilbert: '*Having a wonderful spouse, watching one's team win the World Series, or getting an article accepted in a top journal are all positive events, and reflecting on them may well bring a smile; but that smile is likely to be slighter and more fleeting with each passing day, because as wonderful as these events may be, they quickly become familiar – and they become more familiar each time one reflects on them. Indeed, research shows that thinking about an event increases the extent to which it seems familiar and explainable.*'

Medaillewinnaars tijdens de Olympische Spelen in Barcelona. Ibidem.

Bij gemiddelde historische levensverwachting (*life expectancy at birth*) zie: https://en.wikipedia.org/wiki/Life_expectancy (bekeken op 11 juli 2017).

*'Our happiness is sometimes not very salient, and we need to do what we can to make it more so. Imagine playing a piano and not being able to hear what it sounds like. Many activities in life are like playing a piano that you do not hear...'* (Dolan, Paul: *Happiness by Design*, Penguin, 2015, E-Book Location 1781.)

### Het maximale piekerpunt

'Ervaring is dat wat je krijgt als je niet krijgt wat je wilde.' Deze zinspreuk wordt toegeschreven aan verschillende mensen. Zie: https://www.aphorismen.de/zitat/73840 en https://en.wikiquote.org/wiki/Randy_Pausch (bekeken op 11 juli 2017).

### Andermans schoenen

Je moet ook echt iemands positie innemen om hem of haar te begrijpen. Hoe je dit kunt oplossen, zie Ben Horowitz: '*The very next day I informed the head of Sales Engineering and the head of Customer Support that they would be switching jobs. I explained that, like Jodie Foster and Barbara Harris, they would keep their minds, but get new bodies. Permanently. Their initial reactions were not unlike the remake where Lindsay Lohan and Jamie Lee Curtis both scream in horror.*' (Horowitz, Ben: *The Hard Thing*, HarperCollins, 2014, E-Book Location 3711.)

Schwitzgebel, Eric; Rust, Joshua: 'The Behavior of Ethicists', In: *The Blackwell Companion to Experimental Philosophy*, Wiley-Blackwell, 2014.

### De wereldveranderingsillusie – deel 1

Nelson Mandela: '*We can change the world and make it a better place. It is in your hands to make a difference.*'

Steve Jobs: '*The ones who are crazy enough to think that they can change the world, are the ones who do.*'

Bij focusseringsillusie, zie: Kahneman, Daniel: *Focusing Illusion*. In: Brockman, John: Edge Annual Question 2011, *This Will Make You Smarter*, HarperCollins, 2012, p. 49. Zie: https://www.edge.org/response-detail/11984 (bekeken op 12 juli 2017).

Bij *intentional stance*: dat is tussen twee haakjes een van de redenen waarom we zo ontvankelijk voor religie zijn. Overal waar je geen menselijke of dierlijke opzet kunt herkennen nemen goden de plek in.

Waarom barst een vulkaan uit? We weten tegenwoordig dat daar geen goden achter zitten, maar plaattektoniek.

'[...] *we tend to give too much credit to whichever clever person is standing nearby at the right moment.*' (Ridley, Matt: *The Evolution of Everything*, HarperCollins, 2015, E-Book Location 61.) Nederlandse vertaling: *De evolutie van alles*, Uitgeverij Atlas Contact, 2016. Zie ook WORLD.MINDS-Video: https://www.youtube.com/watch?v=rkqq8xX98lQ (bekeken op 12 juli 2017).

'*"Martin Luther is credited with the Reformation," he wrote. "But it had to happen. If it had not been Luther it would have been someone else" The chance result of a battle could bring forward or delay the ruin of a nation, but if the nation was due to be ruined it would happen anyway. Montesquieu thus made the distinction between ultimate and proximate causes that became such a useful concept in social science.*' (Ridley, Matt: *The Evolution of Everything*, HarperCollins, 2015, E-Book Location 3162.) Nederlandse vertaling: Ridley, Matt: *De evolutie van alles*, Uitgeverij Atlas Contact, 2016.

Bij Cortés: de reden waarom de VS tegenwoordig een onafhankelijke staat is, is een soortgelijke inzet van biologische wapens – opnieuw geheel onbedoeld en toevallig. De 'grote man' George Washington kun je niet de overwinning op het Britse leger toeschrijven. Nee, de onafhankelijkheid is te danken aan muggen. De Britten vielen het Amerikaanse leger via de zuidelijke staten aan. Vooral dicht bij de kust stikten de moerasgebieden van de malariamuggen, waar de Britse soldaten prompt aan stierven. De Amerikaanse soldaten hielden zich meer in het noorden op, waar het gevaar van malaria geringer was. En bij de in het zuiden gestationeerde inheemse soldaten ging het voornamelijk om zwarte slaven. Zij hadden in Afrika in de loop van duizenden jaren een bepaalde mate van immuniteit ontwikkeld tegen malaria. Dus aan muggen en niet aan 'grote mannen' hebben de Amerikanen hun onafhankelijkheid te danken.' '*"Mosquitoes" says McNeill, "helped the Americans snatch victory from the jaws of stalemate and win the Revolutionary War, without which there would be no United States of America. Remember that when they bite you next Fourth of July."*' (Ridley, Matt: *The Evolution of Everything*, HarperCollins, 2015, E-Book Location 3242.) Nederlandse vertaling: *De evolutie van alles*, Uitgeverij Atlas Contact, 2016.

In Zwitserland had je nauwelijks een restaurant waar geen portret van generaal Guisan aan de muur hing, meestal boven de stamtafel.

Als kind dacht ik dat de oude man met de gesteven kraag die je overal en nog vaker dan Jezus zag, een held was. Pas aan het einde van de jaren zeventig verdwenen de portretten van Guisan. Je kon nog jarenlang op veel muren een ongebleekte rechthoekige plek op het behang zien waarop je met je ogen tot spleetjes geknepen en een beetje fantasie de 'grote man' kon projecteren. Was Guisan voor Zwitserland van doorslaggevende betekenis? Nee. Dat Zwitserland niet verwikkeld raakte in de Tweede Wereldoorlog heeft niets te maken met de populaire generaal maar met toeval, met noodlot, met geluk. Duitsland had wat belangrijkers te veroveren dan Zwitserland. Elke andere stafofficier was net zo geschikt geweest om als portret in rokerige gelagkamers te hangen.

**De wereldveranderingsillusie – deel 2**
'*A less pragmatically Marxist version of Deng might have delayed the reform, but surely one day if would have come.*' (Ridley, Matt: *The Evolution of Everything*, HarperCollins, 2015, E-Book Location 3188.) Nederlandse vertaling: *De evolutie van alles*, Uitgeverij Atlas Contact, 2016.

Bij de uitvinding van de gloeilamp: '[...] *it was utterly inevitable once electricity became commonplace that light bulbs would be invented when they were. For all his brilliance, Edison was wholly dispensable and unnecessary. Consider the fact that Elisha Gray and Alexander Graham Bell fled for a patent on the telephone on the very same day. If one of them had been trampled by a horse en route to the patent office, history would have been much the same.*' (Ridley, Matt: *The Evolution of Everything*, HarperCollins, 2015, E-Book Location 1739.) Nederlandse vertaling: *De evolutie van alles*, Uitgeverij Atlas Contact, 2016.

Warren Buffett: '*My conclusion from my own experiences and from much observation of other businesses is that a good managerial record (measured by economic returns) is far more a function of what business boat you get into than it is of how effectively you row (though intelligence and effort help considerably, of course, in any business, good or bad). Some years ago I wrote: "When a management with a reputation for brilliance tackles a business with a reputation for poor fundamental economics, it is the reputation of the business that remains intact." Nothing has since changed my point of view on that matter. Should you find yourself in a chronically-leaking boat, energy devoted to changing vessels is likely to be more productive than energy devoted to patching leaks.*' (Greenwald, Bruce C. N.; Kahn, Judd; Sonkin, Paul D.; van Biema, Michael: *Value Investing: From Graham to Buffett and Beyond*, John Wiley & Sons, 2001, p. 196.)

Matt Ridleys commentaar op CEO's: '*Most CEO's are along for the ride, paid well to surf on the waves their employees create, taking occasional key decisions, but no more in charge than the designers, middle managers and above all customers who chose the strategy. Their careers increasingly reflect this: brought in from the outside, handsomely rewarded for working long hours, then ejected with little ceremony but much cash when things turn sour. The illusion that they are feudal kings is maintained by the media as much as anything. But it is an illusion.*' (Ridley, Matt: *The Evolution of Everything*, HarperCollins, 2015, E-Book Location 3279.) Nederlandse vertaling: Ridley, Matt: *De evolutie van alles*, Uitgeverij Atlas Contact, 2016.

### Het geloof in een 'eerlijke wereld'

In Duitsland bijvoorbeeld wordt nog niet eens de helft van alle gemelde misdrijven opgelost (het niet officieel geregistreerde aantal niet meegerekend). Zie: http://www.tagesspiegel.de/politik/neue-polizeistatistik-wie-gefaehrlich-ist-deutschland/8212176.html (bekeken op 11 juli 2017).

Gray, John: Straw Dogs: *Thoughts on Humans and Other Animals*, Granta Books, 2002, p. 106 f. Nederlandse vertaling: *Strohonden: gedachten over mensen en andere dieren*, Ambo, 2003.

### De cargo-cult

Bij het bedrog bij de Moleskine-notitieboekjes zie: https://www.welt.de/wirtschaf/article146759010/Der-kleine-Schwindel-mit-Hemingways-Notizbuechern.html (bekeken op 11 juli 2017).

Robert Greenbergs commentaar op Jean-Baptiste Lully zie: https://robertgreenbergmusic.com/scandalous-overtures-jean-baptiste-lully/ (bekeken op 11 juli 2017).

### Wie zijn eigen wedstrijd loopt, wint

Bij de specialisering van schrijvers: het zijn geen gedichten die in de oudste spijkerschriften staan, maar het is de boekhouding.

**De wapenwedloop**

Toen Warren Buffett in 1962 de onrendabele textielfirma Berkshire-Hathaway tegen een spotprijs had overgenomen, investeerde hij direct in nieuwe efficiëntere textielmachines. Daardoor moesten de productiekosten drastisch verminderen en de textielfirma uit de rode cijfers komen. De productiekosten daalden inderdaad, maar de winst bleef uit. Waar was de meerwaarde van de miljardenhoge investeringen heen gevloeid? Ook hier: naar de producenten van nieuwe textielmachines en de consumenten.

Buffetts metafoor voor de wapenwedloop: '*We always had new machinery that held the promise of increasing our profit, but never did because everyone else bought the same machinery. It was sort of like being in a crowd, and everyone stands on tip-toes – your view doesn't improve, but your legs hurt.*' (Berkshire Hathaway Annual Meeting, 2004, registratie door Whitney Tilson op www.tilsonfunds.com.)

Lewis Carrolls *Door de spiegel*: de rode koningin wordt in sommige vertalingen ook de zwarte koningin genoemd.

'In dit land moet je zo snel rennen als je kunt, wil je op dezelfde plek blijven.' Lewis Carroll: *Achter de Spiegel en wat Alice daar aantrof*, Van Goor, 1998.

John Cassidy: '*If almost everybody has a college degree, getting one doesn't differentiate you from the pack. To get the job you want, you might have to go to a fancy (and expensive) college, or get a higher degree. Education turns into an arms race, which primarily benefits the arms manufacturers – in this case, colleges and universities.*' (Cassidy, John: 'College Calculus: What's the Real Value of Higher Education?'. In: *The New Yorker*, 7 september 2015.)

Bij oorspronkelijke welvaartsmaatschappij zie: https://en.wikipedia.org/wiki/Original_afuent_society (bekeken op 11 juli 2017).

In diverse gebieden in Zwitserland, Duitsland en veel andere landen kiezen ouders voor hun tweejarige kinderen een privé-opvang. Daarbij gaat het erom om de stap te maken naar de beste privé-basisschool, waar het er wederom om draait in het selectieproces voor het beste gymnasium te slagen, waar het er wederom om gaat een studieplaats te bemachtigen op een elite-universiteit. En dat alleen omdat alle buren dat ook doen. Zo worden heel kleine kinderen al voor de wapenwedloop gerekruteerd. Echter niet zij, maar privéscholen profiteren hiervan.

## Neem een freak als vriend

Banvloek tegen Spinoza zie: https://de.wikipedia.org/wiki/Baruch_de_Spinoza (bekeken op 11 juli 2017).

## Het secretaressenprobleem

Als er geen kandidate is die beter is dan de beste van de 37 procent die afgewezen zijn, dan moet je natuurlijk de laatste kandidate aannemen. Maar statistisch gezien, dat wil zeggen, als je deze procedure vaak herhaalt, zul je met de voorgestelde oplossing gemiddeld gezien het beste resultaat behalen.

Ik ben dankbaar voor de tip van Prof. Rudolf Taschner hoe je als sollicitant het secretaresse-algoritme in je voordeel kunt gebruiken.. Dus: '[...] kan een kandidaat die er vakkundig gezien niet uitspringt, maar Dobelli's artikel kent, ervoor zorgen dat zij direct na de eerste 37 sollicitanten op gesprek mag komen. Dan heeft zij namelijk een voordeel gecreëerd dat in het wiskundige model met zo'n exact klinkende oplossing niet voorzien is.' (privécorrespondentie van 7 juni 2017).

'Proeven met het secretaressenprobleem hebben namelijk aangetoond dat de meeste mensen te vroeg een beslissing nemen voor de keuze van een kandidaat.' Vooral bij online daten. Zie: https://en.wikipedia.org/wiki/Secretary_problem#cite_note-0 (bekeken op 11 juli 2017).

'Pas als je ouder bent wissel je van modus. Dan word je extreem selectief.' Hierbij past de mooie anekdote van Marshall Weinberg, die met Warren Buffett in Manhattan ging lunchen. '*He had an exceptional ham-and-cheese sandwich. A few days later, we were going out again. He said: "Let's go back to that restaurant." I said: "But we were just there." He said: "Precisely. Why take a risk with another place? We know exactly what we're going to get." That is what Warren looks for in stocks, too. He only invests in companies where the odds are great that they will not disappoint.*' (Lowe, Janet: *Warren Buffett Speaks*: *Wit and Wisdom from the World's Greatest Investor*, John Wiley & Sons, 2007, p. 142.)

## Verwachtingsmanagement

Bij het oudjaarsfeest: een onderzoek van Jonathan Schooler, Dan Ariely en George Loewenstein komt tot een soortgelijke conclusie. In hun essay beschrijven ze een feest in de oudejaarsnacht van 1999 op 2000. Degenen die de hoogste verwachtingen hadden en de meeste moeite hadden gedaan, hadden achteraf gezien het minste plezier. '*The results of this field study suggest that high expectations can lead to disappointment and that spending time and effort (and perhaps money) on an event can increase dissatisfaction.*' (Schooler, Jonathan; Ariely, Dan; Loewenstein, George: 'The pursuit and assessment of happiness can be self-defeating'. In: *The Psychology of Economic Decisions*, 2003, Vol. 1, p. 60.)

Wetenschappelijk onderzoek bevestigt dat verwachtingen het geluksgevoel maatgevend beïnvloeden: '*People evaluate their situation with regard to an aspiration level that is formed by their hopes and expectations. If people attain their aspiration levels they are satisfied with their lives.*' (Frey, Bruno S.; Stutzer, Alois: *Happiness and Economics*, Princeton University Press, 2001, p.12.)

'*There is also evidence, again using reports of life satisfaction and mental health, that the gains from increases in income can be completely offset if your expectations about gains in income rise faster than does income itself.*' (Dolan, Paul: *Happiness by Design*, Penguin, 2015, E-Book Location 1690.)

Zelfs de beruchte U-curve van de levenstevredenheid heeft met valse verwachtingen te maken. Jongeren zijn gelukkig omdat ze denken dat het alleen maar steeds beter gaat – meer inkomen, meer macht, meer mogelijkheden. Zo tussen de 40 en 55 bereiken mensen een dieptepunt. Ze moeten accepteren dat ze de hooggespannen verwachtingen uit hun jonge jaren niet konden realiseren. Daarbij komen kinderen, carrière en inkomensdruk, allemaal zaken die het geluksgevoel afzwakken. Mensen op leeftijd zijn weer tamelijk gelukkig, omdat de onrealistisch lage verwachtingen overtroffen werden. (Schwandt, Hannes: 'Unmet Aspirations as an Explanation for the Age U-shape in Wellbeing'. In: *Journal of Economic Behavior & Organization*, 2016, Vol. 122, Volume C, p. 75–87.)

Bij 'bij voorkeur indifferent': '*The Stoics mark the distinction between the way we ought to opt for health as opposed to virtue by saying that I select (eklegomai) the preferred indifferent but I choose (hairoûmai) the virtuous action.*' In: *Stanford Encyclopedia of Philosophy*. Zie: https://plato.stanford.edu/entries/stoicism/ (bekeken op 11 juli 2017).

Trek bij goede voornemens voor het nieuwe jaar drie punten in plaats van twee punten af van de verwachtingen die je hebt . Goede voornemens (bijvoorbeeld meer sporten, minder alcohol drinken, stoppen met roken) werken zelden. Zie: Polivy, Janet; Herman, C. Peter: 'If at First You Don't Succeed – False Hopes of Self-change'. In: *American Psychologist*, September 2002, Vol. 57, nr. 9, p. 677–689. Zie ook: Polivy, Janet: 'The False Hope Syndrome: Unrealistic Expectations of Self-Change'. In: *International Journal of Obesity and Related Metabolic Disorders*, mei 2001, 25 Suppl. 1, p. 80–84.

Volgens Warren Buffett is zelfs het huwelijk een kwestie van verwachtingsmanagement: '*What's the secret of a great marriage? It's not looks, nor intelligence, nor money – it's low expectations.*' (Sellers, Patricia: 'Warren Buffett's Wisdom for Powerful Women'. In: *Fortune*, 6 oktober 2010. Zie: http://fortune.com/2010/10/06/warren-buffetts-wisdom-forpowerful-women/ (bekeken op 11 juli 2017).

**De wet van Sturgeon**

Het originele citaat van Ted Sturgeon: '*When people talk about the mystery novel, they mention* The Maltese Falcon *and* The Big Sleep. *When they talk about the western, they say there's* The Way West *and* Shane. *But when they talk about science fiction, they call it "that Buck Rogers stuff?" and they say "ninety percent of science fiction is crud". Well, they're right. Ninety percent of science fiction is crud. But then ninety percent of everything is crud, and it's the ten percent that isn't crud that is important, and the ten percent of science fiction that isn't crud is as good as or better than anything being written anywhere.*' (Dennett, Daniel: *Intuition Pumps and Other Tools for Thinking*, W. W. Norton, 2013, E-Book Location 639). Nederlandse vertaling: *Gereedschapskist voor het denken,* Uitgeverij Atlas Contact, 2013.

Daniel Dennett: '*90 % of everything is crap. That is true, whether you are talking about physics, chemistry, evolutionary psychology, sociology, medicine – you name it – rock music, country western. 90 % of everything is crap.*' Zie: https://en.wikipedia.org/wiki/Sturgeon%27s_law#cite_ref-5 (bekeken op 11 juli 2017).

Professor in de filosofie Harry Frankfurt aan Princeton University heeft enige jaren geleden een bestseller met de pakkende titel *Bullshit* geschreven. (Frankfurt, Harry G.: *On Bullshit*, Princeton University Press, 2005, p. 61.) Nederlandse vertaling: *Bullshit*, De Arbeiderspers, 2006. Hij laat in dit boekje zien dat niet de leugen de grootste vijand van de waarheid is, maar bullshit, dus onzin, gelul, flauwekul. Harry

Frankfurt definieert bullshit als inhoudelijk leeg geklets dat relevant lijkt. Ik vind dat je het rustig kunt uitbreiden en het precies de negentig procent van de wet van Sturgeons is wat niet relevant is. En dan maakt het niet uit of het nu gaat om boeken, modestromingen of lifestyles.

'De wereld kan langer irrationeel blijven dan dat jij bij je verstand blijft.' (*The world can stay irrational longer than you can stay sane.*) Ik heb deze spreuk bedacht als tegenhanger van de wet van Sturgeon. Het gaat om een variatie op het citaat van John Maynard: '*The market can stay irrational longer than you can stay solvent.*' Zie: https://www.maynardkeynes.org/keynes-the-speculator.html (bekeken op 11 juli 2017).

Benjamin Grahams idee van Mr. Market, zie: https://en.wikipedia.org/wiki/Mr._Market (bekeken op 11 juli 2017).

**Lof voor bescheidenheid**

Bedenk eens hoe belangrijk je geweest moest zijn om uitgenodigd te worden voor de officiële openingsfestiviteiten (met aansluitend smulbanket) van de Eiffeltoren (1889), de Taj Mahal (1648) of de piramide van Cheops op het plateau van Gizeh (2581 v. Chr.). Jazeker, de uitnodiging komt van Cheops persoonlijk! Je zit daar op de tribune en kijkt naar de nieuwgebouwde piramide. Slaven wuiven hete woestijnlucht in je gezicht. Je hoopt dat de openingsceremonie met dansen, toespraken, het saaie defilé van soldaten snel voorbij is en het 'gezellige deel' kan beginnen. Hoe belangrijk moet je je hebben gevoeld! Oneindig belangrijk.

Hier een mooi voorbeeld van bescheidenheid en rationaliteit: de Amerikaanse generaal George Marshall (waar het Marshallplan voor de wederopbouw van Europa naar genoemd is) moest, zoals toentertijd gebruikelijk was, voor een officieel geschilderd portret model zitten. Hij bleef urenlang stilzitten op een stoel. Toen de kunstschilder zei dat het portret klaar was, stond Marshall op en liep weg. 'Wilt u het schilderij niet zien?' riep de schilder hem achterna. 'Nee, dank u wel,' zei Marshall vriendelijk, en hij ging de kamer uit... Wie heeft er tijd om een portret van zichzelf te bekijken? '*There is another story of Marshall sitting for one of the many official portraits that was required of him. After appearing many times and patiently honouring the requests, Marshall was finally informed by the painter that he was finished and free to go. Marshall stood up and began to leave. "Don't you want to see the painting?" the artist asked. "No, thank you," Marshall said respectfully and left.*' (Holiday, Ryan: *Ego Is the Enemy*, Penguin Random House, 2016, E-Book Location 1628.) Nederlandse vertaling: *Ego is de vijand*, Lev., 2017. 'Who has time to look at a picture of himself? What's the point?' (ibid. E-Book Location 1634.)

De *self-serving bias* en het *overconfdence-effect* heb ik in een ander boek beschreven. Dobelli, Rolf: *De kunst van het heldere denken*, De Bezige Bij, 2012 (p. 148 e.v. en p. 19 e.v.)

**Innerlijk succes**

'*By linking prestige and esteem to particular activities or accomplishments, a culture can direct many people to devote their energies in those directions. It is no accident that in small societies struggling for survival, prestige comes with bringing in large amounts of protein (hunting) or defeating the most dangerous enemies (fighting). By the same token, the prestige of motherhood probably rises and falls with the society's need to increase population, and the prestige of entertainers rises and falls with how much time and money the population can devote to leisure activities.*' (Baumeister, Roy: *The Cultural Animal*, Oxford University Press, 2005, p. 146.)

Waarom zijn er wel lijsten met de rijkste maar geen lijsten met de meest tevreden mensen? Nou, er zijn wel lijsten over levenstevredenheid, maar op nationaal en niet op individueel niveau. De OESO publiceert regelmatig een uitstekend opgebouwde ranking. In die lijst strijden Noorwegen en Zwitserland al jaren om de eerste plaats.. Zie: http://www.oecdbetterlifeindex.org (bekeken op 12 juli 2017).

'*Growth is needed to maintain social cohesion. The prospect of improvements in living standards, however remote, limits pressure for wealth redistribution. As Henry Wallick, a former Governor of the US Federal Reserve, accurately diagnosed: "So long as there is growth there is hope, and that makes large income differential tolerable."*' (Das, Satyajit: 'A World Without Growth?' In: Brockman, *What Should We Be Worried About?*, Harper Perennial, 2014, p. 110.) Nederlandse vertaling: *153x cafeïne voor je geest: wetenschappers onthullen waar ze wakker van liggen*, Maven Publishing, 2014.

Warren Buffett: '*If I'd been born thousands of years ago I'd be some animal's lunch because I can't run very fast or climb trees. So there's so much chance in how we enter the world.*' Zie: http://www.businessinsider.com/warren-buffett-nails-it-on-the-importance-of-luck-inlife-2013-10 (bekeken op 11 juli 2017).

John Wooden: '*Success is peace of mind, which is a direct result of self-satisfaction in knowing you made the effort to do your best to become the best that you are capable of becoming.*' (Wooden, John: *The Difference Between Winning and Succeeding*, TED-Talk, 2009. Zie: https://www.youtube.com/watch?v=0MM-psvqiG8 (Tijdstip: 3:00 min.).

'Je hoeft niet de rijkste persoon op de begraafplaats zijn. Het is fijner als je innerlijk in het hier en nu de succesvolste bent.' Naar het citaat van John Spears '*You don't have to be the richest guy in the cemetery*'. (Green, William; O'Brian, Michael: *The Great Minds of Investing*, Finanzbuch Verlag, 2015, p. 72.)

John Wooden: 'Make each day your masterpiece.' Zie: https://en.wikipedia.org/wiki/John_Wooden#cite_note-94 (bekeken op 11 juli 2017).

**Nawoord**

Richard Feynman: '*You can know the name of a bird in all the languages of the world, but when you're finished, you'll know absolutely nothing whatever about the bird [...] So let's look at the bird and see what it's doing – that's what counts. I learned very early the difference between knowing the name of something and knowing something.*' Zie: https://www.youtube.com/watch?v=ga_7j72Cvlc en http://www.quotationspage.com/quote/26933.html (bekeken op 11 juli 2017).

Een van de beste definities van het goede leven die ik tot op heden ben tegengekomen is van de stoïcijn Epictetus: 'Een leven dat rustig en makkelijk verloopt.'( Epictetus, Rede 1.4). Ik kwam op een andere definitie tijdens een lunch met een vriend. Hij is ondernemer en heeft een vermogen van een paar honderd miljoen. Het was zomer. We zaten buiten op een terrasje aan een metalen tafeltje dat een paar keer geverfd was, met onze schoenen op het grind. We moesten oppassen dat er geen wesp over de rand van ons glas krabbelde als we onze icetea naar onze mond brachten. We praatten over mijn werk, mijn plannen voor dit boek. En over zijn werk: beleggingsstrategieën, deelgenootschappen, management voor een stichting, donatie-aanvragen, problemen met medewerkers, chauffeurs, ambtenaren, onderhoud van zijn privéjet en, *on top*, de tijdrovende mandaten in raden van commissarissen, waar hij niet alleen vanwege zijn rijkdom een zeer gewaardeerd lid van is. Plotseling flapte ik eruit: 'Waarom doe je jezelf dat allemaal aan? Als ik zo veel miljoenen had als jij zou ik niets anders doen dan lezen, nadenken en schrijven.' Pas op de terugweg merkte ik tamelijk verbluft dat dit precies is wat ik doe. Dat was dus een definitie van het goede leven: iemand schenkt je een paar miljoen euro en je verandert niets aan je leven.

# Recensies

**Over *De kunst van goed leven***

‘Ik heb de boeken van Rolf Dobelli niet gewoon gelezen maar elk woord verslonden.’

*Frank Elstner, presentator*

‘Rolf Dobelli schrijft duidelijk, intelligent en overtuigend.’

*Gerhard Schröder, oud-bondskanselier*

‘Rolf Dobelli is een van de geestrijkste denkers van Europa.’

*Matt Ridley, bestsellerauteur*

‘Rolf Dobelli brengt ideeën uit verschillende wetenschappelijke richtingen virtuoos samen. Hij verbindt wetenschap en kunst met intelligentie, charme en nauwkeurigheid.’

*Joshua Greene, hoogleraar psychologie aan Harvard-universiteit*

‘Rolf Dobelli heeft weer toegeslagen! Hij opent ons niet alleen de ogen, hij schudt ons wakker. Hij verbindt een scherp wetenschappelijk inzicht met een indrukwekkende filosofische benadering en is niet tevreden met oppervlakkigheden. Pak het boek van Rolf Dobelli en geef het niet meer weg!'

*Tenley E. Albright, directeur, MIT Collaborative Initiatives, en professor emeritus, Harvard Medical School*

'Rolf Dobelli toont ons in zijn eerste boeken hoe je op een juiste manier denkt. Nu geeft hij ons adviezen van onschatbare waarde over hoe je goed leeft.'

*James R. Flynn, professor emeritus, universiteit van Otago, en ontdekker van het 'Flynn-effect'.*

## Over eerdere boeken van Rolf Dobelli

'Drie bladzijdes gelezen en je hebt meteen al wat geleerd.'

*Franz Himpsel, Süddeutsche Zeitung*

'Deze boeken zullen je denken veranderen.'

*Prof. Dan Goldstein, London Business School*

'Rolf Dobelli levert suggesties waar je je gedachten over kunt laten gaan en schrijft in duidelijke bewoordingen – intelligent, amusant, briljant.'

*Dr. Christoph Franz, voormalig ceo van de Duitse Lufthansa AG, voorzitter van Roche*

'Moet je dit boek lezen? Absoluut. Het is zeer vermakelijk en laat op een serieuze manier zien hoe wij mensen denken.'

*Prof. Dr. H. C. Roland Berger, oprichter en erevoorzitter van Roland Berger Strategy Consultants*

'Een vuurwerk aan inzichten! Als je niet constant over denkvalkuilen wilt struikelen, moet je dit boek lezen.'

*Prof. Iris Bohnet, Harvard*